高速铁路对城市产业结构优化升级的影响及空间效应研究

史可寒◎著

Research of the Influence and
Spatial Effect of High-speed Railway on the Optimization and
Up-Grading of Urban Industrial Structure

经济管理出版社
ECONOMY & MANAGEMENT PUBLISHING HOUSE

图书在版编目（CIP）数据

高速铁路对城市产业结构优化升级的影响及空间效应
研究 ／史可寒著． -- 北京 ： 经济管理出版社，2024.
ISBN 978-7-5096-9919-5

Ⅰ．F299.2

中国国家版本馆 CIP 数据核字第 2024YS9127 号

责任编辑：胡　茜
助理编辑：李光萌
责任印制：张莉琼
责任校对：蔡晓臻

出版发行：经济管理出版社
　　　　　（北京市海淀区北蜂窝 8 号中雅大厦 A 座 11 层　100038）
网　　　址：www. E-mp. com. cn
电　　　话：（010）51915602
印　　　刷：北京晨旭印刷厂
经　　　销：新华书店
开　　　本：720mm×1000mm/16
印　　　张：15.5
字　　　数：257 千字
版　　　次：2024 年 10 月第 1 版　　2024 年 10 月第 1 次印刷
书　　　号：ISBN 978-7-5096-9919-5
定　　　价：98.00 元

前　言

　　高速铁路在中国交通运输体系中扮演着极为关键的角色，是重塑区域空间结构、促进要素流动、推动城市产业结构优化升级的重要空间载体。目前，中国经济正在经历由高速增长阶段转向高质量发展阶段，作为经济高质量发展动力变革的关键，产业结构优化升级引起了学者们的广泛关注，以高速铁路为代表的交通基础设施能否发挥积极作用更是讨论的焦点之一。鉴于此，本书基于交通经济带理论从产业结构优化升级的空间外部性及高速铁路对区域空间结构的影响，论述了高速铁路作用下区域资源配置及空间布局变化，并从合理化和高级化两方面分析了高速铁路建设对城市产业结构优化升级的具体影响及作用路径。进一步地，本书还测算了高速铁路影响城市产业结构合理化和高级化的空间衰减边界。具体地，本书使用城市宏观经济数据，利用高速铁路开通形成的"自然实验"条件，构建空间双重差分模型进行了相关实证检验。

　　本书得到以下主要结论：

　　第一，高速铁路使更多城市间建立了产业结构互动关系并提升了互动强度。2009~2019 年高速铁路影响下城市产业结构互动网络的网络关联度由 0.0042 快速提升至 0.4439，接近半数城市通过高速铁路与其他城市建立了产业结构互动。高速铁路网络化建设推进使互动网络密度持续提升，网络效率也由 2009 年的 0.2917 增加至 2016 年的 0.9693，站点城市基本实现产业互联互通，2016 年后网络效率稳定在 0.97 左右，表明新开通的线路不仅使更多城市融入产业结构互动网络，还拓展了城市间产业结构互动的路径。网络节点特征显示，区域性中心城市是产业结构互动网络的中心，中部地区站点城市在整个产业结构互动中承担了主要控制和桥梁作用，依靠高速铁路驱动城市产业结构优化应当重点围绕这些地区进行规划。

　　第二，整体上高速铁路开通对站点城市产业结构合理化不存在显著影响，但对站点周边城市产生了显著的负向空间溢出效应。考虑站点城市在高速铁路网络中的节点地位后发现,节点地位提高有助于促进站点城市本地产业结构合理化,同时不会进一步强化负向空间溢出效应。异质性分析结果表明,高速铁路对站点城市产业结构合理化的影响在地区分布、城市等级和城市规模方面均存在显著差异。空间衰减边界测算结果显示,高速铁路开通抑制了站点周边 500 千米内的城市产业结构合理化;若站点城市为节点城市,那么抑制效应的衰减边界缩减至站点周边 300 千米以内且程度更低,同时产生更强的正向溢出,推动 500~950 千米的城市产业结构合理化。

第三,高速铁路通过人力与物质资本积累、产业发展技术创新策略选择、政策与市场环境优化途径影响站点城市产业结构合理化。其中,高速铁路开通显著提高了站点城市的人力资本和物质资本积累,节点地位提升进一步增强了这种极化效应。高速铁路开通还显著提升了站点城市技术创新水平,降低了站点周边城市技术创新水平,站点城市成为创新高地,周边城市成为辐射腹地。高速铁路开通对提高站点城市产业发展的政府支持力度、优化市场环境的作用显著,且对市场环境的改善效果在城市节点地位提升时更好。

第四,高速铁路开通显著提升了站点城市产业结构高级化水平,该作用强度随站点城市节点地位的提升而增大。但站点城市节点地位提升会削弱高速铁路对周边城市产业结构高级化产生的正向空间溢出效应。高速铁路对站点城市产业结构高级化的影响同样存在地区分布、城市等级和城市规模方面的异质性。空间衰减边界测算结果显示,高速铁路开通推动了站点周边 150~400 千米的城市产业结构高级化,若站点城市为节点城市,则这种正向辐射范围会扩大至 750 千米以上。

第五,产业转移、产业集聚和产业融合是高速铁路影响站点城市产业结构高级化的三条主要路径。在高速铁路网络节点地位较高的城市中,第二、第三产业转出现象明显,且第二产业相对第三产业转出量更大。高速铁路开通还使站点城市第二产业集聚水平显著降低、第三产业集聚水平显著升高,但当站点城市的节点地位提高时,第三产业的集聚水平反而开始下降。高速铁路对产业融合的影响表现在全产业,高速铁路开通显著提升了三次产业之间的耦合协调度,站点城市高速铁路网络节点地位提升更是加速了产业融合进程。

第六,高速铁路对站点城市产业结构高级化的推动并未建立在合理化基础上，表明现阶段以高速铁路为抓手推动城市产业结构优化升级可能存在问题和风险。结合研究结论，本书认为高速铁路对城市产业结构合理化的推动力不足、对要素配置的调节效果不佳及高铁网络核心城市的正向溢出效应释放不充分是当前借力高速铁路加快城市产业结构优化升级的主要障碍。基于此，本书提出合理规划站点建设方案、改善城市空间结构及打造泛高铁经济带的对策，保障高速铁路对城市产业结构优化升级的健康推动。

综上所述，本书在研究内容和研究方法上实现了一定创新。首先，从空间相关性角度探究了高速铁路对城市产业结构优化升级的影响，并测算了空间效应范围，丰富了高速铁路与产业结构相关研究内容。其次，将空间计量与"准自然实验"法相结合，构造空间杜宾和双重差分嵌套模型，完善了存在空间依赖性时处理效应的识别策略。再次，引入社会网络分析法刻画站点城市在高速铁路网络中的节点地位，弥补了现有高速铁路变量难以区分站点异质性的不足。最后，通过构建不同距离带宽下的逆地理距离权重矩阵，测算高速铁路对城市产业结构优化升级空间效应的衰减边界，在检验空间异质性的方法选择上进行了初步尝试。

目　录

第一章　绪论

第一节　研究背景及意义

一、研究背景

（一）产业结构优化升级是实现高质量发展的关键路径

高质量发展是适应我国社会主要矛盾变化、解决发展不平衡不充分问题的必然要求。党的二十大报告明确提出，"高质量发展是全面建设社会主义现代化国家的首要任务"，将高质量发展置于全面建设社会主义现代化国家的核心地位。当前，新一轮科技革命和产业变革深入推进，只有加快产业结构转型升级，才能推动实现高质量发展。党的二十届三中全会审议通过的《中共中央关于进一步全面深化改革　推进中国式现代化的决定》提出推动"产业深度转型升级"，对缓解长期存在的结构性问题提出了新的要求。过去40余年，中国充分发挥比较优势，融入世界经济，增长活力充分释放，经济增长总量不断提升，但也错过了技术创新和结构调整的最佳时期，致使结构性问题成为长期以来经济运行面临突出矛盾和问题的根源。从中国经济发展战略来看，改革开放初期政府制定了出口导向型发展战略，凭借着社会政治稳定、劳动力成本优势与丰富的资源禀赋，快速发展的对外贸易成为当时中国经济发展的主引擎。由于劳动力资源的比较优势，中国出口产品以劳动密集型产品为主，进口产品以资本密集型和技术密集型产品为主，长期以来导致国内低附加值行业不断扩容，高附加值行业裹足不前，阻碍了中国产业结构优化升级的进程。外贸驱动的经济增长模式虽然带来了高增长率，但也增加了整个经济系统的脆弱性。2008年金融危机席卷全球，中国经济发展的外部需求环境恶化，外向型经济过于依赖外部需求，自我循环能力不足的弊端显现。随着全球经济下行压力加大、人口红利衰减等一系列外部环境与内部环境的改变，中国经济发展进入"新常态"。面对新的挑战和机遇，中央提出"把转方式调结构放到更加重要位置"，通过供给侧结构性改革，着力解决制约经济发展的结构性问题。党的十九大进一步提出"建设现代化经济体系"，依靠创新推进驱动经济增长的新旧动能转换，通过构建和完善现代化产业体系，以产业结构优化升级为抓手，实现经济发展方式的转变。1978~2020年，中国产业结构持续优化，总体呈现由"二、一、三"，到"二、三、一"，再到"三、二、一"的演变趋势（见图1-1），但受地理环境等条件制约和国家经济发展战略的影响，地区间产业结构仍存在较大差距，产业结构总体仍处于中低端水平，与高质量发展和建设现代化产业体系的要求相去甚远。地区间产业发展不平衡的主要原因在于生产资源在不同地区、不同经济部门之间的低效配置，使得不同地区、不同经济部门之间的生产效率存在巨大差异，最终导致地区间产业结构存在较大差异。因此，提高生产资源在地区间的配置效率，优化地区产业结构，缩小不同经济部门间的生产效率差异是落实党的二十届三中全会精神，促进区域协调发展的核心思路。

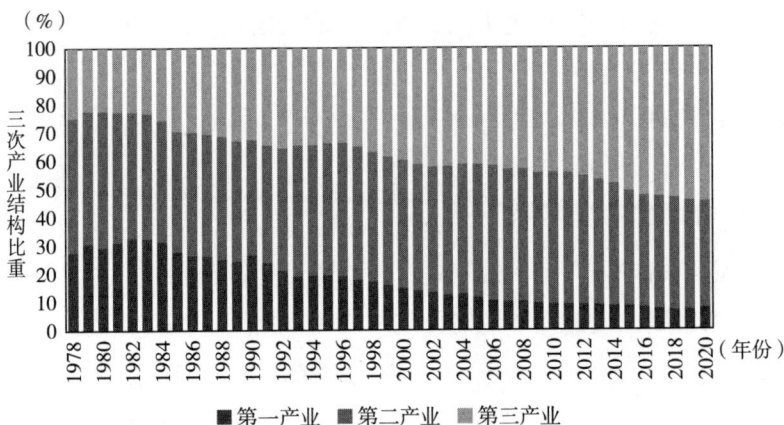

图1-1 1978~2020年中国产业结构变化趋势

资料来源：《中国统计年鉴（2021）》。

（二）交通基础设施在资源整合和要素配置方面具有决定性作用

古典经济学创立者亚当·斯密提出"劳动分工促进经济增长，提高经济效率"的论断，并指出"只有当市场规模扩大到一定程度，劳动分工才会产生"。交通运输条件一直被视为开拓市场的重要基础条件，产业分工则是劳动分工的结果。换言之，交通基础设施建设是促进产业专业化分工、推动产业结构优化升级的重要因素。对于幅员辽阔、人口众多、资源丰富但分布差异较大的中国而言，具备运输量大、准确性高、持续性强等优点的铁路自然而然成为国家最重要的交通基础设施之一，也是整个综合交通运输体系的主骨架。然而在改革开放之初，中国铁路里程仅有5.2万千米，运能紧张、布局不完善、运行效率较低等问题凸显，运输能力远不能满足经济社会发展的需要。在"四纵四横"高速铁路网络布局架构提出之前，我国铁路运输满足率仅为35%左右，铁路运能成为制约各经济部门扩大市场规模的瓶颈，限制了经济效率的提升。20世纪80年代末90年代初，我国就高速铁路建设的一系列问题进行了预研，并在此后开展了诸如广深准高速铁路、秦沈客运专线等多条线路试验与实践运营。2004年，国务院审议通过《中长期铁路网规划》，此后实现铁路第六次大提速，中国开始进入"高铁时代"。2008年、2016年国家发展改革委两次对《中长期铁路网规划》进行修编，先后提出构建以"四纵四横"为主骨架的高速铁路网络架构和以"八纵八横"主通道为骨架、区域连接线衔接、城际铁路补充的高速铁路网布局，区域间的联系通道逐渐疏通，中国经济发展的脉搏被高速铁路"擎"动。2019年国务院印发实施《交通强国建设纲要》，2020年中国国家铁路集团有限公司发布《新时代交通强国铁路先行规划纲要》，对铁路建设作出新的部署。如今在国家的大力推动下，全国高速铁路路网规模不断扩大，路网密度不断提升，成为全球唯一高速铁路成网运行的国家。截至2021年底，中国高速铁路营业里程已达到40896千米[①]。作为国家发展战略、提振中国经济的重要交通基础设施投资项目，高速铁路在完善中国交通网络的同时，正在成为持续改变中国区域产业布局的主要因素（丁嵩和李红，2014），其愈发凸显的经济效应引起了学术界和社会公众的广泛关注。学者们认为，高速铁路打破了区域间时间与空间的壁垒，缩短了区域间的时空距离（Hu et al.，2019；Wang and Duan，2018），降低了劳动力、资本、信息等要素在区域间流动的阻力（王雨飞和倪鹏飞，2016），可以提升地区市场潜力（李红昌等，2016），扩大市场规模（施震凯等，2018；唐宜红等，2019），从而推动劳动专业化分工进一步实现（邓涛涛等，2017）。因此，高速铁路将是产业结构优化升级新的带动点。图1-2展示了中国高速铁路占铁路营业里程的比重与非农产业比重的变化趋势。

---

① 资料来源于《2021年铁道统计公报》。

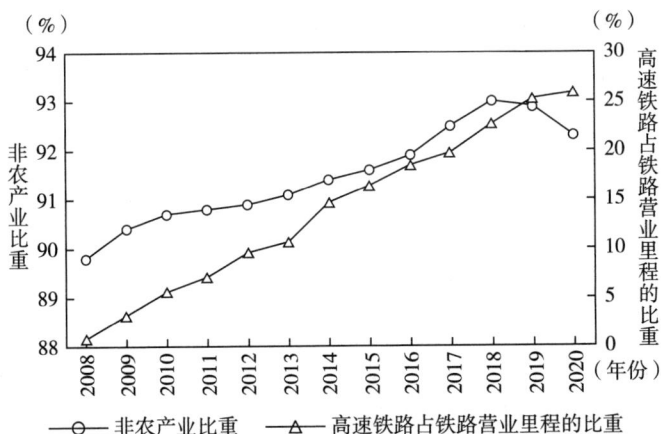

图 1-2　中国高速铁路占铁路营业里程的比重与非农产业比重变化趋势

资料来源：《中国统计年鉴（2021）》。

（三）充分合理利用高速铁路发展带来的机遇对推进产业结构优化升级意义重大

在全球经济疲软背景下，党的二十大报告再次提出"加快构建以国内大循环为主体、国内国际双循环相互促进的新发展格局"，"双循环"已经成为近年来中国经济发展的关键词，对过去出口导向发展战略进行修正和调整，以缓解新时期的主要矛盾，为实现"两个一百年"奋斗目标打下坚实基础。然而国内大循环存在区域发展不协调、产业同构等诸多基础性问题。作为牵动地区经济发展的"牛鼻子"，产业结构优化升级至关重要。如何优化区域间要素配置，合理谋划产业布局，缩小地区发展差异，已成为构建国内大循环、推动区域经济高质量发展的重要议题。高速铁路作为国民经济和社会事业发展的基础性产业和先导性产业，有助于发挥市场在资源配置中的作用，同时为推动产业结构优化升级提供空间上的支持和保障，对区域产业布局产生深远影响。目前来看，中国很多城市之间已经或正在通过高速铁路连接形成产业经济带，促进城市产业结构优化升级。然而学者们指出，高速铁路经济效应存在显著的空间异质性，如区位条件、人口规模、经济基础、城市等级等城市社会经济特征不同均会影响高速铁路的经济效应（罗能生等，2020；黎绍凯等，2020；邓慧慧等，2020；王群勇和王西贝，2021）。此外，高速铁路的市场拓展效应存在明显的空间衰减边界（汪德根，2013），且高速铁路线路上城市区位优势变化可能呈现"极化"和"均衡"两种特征，从而使城市经济互动产生"虹吸效应"和"扩散效应"两种方向相反的结果（王绍博等，2019）。这些问题均可能制约高速铁路建设对产业结构优化升级的推进效果，甚至加剧区域发展不平衡不协调的现状。深层次挖掘高速铁路网络建设对产业结构的影响已经成为亟须研究的现实问题。基于此，需要厘清高速铁路影响产业结构优化升级的逻辑与特征，检验高速铁路建设实践对产业结构优化升级的影响及其空间效应。

二、研究意义

产业结构优化升级与高质量发展密切相关。在外部环境发生变化的背景下，如何调整城市产业布局，推动产业结构优化升级，从而缓解制约中国经济在新时代背景下面临的结构性问题，对加快构建新发展格局、推动高质量发展意义重大。交通运输作为国民经济的基础性产业和先导性产业，是保障国民经济其他产业部门发展空间的基础，也是推动城市产业发展的重要抓手。以高速铁路为代表的交通基础设施完善为调整城市产业结构、挖掘产业结构优化升级新动力提供了新的契机。因此，基于高速铁路影响产业结构优化升级的原理与特征，深入探究高速铁路开通对城市产业结构优化升级的空间效应，对于全面把准高速铁路网络布局与城市产业结构变化的动态关联性，实现区域协调发展具有重要的理论意义和实践意义。

（一）理论意义

（1）阐述高速铁路影响城市产业结构优化升级的理论依据，刻画高速铁路影响城市产业结构的逻辑框架，并利用经济增长模型对高速铁路如何影响城市产业结构进行了推演，丰富了产业经济、区域经济相关理论研究。

（2）利用空间计量模型分析高速铁路开通和高速铁路网络完善对城市产业结构合理化、高级化的影响和相互作用，弥补了相关研究中使用普通计量无法揭示地理空间临近带来的空间相关性的不足，拓展了高速铁路与产业结构相关研究方法。

（3）通过构建不同距离带宽下的逆地理距离权重矩阵，测算高速铁路对城市产业结构优化升级空间溢出效应的衰减边界，在检验空间异质性的方法选择上进行了初步尝试，丰富了高速铁路与产业结构相关的研究内容。

（二）实践意义

（1）基于高速铁路影响下各区域空间结构及产业结构互动特征，对现阶段城市产业结构现状进行合理研判，有助于把准高速铁路影响下城市产业结构调整面临的主要问题。

（2）分析高速铁路对城市产业结构优化升级的影响，测度高速铁路空间溢出效应的空间衰减边界，检验高速铁路推动城市产业结构优化升级的作用路径，为评估高速铁路建设的产业结构调整成效提供依据，对于进一步发挥高速铁路资源整合和协调产业发展作用具有重要价值。

（3）结合高速铁路与城市产业结构互动现状，提出借力高速铁路促进城市产业结构优化升级的对策，为"高铁时代"地方制定相关城市发展战略、产业政策、规划方案等提供参考。

第二节　内容框架

本书基于产业经济相关理论、交通经济带理论、增长极理论、梯度转移理论，分析高速铁路对城市产业结构优化升级的影响及其空间效应。首先，从高速铁路开通及网络完善对区域空间结构影响的角度分析不同结构下生产要素的流动特征，并基于高速铁路建设进展与产业结构现状刻画高速铁路影响下城市产业结构互动网络。其次，从合理化和高级化两个维度分析高速铁路开通及网络完善对城市产业结构优化升级的影响及空间效应。最后，结合高速铁路建设与站点城市产业发展的互动实践，分析借力高速铁路促进城市产业结构优化升级过程中存在的主要障碍并提出对策。本书的逻辑框架如图1-3所示。

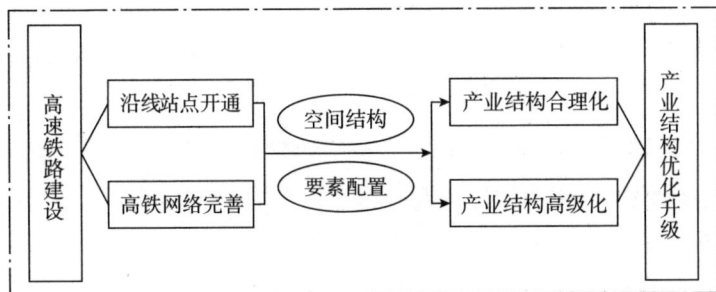

图1-3　本书的逻辑框架

资料来源：笔者整理。

本书围绕核心主题"高速铁路对城市产业结构优化升级的影响及空间效应"设置了四个核心章，各章之间的关系、所包含的内容与欲解决的问题如图1-4所示。

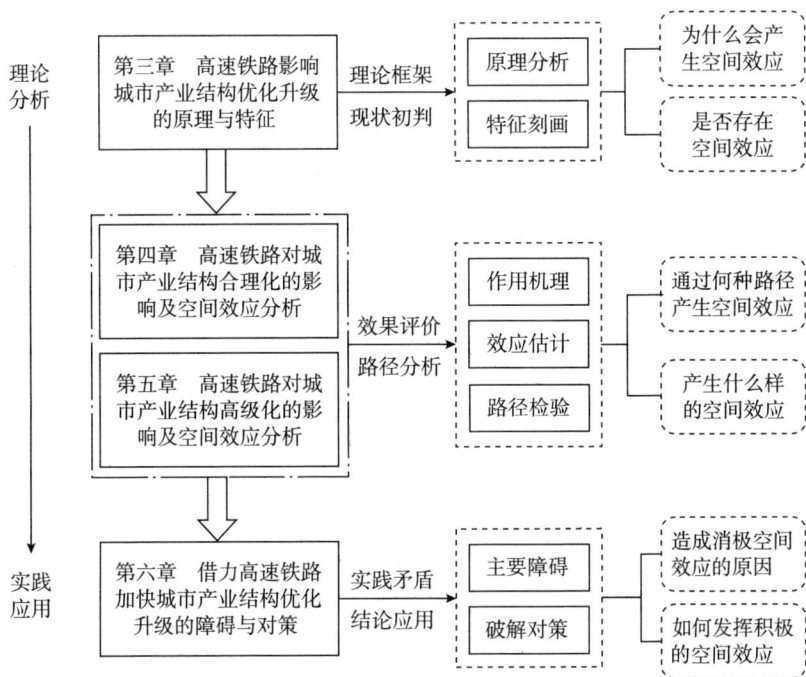

图1-4　主要研究内容

资料来源：笔者整理。

本书的具体内容安排如下：

第一章主要阐述选题的背景及研究意义，提出研究"高速铁路对城市产业结构优化升级的影响及空间效应"的基本思路和技术框架，并对本书的主要内容及研究方法进行介绍，阐明本书的创新之处。

第二章基于产业结构优化经典理论，从高速铁路与区域可达性及空间结构、产业结构优化升级的影响因素及作用机制、高速铁路与产业要素空间配置等方面，厘清相关研究脉络，找到高速铁路影响产业结构优化升级的理论契合点，总结相关研究的成果与研究方法，分析现阶段高速铁路与产业结构优化升级研究存在的不足及未来研究趋势。梳理空间结构相关理论，为本书提供理论分析工具。

第三章基于城市产业结构优化升级的空间外部性，阐述高速铁路影响城市产业结构优化升级并产生空间效应的原理，从区域空间结构演化角度分析高速铁路对资源要素配置的影响，并刻画高速铁路影响下城市产业结构互动网络的结构特征。

第四章基于高速铁路影响城市产业结构合理化的内外部因素，通过理论推演分析高速铁路开通及高速铁路网络完善对城市产业结构合理化的影响及作用路径；构建空间计量模型实证研究高速铁路对城市产业结构合理化影响的静态与动态空间溢出效应；测算高速铁路影响城市产业结构合理化的空间衰减边界；验证高速铁路影响下城市产业结构合理化的演进动力；探究高速铁路影响产业结构合理化的异质性。

第五章从产业转移、产业集聚及产业融合三条路径分析高速铁路开通及高速铁路网络完善对城市产业结构高级化的影响；构建空间计量模型实证研究高速铁路对城市产业结构高级化影响的静态与动态空间溢出效应；测算高速铁路影响城市产业结构高级化的空间衰减边界；验证高速铁路对产业转移、产业集聚和产业融合的推动作用；探究高速铁路影响产业结构高级化的异质性。

第六章基于高速铁路建设与城市产业发展的互动实践，总结当前借力高速铁路加快城市产业结构优化升级存在的主要障碍，并根据前述章节的理论分析和实证结果，针对性地提出破解对策。

第七章归纳研究结论，并做出研究展望。

第三节　研究方法

本书采用规范分析与实证检验相结合的研究方法对高速铁路影响城市产业结构优化升级的空间效应进行分析。

一、规范研究方法

规范研究方法是经济学常用的一种方法论，其根据基础理论，对经济运行的本质进行阐述和说明。本书主要采用文献分析法和对比分析法。

（一）文献分析法

文献分析法（Literature Analysis Method）通过全面、系统地收集与分析相关领域的研究文献，梳理出相关研究主题的研究脉络和现状，为研究提供理论支持。文献分析是开展主题研究的基础，也是获取主题相关信息的重要途径。本书采用文献分析法，通过梳理高速铁路发展研究、高速铁路概念内涵研究、高速铁路与区域可达性研究、高速铁路与区域空间结构研究、产业结构优化升级影响因素研究、高速铁路与产业要素空间配置研究相关文献，了解高速铁路与城市产业结构相关研究现状，搭建用于解释高速铁路如何影响城市产业结构优化升级的逻辑框架，为本书建立了清晰的理论参照系。

（二）对比分析法

对比分析法（Contrast Analytical Method）通常是将两个及两个以上的客观事物进行对比分析，以达到认识事物的本质和规律并做出正确的评价。本书将高速铁路发展状况按照发展阶段划分为线路开通和网络完善两种状态，通过对比分析法，比较两种状态下高速铁路对区域空间格局演化的作用，进而分析影响产业发展的要素变化趋势，判断城市产业结构变化可能产生的情形，为厘清高速铁路影响产业结构优化升级的内在机理提供理论参考。

二、实证分析方法

实证分析方法通常是指运用一系列统计计量方法构建适用于研究主题的经济模型，并对研究主题相关的经济数据进行处理，描述和解释客观存在的经济现象。本书主要采用社会网络分析法和空间双重差分法。

（一）社会网络分析法

社会网络分析法（Social Network Analysis，SNA）可以将复杂的关系网进行量化的表征，从而揭示网络的结构及节点间的相互关系，目前已被广泛应用于经济学、社会学等领域的研究。该方法的意义在于它可以对各种关系进行精确的量化分析，从而为某种中层理论的构建和实证命题的检验提供量化的工具，搭建起"宏观和微观"之间的桥梁。本书采用该方法对高速铁路影响下城市产业结构互动网络进行刻画，市政部分对高速铁路因素的考察从线路开通和网络完善两个角度展开，其中高速铁路网络完善度的测算采用该方法，通过构建城市高速铁路连接矩阵，计算各城市在高速铁路网络中的节点地位。

（二）空间双重差分法

空间双重差分法（Spatial Difference-in-Differences Model，SDID）是基于双重差分思想，利用空间计量模型进行估计的一种方法。本书构建的是空间杜宾模型和双重差分模型的嵌套模型。空间杜宾模型是空间计量模型的一种，通过在一般形式的计量模型中加入解释变量的空间误差项来识别空间效应。在该建模方式下可以识别邻居城市自变量对本地区被解释变量的影响。双重差分是目前应用于政策效应评价最常用的方法之一，该方法将政策因素视为对经济系统的一次外生冲击，通过对比冲击前后实验组和对照组的发展趋势评估政策实施效果。本书依照该研究思想，将高速铁路视为外生于城市产业结构变化的一次"准自然实验"，将已开通高速铁路的城市视为实验组，未开通高速铁路的城市视为对照组，对比高速铁路开通前后城市产业结构的变化情况。考虑到高速铁路对城市产业结构变化的影响是要素空间流动的结果，即高速铁路不仅会对本地区产生经济影响，还会对周边地区产生经济作用，因此，在分析高速铁路影响城市产业结构优化升级的空间效应时，采用空间双重差分模型。

第四节　研究技术路线

本书按照"理论阐释—实证检验—回归实践"的总体思路，全面、系统、深入地分析和探究高速铁路对城市产业结构优化升级的影响及空间效应，为强化高速铁路推动城市产业结构优化升级提出对策建议。本书的技术路线如图 1-5 所示。

第一部分为理论框架，采用文献分析法，梳理相关研究成果，搭建解释高速铁路影响城市产业结构优化升级的理论框架，分析区域空间格局演化过程与趋

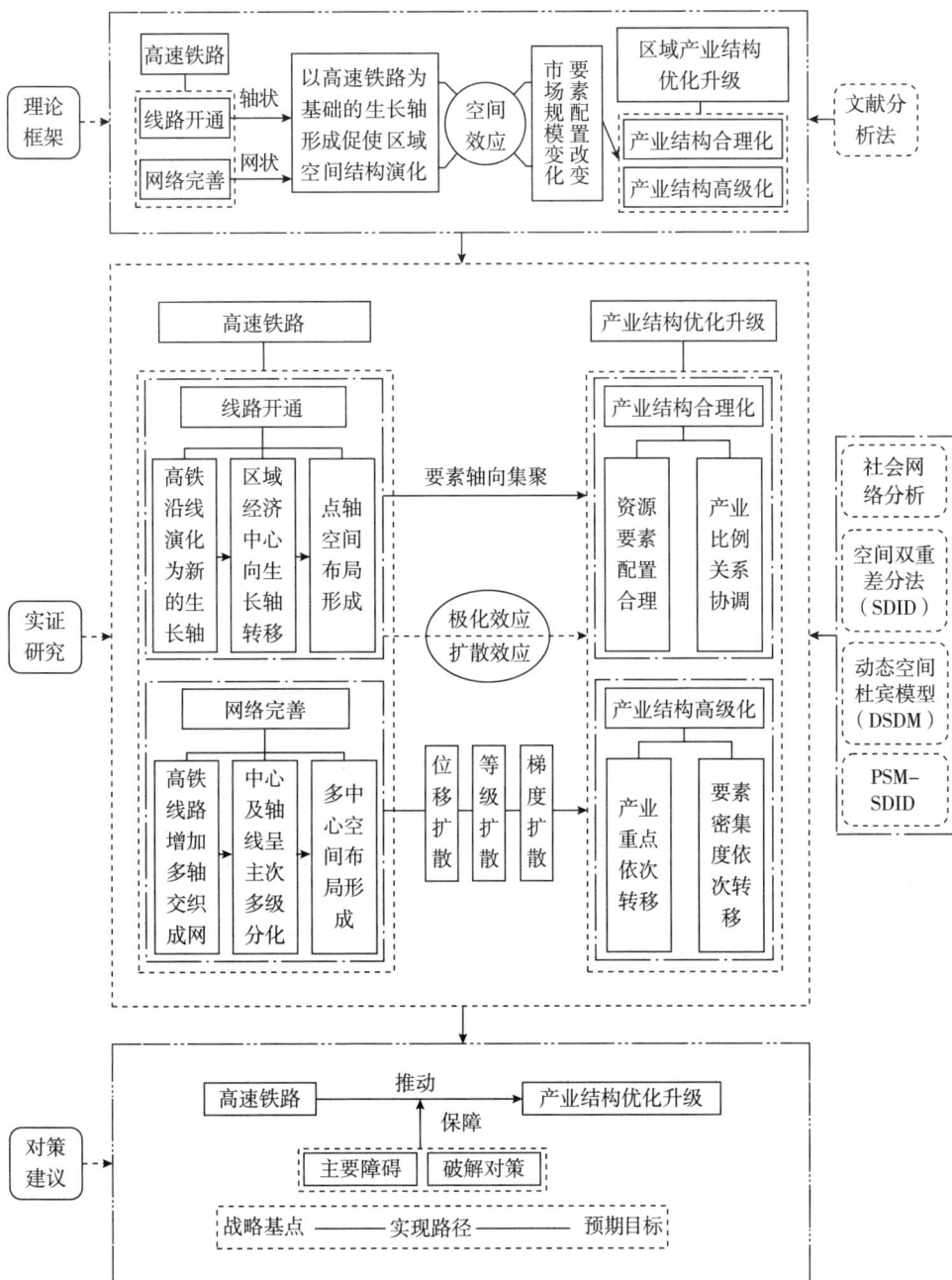

图1-5　本书的技术路线

资料来源：笔者整理。

势，阐释高速铁路影响城市产业结构的内在机理。

第二部分为实证研究，将城市产业结构优化升级划分为产业结构合理化、产业结构高级化两个方面并展开分析。

实证研究的第一个内容从线路开通和网络完善两个阶段分析高速铁路对城市产业结构合理化的影响及空间效应。首先，在界定产业结构合理化内涵的基础上，分别分析线路开通和网络完善两个阶段对城市产业结构合理化的影响机理。其次，采用空间双重差分法（SDID）的识别策略实证分析高速铁路线路开通与否和高速铁路网络完善度影响城市产业结构合理化的空间溢出效应。其中，对于高速铁路影响城市产业结构合理化的静态空间效应使用空间杜宾模型（SDM）进行回归分析，对于高速铁路影响城市产业结构合理化的动态空间效应使用动态空间杜宾模型（DSDM）进行回归分析。再次，基于不同带宽下的逆地理距离权重矩阵，探究高速铁路线路开通和高速铁路网络完善度对城市产业结构合理化产生空间作用的衰减边界。最后，通过样本分组分析高速铁路对城市产业结构合理化的异质性影响。

实证研究的第二个内容分析高速铁路对城市产业结构高级化的影响及空间效应。首先，对产业结构高级化的内涵进行界定，分别分析线路开通和网络完善两个阶段对城市产业结构高级化的影响机理。其次，采用空间双重差分法（SDID）的识别策略实证分析高速铁路线路开通与否和高速铁路网络完善度影响城市产业结构高级化的空间效应。其中，对于高速铁路影响城市产业结构高级化的静态空间溢出效应使用空间杜宾模型（SDM）进行回归分析，对于高速铁路影响城市产业结构高级化的动态空间效应使用动态空间杜宾模型（DSDM）进行回归分析。再次，基于不同带宽下的逆地理距离权重矩阵，探究高速铁路线路开通和高速铁路网络完善度对城市产业结构高级化产生空间作用的衰减边界。最后，通过样本分组分析高速铁路对城市产业结构高级化的异质性影响。

第三部分为对策建议，从高速铁路建设与城市产业发展的互动实践中总结高速铁路推动城市产业结构优化升级的主要障碍，再以理论分析为依据，参考实证分析结果，提出针对性的破解对策。

第五节 研究创新

本书围绕高速铁路对城市产业结构优化升级的影响及空间效应进行深入讨论。根据研究内容及研究方法，对照已收集到的文献，本书可能存在以下四点创新：

第一，从空间的角度出发研究高速铁路对产业结构优化升级的影响。首先，本书关注高速铁路作用对象的空间相关性和空间异质性，拓展了相关研究视角。其次，本书测算了空间效应的衰减边界，丰富了高速铁路与产业结构相关研究内容。现有研究将重点放在分析高速铁路对产业结构的直接影响上，对溢出效应的关注不足。考虑到产业协调发展对高速铁路溢出效应的依赖，探究高速铁路对城市产业结构优化升级的影响、空间效应及溢出范围是十分迫切且必要的。

第二，构建空间杜宾与双重差分嵌套模型识别高速铁路的空间效应。以往对高速铁路的研究成果普遍使用普通计量模型，如 OLS 模型、GMM 模型等。但由于空间效应的存在，普通计量模型变量相互独立的假设不再满足，使用普通计量模型会出现残差方差较大和检验统计量显著性较低的情况。基于此，本书将空间计量模型与双重差分模型结合，利用空间双重差分研究高速铁路对城市产业结构优化升级影响的空间效应，拓展了相关研究的计量方法。

第三，运用社会网络分析法构建了表征高速铁路网络节点地位的变量。现有研究中用于衡量高速铁路的变量主要分为两种：第一种是以高速铁路线路通车年份为依据，设置虚拟变量，体现样本城市某一年高速铁路的开通状态；第二种是以高速铁路线路里程为依据，设置线路密度、人均线路长度等连续型变量，衡量样本城市高速铁路建设进度。随着我国高速铁路网络化进程加快，高速铁路网络节点地位或成为影响城市产业发展新的因素。然而现有研究常用的两类高速铁路代理变量难以体现站点城市在高速铁路网络中的地位差异，进而也无法通过计量模型进行识别。基于上述原因，本书通过构建城市高速铁路连接矩阵，计算各节点的中介中心度，以此作为高速铁路的代理变量反映各城市高速铁路的网络完善度，充分体现了各城市高速铁路在整个网络中的地位，完善了相关研究的变量选择。

第四，通过设置不同距离带宽的空间权重矩阵测算了高速铁路对城市产业结构优化升级空间效应的衰减边界。现有关于空间效应研究的成果大多侧重于空间相关性，对空间异质性的关注不足，对测算空间异质性的方法也讨论较少。本书通过调整空间权重矩阵的距离阈值，观察不同空间权重矩阵下溢出效应的系数大小及显著性水平，测算高速铁路对城市产业结构优化升级空间效应的衰减边界，在检验空间异质性的方法选择上进行了初步尝试，为检验空间异质性提供了方法。

第二章　文献综述与理论基础

本章旨在对高速铁路影响城市产业结构优化升级的逻辑原理分析中所涉及的相关文献和理论基础进行概述。文献部分围绕高速铁路和产业结构两个关键词，回顾与高速铁路和产业结构优化升级相关的研究成果，梳理高速铁路与产业结构关系研究脉络，对现有研究的观点和结论进行总结，厘清高速铁路影响城市产业结构优化升级的理论进展。理论部分从空间相互作用、增长极、交通经济带、梯度发展等区域经济学与产业经济学理论的核心内容方面阐述了高速铁路对城市产业结构演化趋势的影响，为本书后续研究提供了理论分析工具。

第一节 国内外文献梳理

一、高速铁路发展历程与定义

交通运输与社会经济发展紧密相连。交通基础设施建设是疏通区域联系通道、增强区域间交流的先决条件。历史上每一次交通技术的革命性突破都伴随着区域结构的转变，深刻地影响着区域经济发展。高速铁路作为现代科学技术在交通运输领域集成创新的典型代表受到国内外学者的广泛关注，本部分根据既有文献回顾了高速铁路的发展历程，整理了高速铁路的相关定义。

（一）高速铁路的发展历程

1825 年，英国建成世界上第一条以蒸汽机牵引列车的铁路，自此开启了世界各国发展铁路交通的热潮，世界开始进入"铁路时代"（魏立佳和张彤彤，2018）。整个 19 世纪，美国建成铁路线超过 40 万千米，成为当时世界上铁路最发达的国家，但随着高速公路和民航运输等高速交通方式的兴起，铁路交通遭遇发展瓶颈，铁路客运需求量急剧下降。然而，高速公路和民用航空快速发展的局面并未持续太久，拥堵和晚点等一系列交通效率低下的问题逐渐暴露。因此，美国政府意识到，交通运输的未来仍应以铁路为主，但当时的铁路供给显然已经无法满足当时的交通运输需求，唯有革新铁路技术。20世纪50年代，美国铁路协会提出在科罗拉多州建立高速列车试验研究中心，用于高铁试验，但议会未能通过该提议，导致美国高速铁路建设计划搁浅。尽管美国未能成功开展高速铁路相关试验，但由其提出的"速度提高、动力分散、轨道精准、运行成网"理念为世界高速铁路发展奠定了基础（熊嘉阳和沈志云，2021）。参照美国提出的高速铁路发展理念，日本于1964年10月1日建成了世界上第一条高速铁路，并成功开展商业运营。随后法国、德国等欧洲国家效仿日本，步入高速铁路建设和运营的探索之中，这些国家的成功引发了铁路建设的新一轮浪潮。

日本高速铁路商业运营的成功让客运列车向高速发展成为世界铁路现代化的一个重要标志。随着高速铁路进入中国大众视野，学者们开始讨论中国铁路如何向现代化推进。改革开放后我国铁路运输需求量不断增大，尤其是客运需求压力更大、运力不足的问题突出，为提高客运能力，发展高速铁路被提上议程。由于当时我国铁路客货混跑，且客运、货运列车车型差异较大，在已有线路基础上实现客运列车提速十分困难（孙宝融，1985），需要采取分期分段、客货分流的建设思路（王际祥，1992）。1990年，国家开始进行高速铁路技术攻关，根据建设思路，结合国情和路情，第一阶段对已有线路分路段进行改造，实现客运列车由常速向中速的突破[①]，第二阶段发展客货列车分线运行，新建客运专线实现客运列车向高速迈进（"高速铁路"课题组，1991）。此后，中国启动广深铁路准高速化改造工程、研发高速列车、开展轮轨技术和磁悬浮轨道技术在高速铁路上的试验，并建成中国首条高速轨道系统和首条高速国铁线路（祁耀坤，1996；林德涛，2001；凡军，2002；廖水生等，1999）。

中国高速铁路真正进入成熟发展阶段是在2003年之后，2004年国务院通过了《中长期铁路网规划》，并在《研究铁路机车车辆装备有关问题的会议纪要》中明确提出了高铁"引进先进技术、联合设计生产、打造中国品牌"的总体要

---

① 改革开放初期，按照常规铁路最高时速为划分依据，可将客运列车速度水平划分为常速（100~120千米/小时）、中速（140~160千米/小时）和高速（180~200千米/小时以上）。

求，确立了中国高速铁路"市场换技术"的发展思路。因为坚持联合设计生产，国内企业很快吸收了国际高速铁路技术的先进经验，并实现再创新，打破了中国制造业"引进—落后—再引进"的恶性循环（熊嘉阳和沈志云，2021）。在整合日本、法国和德国高速铁路技术的基础上，我国研究人员进行再创新（孙永福，2009），攻克了高速铁路建设过程中包括车体头型、车体密封、弓网受流技术及高速转向架等多项关键技术（黄金萍，2010；严冰，2008；李红梅，2008；张卫华，2009），为中国高速铁路实现自主研发做足技术储备（赵建军等，2012）。2013 年，中国铁路总公司牵头成立标准动车组研发团队，研制具有自主知识产权的"复兴号"中国标准动车组，标志着中国高速铁路发展进入自主创新阶段。2017 年，"复兴号"动车组上线运营，中国成为世界上高速铁路商业运营速度最高的国家（陈怡，2019）。尽管中国高速铁路起步较晚，研发建设过程困难重重，但已经完成"弥补"和"追逐"世界高速铁路发展的两个过程阶段，并正在"引领"世界高速铁路发展（李政和任妍，2015）。表 2-1 列示了国内外高速铁路发展进程。

表 2-1　国内外高速铁路发展进程

世界	酝酿期	20 世纪 50 年代	美国筹建 Pueblo 高速列车试验基地，提出高速铁路发展理念，但计划未能落地
	探索期	20 世纪 60 年代	日本"东海道新干线"建成运营，依照美国的高铁理念建设，但速度标准过低
		20 世纪 80 年代	法国"TGV 东南线"建成通车，运营速度提高，但仍采用动力集中式
			德国开发动力分散式列车 ICE 3 高速动车组，但高速铁路未能成网运行
中国	酝酿期	20 世纪 80 年代	批准筹建牵引动力国家重点实验室，进行基础性研究和高新技术开发
	探索期	20 世纪 90 年代	已有线路改造提速，研发高速列车上线试验
	成熟发展期	2003~2012 年	引进国际先进技术，消化吸收再创新
	自主创新期	2013 年至今	自主研发"复兴号"动车组，建成 3.87 万千米高速铁路线路，并成网运营

资料来源：熊嘉阳，沈志云.中国高速铁路的崛起和今后的发展[J].交通运输工程学报，2021，21（5）：6-29.

（二）高速铁路的定义

对高速铁路的定义可以从广义和狭义两个层面展开讨论（王履华，2019）。广义上，高速铁路是指行驶速度区别于普速、中速的，集高新技术于一体，复杂的超大规模集成系统，其概念并不局限于轨道或者列车，通常涵盖行驶速度达到200千米/小时及以上的所有铁路系统。狭义上，高速铁路特指一种达到具体工程指标参数的铁路等级类型，而关于具体工程指标参数，世界各国标准不一，因此高速铁路并没有统一的狭义标准定义（Givoni，2006）。例如，美国交通部铁路管理局将高速铁路定义为在国内人口规模最大、密度最高区域以200~400千米/小时运行的核心快捷运输列车（Federal Railroad Administration，2019）；日本将线路主要部分运营速度达到200千米/小时及以上的铁路干线定义为高速铁路；欧盟在2008/57/EC指令中对高速铁路系统线路和高速铁路系统机车车辆分别进行了定义，其中高速铁路系统线路是指新建速度不低于250千米/小时或改造后速度不低于200千米/小时的高速线路，高速铁路系统机车车辆是指在高速铁路专用线路上运营速度至少达到250千米/小时，或与线路性能等级相匹配，运营速度达到200千米/小时的机车车辆（European Union，2015）；世界铁路联盟（UIC）将高速铁路定义为由许多不同元素构成的"完整综合系统"，包括基础设施、机车车辆、通信、运营条件和设备等，并明确新建线路设计速度要求达到250千米/小时，改造线路速度达到200千米/小时或220千米/小时。需要注意的是，由于技术进步的存在，高速铁路的具体工程指标参数会随着时代的发展而变化，因此高速铁路的狭义定义也会随着社会进步而改变。此外，一些国家和组织认为，以具体的速度指标对高速铁路进行定义在某些情况下是十分困难的，比如当一条铁路线穿过具有不同规划功能或不同地形条件的区域时，可能存在部分路段需要限速的情况（European Union，2015；UIC，2020）。

中国将狭义上的高速铁路定义为技术型高速铁路，将广义上的高速铁路定义为路网型高速铁路。技术型高速铁路指设计速度和初期运营速度达到某一标准以上的客运列车专线铁路（国家铁路局，2014）；路网型高速铁路没有严格的工程指标参数，只要设计速度达到200千米/小时以上，便可根据实际情况将主通道、区域连接线和城际铁路纳入高速铁路范畴，此外，路网型高速铁路可以部分保留货运功能（国家发展改革委，2016）。关于技术型高速铁路的工程指标，我国在不同时期有着不同的参数标准。在2009年12月1日实施的《高速铁路设计规范（试行）》（TB10020-2009）中，高速铁路被定义为新建的设计速度达到250 千米 / 小时的客运专线。2014 年 1 月 1 日实施的《铁路安全管理条例》放宽了对高速铁路的范畴限制，不再区分既有线路升级改造和新建线路，并将高速铁路速度标准变更为设计速度达到 250 千米 / 小时以上（含预留），运行速度达到200 千米 / 小时。2015 年 2 月 1 日中国首部高速铁路规范《高速铁路设计规范》（TB10621-2014）施行，再次将高速铁路速度标准调整为 250~350 千米 / 小时。在中国高速铁路网络布局中，官方文件实际采用的是广义高速铁路概念。例如，《中长期铁路网规划》（2016 年）中明确指出，要因地制宜、科学确定高速铁路建设标准。高速铁路主通道规划新增项目原则采用时速 250 千米及以上标准（地形地质及气候条件复杂困难地区可以适当降低），其中，沿线人口城镇稠密、经济比较发达、贯通特大城市的铁路可采用时速 350 千米标准。区域铁路连接线原则采用时速 250 千米及以下标准。城际铁路原则采用时速 200 千米及以下标准。此外，我国对于高速铁路的命名存在多种形式，包括高速铁路、快速铁路、铁路客运专线和城际铁路等，在使用时极易引起误解。按照《中长期铁路网规划》（2016 年）的标准，只要满足设计速度不低于 250 千米 / 小时，运营速度不低于200 千米 / 小时的客运专线都可以被认定为高速铁路。本书基于王履华（2019）的观点，重新绘制了铁路类型关系图（见图 2-1），由于部分城际铁路设计时速达到 300 千米 / 小时，达到国家铁路局认定的高速铁路标准，因此本书绘制的高速铁路与城际铁路范围存在部分重合。

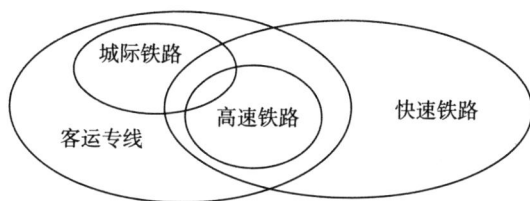

图 2-1 高速铁路与客运专线、快速铁路、城际铁路的关系

资料来源：笔者整理。

二、高速铁路、区域可达性与区域空间结构相关研究

区域空间结构是各区域时间和空间相互作用之后的一种结果表现，高速铁路作为新兴交通基础设施，打破了人们对距离的传统认知，改变了时间和空间的互

动关系，重塑了区域空间结构，本部分从高速铁路与区域可达性、高速铁路与区域空间结构两个方面，梳理高速铁路对区域社会经济结构的影响。

（一）高速铁路与区域可达性

地理学第一定律指出，任何事物之间都存在相关性，且距离越近相关性越强（Tobler，1970）。可达性作为反映这种地理相关关系的重要指标（Shen，1998），被广泛运用于交通与区域发展的研究中。可达性概念由 Hansen（1959）在测度大都市内部小区域间连通度时首次提出，并被定义为各节点在网络中相互作用机会的大小。古典区位论中，交通被视为体现可达性的基本因素（李平华和陆玉麒，2005；张莉，2013），因此可达性常被解释为两区域间通过对应交通系统从一处达到另一处的便捷程度（Morris et al.，1979）。可达性研究涉及的交通系统主要包括公路、铁路、港口及航空等（陈伟等，2017；王海江等，2016；宗会明和黄言，2019；高玉祥和董晓峰，2020；Shi et al.，2014；Smith and Timberlake，2001；薛俊菲，2008）。其中高速铁路因其独特的"时空压缩"效应，打破了由传统铁路与公路构成的可达性空间格局（李贤文等，2019），使时间距离逐渐代替空间距离成为衡量区域可达性的重要标准（Spiekermann and Wegener，1994），因此成为可达性研究领域的热点。早期关于高速铁路可达性的研究主要围绕日本新干线展开，后来德国、法国、西班牙等欧洲国家相继开通高速铁路，研究者逐渐将研究对象向世界范围扩展。Murayama（1994）从铁路可达性的角度梳理了明治时期后日本城市体系的转型历程，分析了铁路网络规模扩大对城市区位优势的影响，发现铁路建设促进了各城市的均衡发展，但新干线的出现使站点城市获得了巨大的区位优势，破坏了这种均衡局面，导致日本城市空间格局由均衡转向极化。Sasaki 等（1997）发现，随着新干线建设向网络化发展，中心城市的可达性不仅受到本区域铁路线建设的影响，而且还会受益于偏远地区的线路修建。Gutiérrez（2001）从远近两种距离范围评估了马德里—巴塞罗那—法国边境高速铁路对站点城市可达性的影响，结果发现该高速铁路对站点城市可达性的影响具有非对称特征，近距离内高速铁路对区域可达性的影响表现出集中的特点，而在远距离则表现出分散的特点。为了避免因指标选择而导致的结论矛盾，Martín 等（2004）进一步利用数据包络分析对沿线城市相对效率进行计算，重新评估了马德里—巴塞罗那—法国边境高速铁路对沿线城市可达性的影响，结果发现高速铁路削弱了区域间的距离摩擦，将更多的周边城市纳入无障碍通勤范围。Chang

和 Lee（2008）以韩国城际高速铁路为对象，验证了高速铁路可以提高区域可达性的论断，同时计算了高速铁路提高区域可达性的机会范围。随着研究成果数量增多，学者们关于高速铁路对区域可达性的影响基本形成了一致观点，认为高速铁路对区域可达性的改善存在积极影响，但该积极影响仅存在于高速铁路站点区域，对于周边地区可达性的改善程度较低，甚至存在消极影响，只有当其他交通系统与高速铁路形成配套时，区域整体可达性才会有效改善（蒋海兵等，2010；Ortega et al.，2012；Levinson，2012）。

近年来，高速铁路在中国发展迅速，对高速铁路可达性的研究在国内掀起热潮，由于中国特殊的地缘环境，高速铁路对区域可达性影响的异质性更加明显。吴旗韬等（2015）以厦深高速铁路为研究对象，分析了高速铁路开通前后广东省东部地区可达性的变化情况，在得出高速铁路可以提高沿线区域可达性结论的基础上，还发现不同站点受到的影响程度存在较大差异。李涛等（2017）进一步讨论了这种异质影响，发现高速铁路对区域可达性的改善效果与区域经济规模相关，经济越发达的地区受高速铁路影响可达性改善的程度越高。李贤文等（2019）、岳洋等（2019）认为，高速铁路对区域可达性的影响存在极化涓滴效应。考虑到中国高速铁路经历了由线成网的发展过程，田野等（2018）分阶段对比了中国高速铁路对区域可达性的影响，结果发现高速铁路对区域可达性的改善的极化作用仅存在于高速铁路网络尚不完善的阶段，当高速铁路成网运行后，对区域可达性的改善的差异逐渐消失。鄢慧丽等（2020）研究了"四纵四横"高速铁路网络布局形成后站点城市的可达性变化，发现高速铁路网络的完善缩小了中心与边缘城市区位优势差异，使区域整体可达性得到提升，但受地形条件影响，横向分布的城市可达性差距大于纵向分布城市的可达性差距。

（二）高速铁路与区域空间结构研究

区域空间结构是区域时间和空间关系相互作用的结果。空间相互作用最早由地理学家 Ullman（1957）提出，其指出互补性（Complementarity）、可转移性（Trans-Ferability）和中介机会（Intervening Opportunities）是产生空间相互作用的三个条件。区域间空间相互作用的强度遵循距离衰减法则（杨吾扬和梁进社，1997），即地理距离越远，空间相互作用越弱。高速铁路有效缩短了区域间的时间距离，削弱了地理距离对空间相互作用的影响，提升了区域间相互作用强度

（王姣娥等，2014），对区域空间结构演变提供了重要支持（Allen，1987）。以交通运输组织网络为基础，可将区域空间结构划分为长途汽车网络空间结构、高速铁路网络空间结构和航空网络空间结构。其中，长途汽车更适合省域尺度内的短距离表达，高速铁路更适合区域尺度的短距离至中等距离表达，航空运输则更适合全国尺度的长距离表达（王姣娥等，2019）。相应地，长途汽车网络空间结构在省域尺度上呈现出显著的"核心—边缘"特征（陈伟等，2017；王海江等，2016），高速铁路网络空间结构呈现"轴带"特征（焦敬娟等，2016；Yang et al.，2018），航空网络空间结构则在全国范围内呈现以大城市为端点的"菱形"结构特征（王姣娥和景悦，2017；陈伟等，2015）。

进一步地，有学者深入探讨了高速铁路网络空间"轴带"结构的具体特征。刘梦雨和沈丽珍（2021）发现高速铁路网络空间中的城市等级呈现出位序—规模分布特征，即这种"轴带"结构存在明显的层级结构，加剧了区域空间格局演变的极化态势。初楠臣等（2021）以环渤海高速铁路沿线城市为例，发现高速铁路轴带内部城市可达性呈现"中间高、头尾低"的分异特征，并且可达性最优要素呈现由中心向两端扩散的态势，在强化极化效应的同时进一步加深了原本 C 形轴带空间结构特征。姚亚光和米雪丽（2021）也证实高速铁路时间收敛效应的非均衡特征导致了区域空间结构极化趋势的产生。金凤君和王姣娥（2004）在高速铁路出现之前对中国铁路网络结构演化进行了研究，结果发现铁路网络使区域空间呈现同心圆式的圈层结构，具有显著的"空间收敛"效应。钟业喜等（2015）对比了普通铁路和高速铁路对城市空间格局的影响，发现与普通铁路同心圆式的圈层结构不同，高速铁路形成的是以中心城市为圆心的异心圆交叠结构，随着高速铁路的发展，不同中心城市交流圈的叠加效应越发明显。游士兵和肖莜蕊（2019）得出高速铁路建设有利于城市群扩大的结论进一步支持了上述观点。王姣娥和焦敬娟（2014）发现高速铁路的空间扩展过程与城市群空间分布存在较高的耦合性，两者均呈现由"核心—核心"向"核心—网络"形态转化的趋势。李贤文等（2019）将研究视角从单条高速铁路线转向高速铁路网络，对高速铁路网络扩张的影响进行了探究，结果并未发现高速铁路在成网运行后仍会产生显著的"空间收敛"效应的证据，仅发现"时间收敛"效应的存在，且随着高速铁路网络扩张，城市群空间形态呈现"核心—边缘"形态到"廊道"形态再到"核心—廊道"形态。

三、产业结构优化升级相关研究

产业结构是国民经济各部分比例关系的体现，产业结构优化升级则是马克思社会资本再生产理论揭示的社会化大生产的客观必然。经济发展过程中影响城市产业结构优化升级的因素众多，对影响产业发展的要素进行归类，厘清各类要素对产业结构优化升级的具体影响，有利于明晰高速铁路对产业结构优化升级的作用逻辑和原理。因此，本部分从产业结构优化升级概念、产业结构优化升级影响因素、中国产业结构演化特征三个方面梳理产业结构优化升级相关研究成果。

（一）产业结构优化升级概念

产业结构是指社会再生产过程中，国民经济各产业部门间的生产、技术、经济联系及数量比例关系（鲍宏礼等，2018）。产业结构概念形成的思想源头可以追溯到 17 世纪，威廉·配第在其出版的 *Political Arithmetick* 一书中指出，工业比农业收入高，而商业又比工业收入高，这种差异导致世界各国国民收入水平和经济发展产生差距。亚当·斯密进一步论述了经济发展过程中各产业部门应当遵循何种发展顺序，但也并未明确提出产业结构的概念。世界经济大危机之后，大量资本和劳动力流入非物质生产部门，威廉·配第和亚当·斯密等关于产业部门结构影响经济发展的朴素思想重新回到人们的视野当中。在此背景下，Fisher（1935）基于统计学首次提出关于三次产业的分类方法，这也是目前划分产业最常用的方法。Clark（1940）采用该分类方法，对世界 40 多个国家和地区三次产业劳动投入、产出的数据进行了归纳分析，得出随着经济发展，劳动力存在由第一产业向第二产业再向第三产业转移的演进趋势，为产业结构建立了完整、系统的理论框架。尽管 20 世纪 30 年代至 50 年代产业结构理论的发展日趋完善，但关于产业结构概念的内涵存在多种理解，既可以理解为不同产业之间或各产业内部不同部门之间的生产联系和比例关系，又可以理解为各产业内的企业关系和区域结构（韩美琳，2021；马荣，2019）。从产业结构的内容来看，产业结构既包括劳动力结构、资本结构等投入结构，又包括生产率结构、产值结构等产出结构（马荣，2019）。改革开放之前，我国基本没有"产业结构"的提法，相关研究大多使用"经济结构"，改革开放后，市场经济背景下产业结构问题才成为国内学者关注与研究的热点（李江涛和孟元博，2008）。

Kuznets（1966）提出"发展需要结构变化"的观点被视为经济发展最核心的观点之一，没有产业结构转变，就不可能实现经济的持续增长。现有研究表明，实现过经济高速发展的国家都曾经历过产业结构调整（袁富华，2012）。产业结构调整是指国家或地区根据社会经济发展所处阶段，通过制定相关产业政策，影响生产要素在不同产业部门之间的分配数量（韩美琳，2021）。产业结构优化升级则是产业结构调整的一种结果表现。按照产业结构演化规律，可以将产业结构优化升级划分为产业结构合理化和产业结构高级化两个方面。产业结构合理化通常指各产业间的均衡发展程度（陈仲常和张建升，2005），产业结构高级化通常指产业结构从低层次向高层次演进的过程（李悦和李平，2002）。国外学者对产业结构优化升级概念的阐述主要从高级化方面展开。Ernst（1998）最早提出产业升级（Industrial Upgrading）概念，并以价值链理论对产业结构优化升级进行界定。他以韩国电子产业为例，提出技术学习是替代资本成为推动韩国电子行业进入新发展阶段新的驱动力。Porter（1990）虽未明确提出产业升级的概念，但他指出只有产业结构"合适"时，产业内部的企业才能拥有长期获利的能力。Gereffi（1999）同样从价值链升级的角度解释产业结构优化升级是指企业或经济主体为取得更高的获利能力由要素密集型向资本密集型和技术密集型转变的过程。此外，Gereffi和Tam（1998）还从企业组织链的角度阐述了产业结构优化升级。Humphrey和Schmitz（2002）围绕价值链的构成详细论述了产业结构优化升级，认为其包含工艺更新、产品升级、功能完善、链条延伸四个方面。国内学者不仅从产业结构高级化角度阐释了产业结构优化升级，认为是产业结构由低级状态向高级状态演进的过程（李毓等，2020；田学斌等，2019；王勇和汤学敏，2021），而且从合理化角度对产业结构优化升级进行了阐释，如刘杰（2010）认为产业结构优化升级是生产要素在低端产业和高端产业间的再配置过程；张银银和李凡（2016）认为产业结构优化更侧重于产业结构的合理化；宋锦和李曦晨（2019）认为只要生产要素由低生产率部门流向高生产率部门即是产业结构优化升级；甘行琼等（2020）将产业结构优化升级界定为生产资源在三次产业及各产业内部的合理有效配置，最终达到协调发展的过程。此外，学术界存在产业结构升级、产业升级、产业优化、产业结构优化升级等多种概念，内涵同一论认为这些概念均是指产业结构合理化和高级化的动态过程（李江涛和孟元博，2008）。

（二）产业结构优化升级影响因素

关于影响产业结构优化升级的因素研究，大致围绕供给、需求和环境三个角度展开。

影响产业结构优化升级的供给因素主要是指产业从事生产活动所需要的资源要素及投入结构。林毅夫和孙希芳（2003）认为一个国家或地区的产业结构取决于该区域的要素禀赋结构，该区域经济系统中产业结构的优化升级从根本上说是要素禀赋结构变化的结果。林毅夫等（1999）利用比较优势理论对要素禀赋论进行了解释，指出在经济发展的早期阶段，一个国家或地区的资本要素较劳动力要素和自然资源要素而言相对匮乏，因此该区域产业结构往往以劳动密集型产业为主。当资本积累达到一定水平后，劳动密集型产业的优势逐渐消失，资本密集型产业开始替代劳动密集型产业成为经济增长的主要动力，从而引起产业结构由以第二产业为主向以第三产业为主的趋势转变（Acemoglu and Guerrieri，2008）。随着经济发展，知识、技术要素不断积累，以高附加值经济活动为核心的知识密集型产业对经济发展的战略意义越来越重要，产业结构的重心开始向知识密集型产业倾斜。综上，一个地区的产业结构所呈现的特点必然与其所处经济发展阶段的要素禀赋特征有关。此外，要素的投入成本也会影响要素禀赋结构变化对区域产业结构演进的影响（李中，2015）。关于具体的要素禀赋种类，现有研究主要从劳动力要素、资本要素及知识要素三个方面展开相关讨论。劳动力作为各产业生产活动的主体，区域产业结构水平与其禀赋密不可分。劳动力集聚可以显著推动集聚地区产业结构优化升级，但周边地区会因缺少劳动力而导致产业结构水平下降（陈朝阳等，2019）。并且，产业结构水平越高的地区，人力资本对产业结构优化升级的作用效果越强（白婧和冯晓阳，2020；李敏等，2020）。此外，劳动力要素并不是一个无差别概念，江三良等（2020）根据受教育程度将人力资本划分为初中级人力资本和高级人力资本，发现两者均能有效促进区域产业结构优化升级，但部分地区存在高级人力资本的"锁定效应"，不利于知识溢出。资本要素在非平衡经济增长模型中被视为决定产业结构演化的核心要素（Acemoglu and Guerrieri，2008），人力资本增加能够显著促进区域产业结构优化升级（于泽和徐沛东，2014）。按投资方式不同，资本可以被划分为信贷、股票及债券等，孙湘湘等（2018）对不同资本市场进行研究，发现信贷市场存在对象歧视，会抑制区域产业结构优化升级，股票市场和债券市场的发展则促进了区域产业结构优化升级。按资本来源不同，资本可以被划分为财政资本、银行资本、社会资本、外来资本等，赵冉冉和沈春苗（2019）通过研究发现财政资本、外来资本和社会资本流动对区域产业结构优化升级的促进效果显著，但银行资本流动的作用效果不明显。

知识要素对产业结构的影响主要涉及知识分工、知识积累、知识扩散和知识创造（张银银和李凡，2016），知识分工可以提高劳动生产率，同时促进知识积累，再通过扩散和创造，改变产业组织结构，提高部门产品质量，进而影响产业结构水平（Hayek，1937）。肖广岭（1999）认为产业部门越处于高层次，其包含的隐性知识就越多，知识挖掘对产业发展的影响越明显。Saxenian（1996）指出科技企业为促进隐性知识的相互传播和学习而产生聚集，从而提升该区域产业结构水平。

影响产业结构优化升级的需求因素主要是指消费者对各产业部门产品的消费需求。随着经济发展，消费者预算约束不断增加，对弹性商品的消费需求比重不断提高。Matsuyama（1992）发现由于收入增加，制造业产品需求量大大提升，制造业部门通过"干中学"向产业高层次演化，进而提升了区域产业结构水平。Echevarria（1997）、Kongsamut 等（2001）、Foellmi 和 Zweimüller（2008）对不同产业部门的研究均得到了类似的结论。Kaldor（1996）认为需求增长加剧了企业之间的竞争，推动了市场成长。Porter（1990）、Utterback（1999）、Madrick（2003）、Zweimüller 和 Brunner（2005）的研究均表明消费者的需求是各产业部门产品创新的重要推动力。

影响产业结构优化升级的环境因素包括制度环境和技术环境两类。制度环境是指国家或地区为产业发展制定的运作准则，主要包括法律制度、政策条例等（North and Douglass，1990）。Kuznets（1966）认为制度环境会改变劳动分工和市场需求，进而对区域产业结构水平产生影响。Nicholson（1972）进一步指出由制度环境引起的要素配置改变对区域产业结构的影响是长远的。调控产业发展的政策包括金融政策（龙海明等，2021）、财政政策（齐鹰飞和 Li，2020）和环境政策（陈浩和罗力菲，2021）等，它们均在不同程度上对区域产业结构水平产生了影响。技术进步是指技术所涵盖的各种形式知识的积累与改进，主要表现为技术效率提升（郭浩森和王鑫，2019）。假设各产业部门产品是可替代的，由于技术进步的存在且各产业部门有着不同的技术进步率，各产业部门生产效率将产生不同程度的变化，原有的产业结构均衡状态被打破，生产要素会由低效率部门流向高效率部门，从而改变产业结构水平（于泽等，2014；Baumol，1967）。此外，技术进步还可以直接改变产业的技术结构和生产要素投入结构，进而实现产业自身形态向高层次演进（Antonelli，2006）。从前述文献梳理的结果来看，技术进步不仅可以由供给方引起，还可以由需求方引起（Romer，1990）。

（三）中国产业结构演化特征

新中国成立以来中国经济发展最突出的特征是产业结构失衡与经济增长共存（郭旭红和武力，2018），在从计划经济向市场经济转型的过程中，中国产业结构经历了农业发展向非农业发展的演化历程。根据中国三次产业历年的比例特征，可将我国产业结构演化划分为五个阶段。第一阶段是国民经济恢复时期。1949~1957年我国集中力量恢复国民经济，产业结构逐渐协调，三次产业比重由68：13：19变为40.1：29.6：30.3，但此时工业内部轻工业比例偏高，成为制约工业发展的瓶颈。第二阶段是优先发展重工业下的产业结构失调时期（武力，2010；国家统计局社会统计司，1987）。1958~1978年，由于反"冒进"和经济调整，国民经济增速有所下降，加上"一五"计划提前完成，"反右"运动的刺激及中国在社会主义阵营地位的提高，导致了"大跃进"运动发生（郭旭红和武力，2018）。中国产业结构偏离了世界工业化中产业演变的一般规律，三次产业比重由1957年的40.1：29.6：30.3变为1978年的28：48：24，第一产业和第三产业发展严重滞后，第二产业中重工业比例过重，产业结构严重失衡。第三阶段是农业快速发展时期。1979~1998年我国农村改革全面开展，重工业处于调整之中，第三产业占国民经济比重迅速上升，第二产业占比下降，轻重工业比例基本协调，三次产业比重变为17.2：45.8：37。第四阶段是非农产业加快发展时期。1999~2012年，社会主义市场经济体制基本建立，经济运行由供给约束型向需求约束型转变，为扩大内需和对外出口，政府实行积极的财政政策和稳健的货币政策，能源基建成为国内投资热点，加之2008年世界金融危机爆发后政府为减缓经济下滑趋势，进一步扩大基本建设投资，导致该阶段我国产业结构呈现"重化"特征（郭旭红和武力，2018），三次产业结构比重为9.4：45.3：45.3。第五阶段是经济新常态下的产业结构优化时期。2013年，第三产业占国民生产总值比重首次超过第二产业，产业结构不断优化，但经济新常态下，中国产业结构优化升级面临的突出矛盾正由需求侧向供给侧转变，产能结构不协调、技术创新匮乏等问题的存在，严重制约了供给侧结构性改革的有效推进。如何通过增加新的有效供给带动新需求，使资源要素在产业间的配置更加合理，是这一阶段产业结构优化升级的核心。需要注意的是，铁路为拓展区域发展空间提供了重要支撑，对资源要素配置影响深刻。作为扩大铁路有效供给的一种措施，高速铁路建设与网络完善将对区域产业结构产生重要影响。

四、高速铁路与产业发展相关研究

高速铁路改变了衡量区域联系的距离尺度，降低了要素流动的空间壁垒，时间距离成为衡量区域联系强度新的标准。高速铁路的建设和网络完善正在打破以往要素配置的局限，推动要素实现市场化配置。学者们围绕高速铁路的经济效应进行了大量研究，本部分将聚焦高速铁路与城市产业结构的相互作用关系，梳理现有文献成果。

（一）高速铁路与要素空间配置

时间和空间是经济活动存在的基本形式，区域社会经济发展既取决于区域社会成员对时间和空间的利用程度，又取决于该区域经济时空结构的构建水平（荣朝和，2011）。Harvey（1990）最早探讨了时空关系对社会经济影响，指出时间距离的缩短改变了空间距离对要素配置的影响。高速铁路的建设与网络完善打破了区域间的时间与空间壁垒，大大加强了要素流动效率，使要素在空间配置上达到新的平衡。高速铁路"时空压缩"效应对要素的影响主要体现在人口、土地、知识、资本、信息等方面。

高速铁路对人口流动规模和频率的影响，主要是因为高速铁路改善了站点城市的可达性（冯山，2019）。Taniguchi（1992）考察了日本新干线对人口流动的影响，发现站点城市间的人口流动的频率和规模均有显著提升。Lin（2017）在对中国高速铁路的研究中同样发现站点城市高速铁路开通后人口流动量显著提升。Chen 和 Vickerman（2017）在对比英国和中国高速铁路开通对人口流动影响时发现中国高速铁路效应主要体现在长途方面。人口流向方面，国内外研究结论也存在差异。Chen 和 Hall（2011）比较了英国伦敦及周边城市高速铁路开通前后人口数量变化，结果表明高速铁路开通后人口流动呈现扩散趋势，伦敦城区人口数量下降，周边城市人口数量增加。Sasaki 等（1997）以日本新干线为对象的研究结果却表明高速铁路可以显著提升站点城市的人口规模。在以中国高速铁路为对象的研究中也有着不同的结论。黄春芳和韩清（2021）、Ren（2016）的研究结果表明高速铁路开通使中心城市的虹吸效应增强，强化了人口聚集效应。李静等（2021）发现高速铁路开通使线路上的小城市人口空心化趋势加剧。王垚和年猛（2014）对不同年份区间高速铁路的人口流动效应进行了检验，结果发现高速铁路在建设的早期阶段会降低站点城市人口规模的增长速度，随后转变为正向影响，但这种正向影响并不会长期存在。此外，劳动力是影响产业发展的一个重要人口指标，一方面，高速铁路的开通能够降低劳动力搜寻成本，扩大站点城市劳动力市场规模（Gannon and Liu，1997）。另一方面，交通基础设施的提供对受众存在选择效应（Estache et al.，2002），即收入因素可能影响进入劳动力市场的劳动力质量（Calderón and Chong，2004）。杜兴强和彭妙薇（2017）也证实高速铁路对高级人才的流动性影响更强，增加了站点城市对高级人才的吸引力，而中低技术劳动力和高级劳动力的流动对区域产业结构的影响可能是相反的（高波和王紫绮，2021）。

高速铁路还会导致城市蔓延。城市蔓延是指在经济快速增长背景下，城市空间结构呈现快速、分散和低密度的扩张现象（冯山，2019）。其最主要的表现是城市土地扩张（Kolankiewicz and Beck，2001）或城市土地规模相对城市人口规模的扩张（Fulton et al.，2001）。一方面，高速铁路对站点城市可达性和市场范围的提升会产生产业集聚效应（Zhu et al.，2020），进而吸引周边不发达地区人口流入（Rouwendal and Meijer，2001），增加当地房屋需求促使房价上升，而房价上涨会通过供给侧成本最小化和需求侧"性价比"最大化等机制引导远离城市中心的住房开发（王家庭和谢郁，2016），从而导致城市土地扩张，同时地价上涨也会导致产业向周边地区扩散而加剧这种土地扩张（范剑勇和邵挺，2011）。另一方面，高速铁路建设为"土地财政"提供了发展契机，地方政府借助高速铁路站点和相关配套设施修建引导城市边缘扩展，导致城市土地扩张（王家庭和蔡思远，2018）。此外，地方政府对城市基础设施建设的偏向性配置成为普遍现象（张俊，2017），多地开展新城运动（周俊生，2018），此种现象可称为土地城镇化，但对一些城市而言，由于基础较差，缺乏产业支撑，也无法吸引常住人口，导致人口的城镇化速度远远跟不上土地城镇化的速度（张辉，2018），引起城市土地规模相对城市人口规模的扩张。

高速铁路对信息空间流动也存在一定影响，尽管我们已经进入网络社会，信息交流可以通过互联网完成，但基于"软信息"角度的经济学研究证明空间距离仍然是影响信息流动的重要因素（John et al.，2011）。市场上的信息可划分为"硬信息"和"软信息"两种，其中硬信息通常是指能够被量化并以数字形式表达的标准化信息，软信息则指通过口头传授或行为表达的非标准化信息（Petersen and Rajan，2002）。由于硬信息是标准化信息，因此其内涵通常是明确的、客观的，流动过程中具有无差异特点，而软信息包含有更多的个人主观认知，在流动过程中会因接受者的认知差异产生不同理解（Arnold et al.，2010）。此外，硬信息主要依靠网络、硬盘、媒体、刊物等实物传播，信息失真和衰减程度较低，而软信息的载体主要是人口，通过人际网络传播，信息偏差和漏损概率较高（Loughran，2008）。高速铁路的"时空压缩"效应大大促进了软信息传播载体——人口在空间上的流动，降低了地理距离对软信息传播的阻碍，加速了信息资源在空间上的释放和流动（冯山，2019）。进一步地，资本流动是信息流动和交换的结果，高速铁路对信息空间流动的影响最终会体现在资本市场。黄张凯等（2016）研究了高速铁路对企业IPO折价的影响，结果表明高速铁路通过促进信息流动缓解了地理位置对IPO定价的扭曲，降低了IPO折价率。龙玉等（2017）、赵静等（2018）、吴克平等（2019）、蔡春等（2019）分别从新增投资风险、股价崩盘风险、会计稳健性和审计延迟讨论了高速铁路对资本市场的影响，发现高速铁路开通弱化了投资者和被投资者之间的信息不对称，降低了站点城市投资风险，有利于吸引外部投资。

（二）高速铁路与产业结构演化

Beyers和William（1983）分析了不同区域产业结构特征，发现产业结构在空间上存在一定的相互依赖。Akita（1994）进一步验证了该结论，并发现随着区域联系增强，区域间产业结构在空间上的相关性也会随之提高。高速铁路的快速发展重构了区域经济时空结构，区域布局、产业布局等经济地理格局正处在大幅度重塑过程之中。如前所述，区域产业结构水平包括合理化和高级化两个方面。产业结构合理化取决于要素配置效率的高低（干春晖等，2011），产业结构高级化则表现为产业重点的转移和生产要素的转变（袁航和朱承亮，2018）。尽管高速铁路打破了要素流动的空间壁垒，但由于辐射效应、虹吸效应和同城效应的存在，要素配置可能会向不利于区域产业结构协调的方向流动（黎绍凯等，2020）。从产业结构的内涵分析，以知识、技术、资本为代表的高端要素对产业结构优化升级的影响远高于劳动力、资源等一般要素（Porter，1990），而高速铁路对高端要素流动性的影响远大于一般要素，因此高速铁路开通往往能够促进站点城市资本密集型、技术密集型、知识密集型产业的发展（Chen and Vickerman，2017）。罗能生等（2020）发现高速铁路开通对站点城市产业结构合理化存在负面影响，但对产业结构高级化存在积极影响，且随着高速铁路网络不断完善，其对站点城市产业结构合理化的负面影响逐渐消失，对产业结构高级化的积极影响进一步强化。李佳等（2021）也证实高速铁路开通对区域产业结构高级化存在持续的积极影响。邓慧慧等（2020）将高速铁路影响区域产业结构的路径划分为规模经济效应、技术创新和劳动资本配置三条，并通过实证发现现阶段高速铁路对区域产业结构合理化和高级化的提升作用主要由规模经济效应推动，技术创新和资本劳动配置效应对提升区域产业结构水平的推动作用较弱。此外，她们还发现产业结构高级化主要受益于城市间资源再配置，产业结构合理化主要受益于城市内部资源再配置，因此经济基础相对较好的城市产业结构高级化受高速铁路的提升作用更强，而经济基础较差的城市产业结构合理化受高速铁路的提升作用更强。王群勇和王西贝（2021）研究了高速铁路网络完善对中国产业结构高级化的时空滞后性，发现地区产业结构高级化不仅受到本地区高速铁路网络完善程度的影响，而且受到周边地区高速铁路网络完善程度的影响。此外，高速铁路网络完善对中国东部和中部地区的产业结构高级化推动作用仅在短期内产生，对西部地区产业结构高级化的推动作用则在长期才会显著。何琳（2021）利用反事实研究法对比分析了开通高速铁路城市和未开通高速铁路城市三次产业结构比重的变化，结果表明，高速铁路开通不会改变区域产业结构的演进趋势，但可以加速产业重点向第三产业转移。其他学者也发现高速铁路开通有助于城市产业结构由传统工业向现代服务业转型（孔令章和李金叶，2021；Gutiérrez，2001）。

五、空间计量方法及空间效应相关研究

20世纪70年代前，学者们运用传统计量方法对涉及区域经济问题的研究通常隐含着经济变量及扰动项在空间上相互独立的假设。20世纪70年代后，随着空间数据日益丰富，学者们开始关注由区位因素引起的空间效应，包括空间依赖性和空间异质性（刘湘云和马尚国，2012）。由于空间效应的存在，传统计量方法关于变量在空间上的独立性、随机分布假设受到质疑，空间计量应运而生。空间计量这一概念最早由 Paelinck 和 Klaassen（1979）提出，他们初步界定了空间计量经济学的研究领域。Berry 和 Marble（1968）、Curry（1970）、Fisher（1971）、Paelinck 和 Nijkamp（1975）、Cliff 和 Ord（1973，1972）、Burridge（1980）、Anselin（1988）等对空间数据分析技术及空间模型设定和估计进行了讨论，提出了空间滞后模型、空间误差模型等，以及似然比率、拉格朗日乘数等一系列检验统计量，为空间计量提供了方法论基础。20世纪90年代，随着一批主流经济学

家的加入，空间计量的理论研究和估计推导变得更加规范严谨。加之信息技术的发展，Geoda、Stata 和 Matlab 等空间统计软件的开发与推广极大地推动了空间计量经济学的发展和方法应用（Lesage，1999；Anselin，1995）。21 世纪后，空间计量经济学理论及其应用逐渐趋于成熟。

近年来，空间计量方法已被广泛应用于各类经济问题的空间效应研究，如绿色经济、环境污染、旅游经济、数字经济、企业创新、人口与就业、产业结构等（Liu and Dong，2021；邵喜武等，2022；Jia et al.，2021；郭向阳等，2022；彭文斌等，2022；冯永琦和张浩琳，2021；马国旺和王天娇，2022；姚旭兵等，2022；逯璐等，2021；王群勇和王西贝，2021）。就已收集到的文献来看，国内外学者对于空间效应的解读绝大多数是基于 Lesage 和 Pace（2009）提出的以偏微分形式分解变量系数后得到的直接效应、间接效应和总效应。运用该方法对空间效应分解更有利于解读其经济含义，因此本书也同样采用该方式对空间效应进行分解。

六、文献述评

通过梳理国内外关于高速铁路和产业结构研究的相关文献，对现有研究成果中已经解决的科学命题进行总结，探讨解决过程中可能存在的问题，引申出亟须解决但尚未解决的新的命题，并阐明本研究在相关领域所处的位置。本书对现有文献的述评可总结为以下三个方面：

第一，产业结构影响因素和高速铁路经济效应两个研究领域的相关成果均较为成熟丰富，但两者之间的联系桥梁尚未被很好地搭建。产业结构影响因素研究成果大致可划分为要素禀赋派、需求推动派和环境约束派。其中，要素禀赋派的观点是，一个国家或地区的产业结构现状取决于当前阶段的要素禀赋结构。当该国家或地区的要素禀赋以自然资源和劳动力要素占优时，区域产业结构将呈现以劳动密集型产业为主的特征；当该国家或地区在经济发展的过程中资本积累超过自然资源和劳动力要素时，产业结构将向资本密集型转变；当该国家或地区的知识要素积累超过资本要素时，该区域产业结构将进一步向技术密集型、知识密集型演进。需求推动派认为消费者需求是区域产业结构优化升级的重要推动力。随着经济增长，消费者的消费能力不断增强，生活必需品在消费需求中的占比越来越低，弹性商品的需求比重越来越高，推动企业进行产品升级以满足新的消费需求。企业产品升级的长期积累会带动产业向高层次转化，进而实现产业结构优化升级。环境约束派将环境约束分为制度环境和技术环境，制度环境通过政策制定引导要素流动改变要素配置状况，技术环境则通过影响部门生产效率差别化要素配置，或直接改变产业生产要素投入结构，从而改变区域产业结构。高速铁路经济效应相关研究则表明，无论是劳动力、资本等生产要素还是以人口为载体的知识技术等新生产要素，甚至是制度环境和技术环境，其流动规模、流动方向和辐射范围都会受到高速铁路的影响而改变。高速铁路作为改变各因素对区域产业结构影响的重要外生冲击，正在成为促进产业结构优化升级的新一轮研究热点。然而，在现有关于高速铁路对区域产业结构的影响研究中，学者们往往将研究重点放在影响结果上，忽略了对过程中隐含的作用原理和机制的解读，不利于相关学术成果向实践指导转化。本书以产业结构影响因素相关研究结论为基础，构建高速铁路推动区域产业结构优化升级的理论框架，进一步完善高速铁路对区域产业结构作用原理和影响机制的研究内容。

第二，现有关于高速铁路对产业要素流动和区域空间格局演化的研究尚未形成统一结论，导致高速铁路对产业结构影响的研究仍存在诸多不确定性和争议。现有文献结论未能达成一致的原因如下：首先，高速铁路在世界各国并不是一个统一的概念。例如，新干线在日本被定义为高速铁路，而按照中国铁路标准，新干线只能算是快速列车，与中国的高速铁路实际上并非同质。但在学术研究中以两者为研究对象的成果均作为对高速铁路的相关探讨。因此，尽管以世界各国高速铁路为对象的研究均被纳入高速铁路的研讨范围内，但实际上这些结论并不具备可比性。其次，高速铁路作为一项基础设施建设，其作用效果与地区自身的地缘环境和社会经济基础息息相关。由于工业革命最早在西方国家展开，这些国家公路运输和民航运输发展起步较早，基本满足了本国交通需求，因此以国外高速铁路为研究对象的文献大多认为高速铁路挤占了民航在运输市场的份额。并且，由于这些国家经济增长较为平缓，所以高速铁路的建设对一些民航发展较好的地区表现出消极经济影响。对于民航发展较差的地区，高速铁路则通过改善区域可达性，提高运输效率，从而显现出积极的经济效应。中国在过去几十年中始终保持着较高的经济增长速度，交通运输的供给量远不能满足需求，加之中国民航事业起步较晚，受经济条件影响，其市场份额也并不算高。尽管高速铁路对民航产生了一定冲击，挤占了一定的市场份额，但高速铁路更多的是释放了新的交通运输需求，挤占效应并不明显，因此国内关于高速铁路对经济发展影响的研究基本得到的均是积极结果。此外，由于中国经纬度跨度较大，各城市、区域间的地缘环境差异明显，高速铁路对产业要素流动的方向及区域空间格局演化趋势存在不同影响，进而导致区域产业结构呈现不同变化。尽管学者们已经注意到了这种异质性，但相关研究也仅停留在结果层面，未能深入探究异质影响背后的作用路径或机制差异。再次，高速铁路在不同发展阶段对产业要素流动和区域空间格局演化也存在不同的影响。在高速铁路建设初期，要素向站点城市集聚，且区域空间格局呈现以高铁线路为核心的轴状结构，站点城市产业结构优化升级进程加快，周边地区产业结构优化升级进程减缓。随着高速铁路建设进程推进，高速铁路网络布局成型，站点城市的辐射作用开始显现，产业要素开始由站点城市向周边地区扩散，同时区域空间格局也呈现多中心特征，站点城市和周边地区产业结构优化升级进程差距逐渐缩小。现有研究大多是基于较大时间跨度范围内高速铁路对区域产业结构水平影响的平均效应而得出定论，忽略了这种效应可能存在的动态性，导致高速铁路在不同时间段内的效应产生相互遮掩，得到错误的研究结论。最后，本书认为高速铁路运能大、运速快、连续性强、通用性好的优势与中国地域跨度广，人口基数大、密度高的运输需求特点相契合，以中国高速铁路为研究对象能够更好地分析其产生的经济效应。综上所述，本书以中国高速铁路为例，基于高速铁路推动产业结构优化升级的逻辑原理，对引起异质性影响的不同路径进行分析，并采用不同变量识别高速铁路开通和网络完善度，更深入、更具体地剖析高速铁路对城市产业结构水平的影响。

第三，现有关于高速铁路影响产业结构的学术成果多是从时间维度分析了高速铁路开通前后站点城市产业结构的变化情况，或从空间维度研究了区域产业结构的地理相关性，将时间和空间同时纳入经济逻辑来讨论高铁对产业结构影响的文献较少。产业结构是要素空间流动结果的表现，产业结构演化则是要素空间流动在时间上的积累结果。高速铁路作为促进区域发展的重要工具，对开通站点存在影响，对站点周边也存在显著的空间效应，若仅从时间维度分析高速铁路对区域产业结构水平的影响，忽略空间效应，不仅可能得到脱离实践现象的研究结果，而且所得结论也将难以正确指导各城市、区域对高速铁路资源的合理利用。基于此，本书采用面板空间计量模型，从时间和空间两个维度识别高速铁路对城市产业结构的影响，为相关研究提供新的视角，并拓展研究方法。

第二节　理论基础

一、空间相互作用理论

空间相互作用理论（Theory of Spatial Interaction）认为经济结构和区域间经济关系的建立和发展是资源要素在空间中相互传输的结果。Haggett（1972）根据空间相互作用的表现形式，将空间相互作用分为对流、传导和辐射三种类型。Ullman（1957）指出空间相互作用产生存在三个前提条件，分别是互补性（Complementarity）、可转移性（Trans-Ferability）和中介机会（Intervening Opportunities）。其中，互补性是指区域 A 和区域 B 由于社会分工不同而形成的商品供求关系，具体表现为地区间贸易。两区域间的贸易关系越稳定，贸易规模越大，则两区域间的互补性越强，构成空间相互作用的基础越牢固。可转移性是影响空间相互作用产生的第二个条件，指生产要素或产品要素通过各种运输工具在空间上实现转移的能力。这种能力并非局限于各种运输工具的固有输送能力，而是比较生产要素或产品要素自身价值与运输成本后的接受程度。然而，即便区域 A 和区域 B 之间存在互补性和可转移性，也可能难以产生空间相互作用。这是因为无论是生产要素还是产品要素，都存在一定的可替代性，当具有替代性的区域出现时，原本区域相互作用的空间格局便可能因此改变，这种因替代性而导致的空间相互作用改变的可能性被称为中介机会。例如，区域 C 和区域 B 所生产的商品互为替代品，但区域 C 由于区位优势更容易与区域 A 建立贸易关系，这便导致区域 B 与区域 A 之间的互补性被区域 C 和区域 A 之间的互补性替代，区域 B 与区域 A 之间的可转移性也因区域 C 的存在而显得相对较低，造成虽然区域 B 和区域 A 之间存在互补性和可转移性，但空间相互作用也难以产生的结果。

空间相互作用理论揭示了区域产业结构形成和演化的基本逻辑：资源禀赋差异导致社会分工形成，使区域间产生互补性，为区域间贸易奠定了基础，而可转移性和中介机会决定了区域间贸易能否实现及在哪些区域实现，进而强化不同区域的社会分工或转变区域社会分工，最终使各区域表现出与之适应的产业结构。某种程度上，距离因素被视为该理论逻辑下影响区域产业结构的核心因素。对于可转移性而言，距离决定了运输成本，在可接受范围不变的情况下，距离越远区域间的可转移性越差，空间相互作用的阻力越大，区域间经济联系降低，对区域经济增长和产业结构产生负面影响。对于中介机会而言，在具备区域替代性的前提下，可转移性将是决定空间相互作用在哪些区域间建立的主要因素，因此距离因素对中介机会的实现同样至关重要。从长期来看，距离壁垒导致的贸易格局还将影响不同区域的要素积累进度，从而使各区域产业结构向高层次演进的进程产生差距，加剧区域间的产业结构失衡。高速铁路的出现打破了人们对距离的传统认知，时间距离逐渐代替地理距离成为衡量区域联系的新标准，在高速铁路"时空压缩"效应的作用下，区域间的可转移性将被重新定义，中介机会的实现也有了新的路径，区域相互作用的空间格局将被改变。借助空间相互作用理论，可以对高速铁路影响下区域产业结构所呈现的新的演化趋势做出更合理的经济解释。

二、增长极理论

增长极理论（Growth Pole Theory）也被称为发展极理论（Development Pole Theory），主要应用于区域规划问题。Perroux（1950）为了更好地解释经济问题，提出了区别于政治空间和人文空间的经济空间概念，并将经济空间划分为三种类型：计划空间、极化空间和匀质空间。增长极概念源自"极化空间"，该经济空间存在多个"中心"，空间内的各种经济活动分别指向或来源于这些中心，且每个中心的吸引力和排斥力均具备一定的"场"，这些"场"在空间中相互作用，通过不同渠道将经济活动产生的影响扩散到经济空间的其他部分（Perroux，1955）。Perroux（1950）明确界定了增长极的概念，即给定环境中的一个推进型单元，并将增长极的形成与发展过程概括为极化—扩散过程。增长极理论中，区域经济结构首先呈现出资源要素向增长极集聚的空间特征，当增长极发展到一定程度后，资源要素开始向周边地区扩散。培育增长极需要具备三个条件：第一，必须具备规模经济效应；第二，必须存在推进型的主导产业；第三，要有适宜经济发展的外部环境。

高速铁路作为提振区域经济发展的重要基础设施投资，恰好满足打造增长极所需的三个条件。首先，高速铁路通常优先在经济基础良好的城市设站，这些城市一方面具有发展成为增长极所需的要素规模，另一方面具有一定的产业基础。其次，高速铁路的开通将促进站点城市交通配套设施完善，提升交通运输效率，此外，地方政府也会针对高速铁路制定恰当的经济政策，优化市场软环境。最后，高速铁路还可以弥补增长极理论指导实践时存在的缺陷。许多国家和地区的经济发展实践表明，该理论指导的区域发展政策难以促进腹地地区的经济增长，原因在于极化效应和扩散效应两者的作用力大小是不同的，极化效应往往大于扩散效应从而加剧增长极与周围腹地的发展差距。以高速铁路为基础打造的增长极一定程度上可以缓解这种问题。这是因为中国高速铁路的快速发展使得更多站点城市成为增长极，区域内增长极密度得到提升，同时网络式的线路布局使区域空间形态由轴状结构转变为网络结构，增长极间的联系增强，辐射范围扩大，使得不同增长极的扩散效应在同一腹地发生叠加，即高速铁路有助于增长极扩散效应发挥，降低极化效应导致的地区差异。借助增长极理论不仅可以从空间再组织过程解释高速铁路对区域产业结构的异质性影响，而且可以解释要素报酬差异缩小的原因。

三、交通经济带理论

交通经济带理论视交通基础设施建设与区域发展为统一整体，强调交通基础设施建设对经济活动的引导和促进作用。交通经济带（Traffic Economic Belt）是指以交通干线或综合运输通道为发展主轴，以轴上或其吸引范围内的大中城市为依托，以产业为主体的带状经济区域（杨荫凯和韩增林，1999）。交通干线是交通经济带形成的基础和前提，城市和区域是交通经济带发展的依托，以二三产业为主的产业体系是交通经济带发展的主要内容。交通经济带作为一种特殊的空间经济组织系统具有如下三个特点：

第一，具有耗散结构。耗散结构原本是用来形容热力学中系统远离热力学平衡，从无序向有序转化，并过渡到新的稳定态的一种非线性效应。由于其开放性、远离平衡态、系统内部存在非线性相互作用的特征与某些经济子系统特征类似，因此也常被应用于交通运输与城市发展等方面的研究。交通经济带是一个由交通线路、城市、产业及人口、资本、信息等要素构成的开放系统。在该系统中，交通干线打破了原本要素分配的平衡态，使要素在不同区域间相互亲和并产生非线性相互作用，通过重新整合实现区域经济结构的自组织和有序化发展。高速铁路作为中国现代综合立体交通网的主骨架，近年来通车里程的不断增加对交通经济带的空间形态变化产生了重要影响，打破了区域内部及区域之间原本产业发展的平衡态。加速了人口流动、信息互通，推动区域产业由低层次无序发展向高层次有序发展转变，实现区域产业结构优化升级。

第二，存在生命周期。交通经济带的形成是交通基础设施与区域经济活动在时间和空间上长期相互作用的结果，受城市依托和交通线路的影响，资源要素在不同区域内呈现沿交通线路集聚或扩散的现象，使得交通经济带整体趋势、内部结构及辐射范围表现出显著的阶段性变化特征。从组织结构方面对交通经济带的生命周期进行划分，可以将其分为雏形期、成长期、成熟期和衰退期或复苏期。对于高铁经济带而言，一方面，高速铁路推进了要素市场化配置的进程，同时要素的市场化配置也决定高速铁路对经济带各城市产业发展的影响是非线性的和异质的，即经济带各城市产业结构存在不同的演化规律。另一方面，高速铁路网络的完善是一个长期过程，在高速铁路建设的不同阶段，以高速铁路干线为主轴的交通经济带将呈现不同的空间形态，资源要素的流向也会随之变化，导致经济带各城市产业结构演化趋势在时间上表现出不一致。

第三，演化规律可知。以不同交通基础设施为基础形成的交通经济带有其固有的时空演化模式，因此整个形成和演化过程具有明显的规律性。例如，沿海型交通经济带以沿岸交通线路为生长轴线，以大中型沿海港口为生长点通过海上线路和港口后方的集疏运线路实现经济带内部、外部的双向联系；沿江（河）型交通经济带以主航道两岸为生长轴线，以大中型内河港口或水路交接枢纽为生长点，通过内河水运和港口陆路集疏运线路实现经济带内外联系；沿路型交通经济带以铁路或公路主干线为生长轴线，以大中型陆路枢纽为生长点，通过铁路网、公路网实现网络化联系。

高铁经济带属于沿路型交通经济带，但与一般的铁路和公路经济带有所区别。从生成动力分析，首先，高速铁路具有运量大、速度快的特点，有利于人口、信息等要素的跨区域整合；其次，高速铁路网络布局的不断完善为要素整合提供了更加广泛的空间支持，使经济带的"边界"不断拓宽；再次，高速铁路的"时空压缩"效应使要素交流阻力降低，有利于产生集聚和扩散效应，从而带动经济带整体发展；最后，高速铁路站点往往选址在具有一定经济基础的城市，资源禀赋相对较为优越，能够迅速成为经济带中的带动点。从交通特性分析，高铁经济带以高速铁路干线、支线为主，辅以普通铁路和公路网络，空间结构呈现经济中心沿主生长轴链式分布，以及经济中心与周边地区放射状关联的特点。从产业演化分析，高速铁路对人才、知识等高级生产要素流动性的影响远高于自然资源、工业原材料等初级生产要素，因此高铁经济带对站点城市第三产业和以高新制造业为代表的技术密集型产业的带动力更强。

四、区域经济发展梯度转移理论

梯度转移也称产业梯度转移，指由于要素供给或消费需求产生变化后，部分产业由一地区向另一地区转移的经济行为和过程。梯度转移存在两种动态过程，包括本地产业梯度转移至外区域和外区域产业梯度转移至本地。梯度转移理论认为一个区域的经济发展取决于产业结构状况，产业结构状况则又取决于地区经济部门，尤其是主导产业在工业生命周期中所处的阶段。该理论认为，创新活动是决定区域发展梯度层次的决定性因素，而创新活动大都发生在高梯度地区。因此，如果一地区主导产业部门由处于创新阶段的专业部门构成，便可将该区域列入高梯度地区。高梯度地区通过不断创新并不断向外扩散求得发展，中低梯度地区通过接受扩散或寻找机会跳跃发展并反梯度推移求得发展。典型的梯度产业转移表现为发达地区的产业结构升级后，一些劳动密集型、资源密集型产业向欠发达地区转移。

高速铁路的"同城效应"推动了区域资源共享，为产业梯度转移提供了便利。首先，高速铁路降低了人口、资源、资本等要素的供给成本，为高梯度地区向低梯度地区转移生产效率较低的劳动密集型、资源密集型产业提供条件。其次，高速铁路强化了区域内部知识与技术溢出，带动了区域创新要素集聚，为低梯度地区向高梯度地区跳跃提供机会。最后，高速铁路也会加剧站点城市和非站点城市科技创新的二元化发展趋势，拉大两者创新水平差距，扩大两者梯度差异。区域经济发展梯度转移理论从工业生命周期的角度解释了高速铁路对城市产业结构优化升级异质性影响的原因。

第三章 高速铁路影响城市产业结构优化升级的原理与特征

高速铁路建设及网络化布局不断重塑着区域空间结构，改变了各城市资源要素市场的范围和规模，诱使推动生产要素有序流动和促进资源优化配置的市场机制发生变化，城市产业结构优化升级的空间关联性被不断强化，进而影响城市产业结构优化升级。本章首先利用新古典经济增长模型分析城市产业结构优化升级的空间外部性，完成高速铁路对城市产业结构优化升级产生空间效应的理论逻辑推演。其次，分析高速铁路影响下区域空间结构演化的阶段性特征及不同结构阶段资源要素的流动趋势。再次，了解高速铁路和中国产业结构现状。最后，使用社会网络分析法（SNA）对高速铁路影响下城市产业结构互动的网络结构特征进行了经验考察。

第一节　城市产业结构优化升级的空间外部性

一、产业结构优化升级与空间外部性相关概念

（一）产业结构优化升级

　　产业是社会分工的产物（鲍宏礼等，2018），理解产业结构优化升级需先清楚产业构成。经济学研究中关于产业构成一般使用两部门分类法、三次产业分类法或资源密集度分类法进行划分。两部门分类法按照生产活动的性质及产品属性对产业所属部门进行划分，一类是物质资料生产部门，指从事物质资料生产并创造物质产品的部门；另一类是非物质资料生产部门，指不从事物质资料生产而只提供非物质性服务的部门。三次产业分类法根据社会生产活动的历史发展顺序对

产业部门进行分类,第一产业指以利用自然力为主,生产不必经过深度加工就可消费的产品或工业原料的部门,在我国指包含林业、畜牧业、渔业和种植业在内的农业;第二产业指对第一产业和本产业提供的初级产品进行再加工的部门,在我国指包括采矿业,制造业,电力、燃气及水的生产和供应业,建筑业在内的工业;第三产业指为生产和消费提供各种服务的部门,在我国指除第一、第二产业以外的其他产业。资源密集度分类法则按照各产业生产活动中劳动力、资本和技术三种投入要素的地位为依据进行分类,具体包括劳动密集型产业、资本密集型产业和技术密集型产业。

产业结构是指国民经济的产业部门构成及各产业部门之间的联系和比例关系。一方面,产业结构反映了国民经济中各产业部门投入要素及产出的数量比重;另一方面,产业结构反映了国民经济中各产业部门的素质分布状态,即技术水平和经济效应的分布状态(刘志彪等,2001)。产业结构优化升级是指产业结构从低级形态向高级形态转变的过程或演化趋势,其内涵包括产业结构效率和产业结构水平两个方面的提升,即产业结构合理化和产业结构高级化。具体地,产业结构合理化又称产业结构协调化,是指在现有技术基础上,为提高经济效应,对各产业生产规模、资产结构及要素投入进行调整。对产业结构合理化的评判可由以下两个方面展开:一是资源配置是否合理。在不同的经济发展阶段和分工体系中,各产业部门在城市间的生产效率存在显著差异,生产要素现有组合是否有助于实现城市内各经济部门协调发展,并获得较高的整体经济效益。二是供需结构是否平衡。产业结构合理化关注产业供给和消费需求是否匹配,既要满足社会有效需求,又要保证产能充分利用,避免资源浪费。产业结构高级化又称产业结构高度化,是指产业构成由低级水平向高级水平演化。按三次产业分类法,产业结构高级化是指国民经济构成由以第一产业为主逐级向以第二、第三产业为主演进;按资源密集度分类法,产业结构高级化是指劳动密集型产业占优势比重逐级向资本密集型、技术密集型产业占优势比重演进。无论是以何种分类标准描述产业结构高级化,均可将这一演化过程概括为四个要点,即高附加值化、高技术化、高集约化、高加工度化。产业发展通过集聚产生规模经济效应,提高生产效率并促进知识溢出和技术创新,推动产业价值链向右侧延伸获得更高的超额利润,实现高级化。

综上所述,产业结构优化升级是产业结构合理化与产业结构高级化的有机统一,体现了产业结构演进规律的基本特征。产业结构是否合理是产业结构的发展状态体现，产业结构是否高级是产业结构的演化进程体现。本书从产业结构合理化和产业结构高级化两个角度探究高速铁路影响城市产业结构优化升级的空间效应。

（二）空间外部性

区域经济系统是一个典型的开放系统，经济活动的开展依赖资源要素的跨区域流动，因此一个区域的经济增长不仅取决于本身的经济基础和生产资料投入，同时受到周边区域经济发展的影响，这种现象被称为区域经济增长的空间效应（胡鹏和覃成林，2011）。产生区域经济增长空间效应的一个重要原因是空间外部性。由马歇尔提出的外部规模经济概念实际上是关于空间外部性本质最早的解读，他指出外部规模经济是外在于企业、内在于产业（或区域）的加总的规模经济。胡佛（1990）对集聚经济基本形态的区分可认为是对空间外部性概念的进一步探讨，他将集聚经济区分为企业层面的规模经济、产业层面的本地化经济和区域层面的城市化经济。其中，本地化经济是指同一产业内的不同企业因集聚而产生的规模效应；城市化经济是指区域经济总体规模相关的规模经济。Papageorgiou（1978）对空间外部性概念做了完整归纳，即假设区域内存在多个从事经济活动的单位，每个单位从事经济活动时，都对区域内其他单位产生外部性，同时也受到区域内其他单位经济活动的外部性影响。这种对其他各单位产生的，或来自各单位的总体外部性或外部性的综合作用就是空间外部性。

经济增长是经济学研究领域中的核心问题，而空间经济最重要的特征是将空间因素对经济增长的影响纳入讨论范畴，产业结构优化升级作为经济生产要素在空间中流动、交换的表现结果，尤其受到空间外部性的作用。本书试图通过对经济的空间外部性进行分析，找到解释高速铁路对城市产业结构优化升级产生空间效应的逻辑基础。

二、城市产业结构优化升级空间外部性分析

现有研究表明跨区域经济活动产生的知识扩散效应（Davis and Dingel，2012）、技术转移溢出效应（何雄浪，2015）和人力资本外部效应（Lucas，1993）可以促使相邻经济体之间产生空间互动。基于此，本书在传统索洛模型的基础上加入相邻经济体存在空间溢出效应的假定，分析高速铁路对城市产业结构优化升级的影响及空间效应。

（一）模型设定

参考 Lee 和 Yu（2012）的做法，构建一个存在空间溢出效应的索洛模型，在规模报酬不变的前提下，设城市 i 的产业结构优化升级与产业生产要素的关系如下：

$$Y_i = K_i^\alpha \left(A_i L_i\right)^{1-\alpha} \tag{3-1}$$

式（3-1）中，Y_i 代表产业结构优化升级，K_i 为资本存量，A_i 为技术水平，L_i 代表劳动力。传统索洛模型中技术进步（$A_i = A_{i,o} e^{\mu t}$）和人口增长（$L_i = L_{i,o} e^{nt}$）是外生变量，分别以增长率 μ 和 n 逐期增加，本书通过加入技术转移溢出来体现相邻经济体存在空间溢出效应的假定，对应地，将传统索洛模型中技术水平的表达式拓展如下（陈创练等，2017）：

$$A_i = A_{i,0} e^{\mu t} k_i^\phi \prod_{j \neq i}^{N} A_j^{\gamma w_{i,j}} \tag{3-2}$$

该函数描述了城市 i 的技术水平 A_i 由三个因素决定：首先，技术进步的一部分是外生的，每个城市存在一个初始技术水平 $A_{i,0}$，并以恒定的增长率 μ 实现技术进步。其次，每个城市的技术水平还会随着人均资本存量 $k_i = K_i / L_i$ 的增加而提高，这是因为资本通常被认为是知识、技术等"软信息"流动的重要载体，资本存量的增加也意味着知识、技术的储备。最后，城市 i 的技术水平还会受到相邻城市 j 的影响，式（3-2）中，$\prod_{j \neq i}^{N} A_j^{\gamma w_{i,j}}$ 代表城市 j 对城市 i 技术水平溢出的加权平均，其中，A_j 为城市 j 的技术水平；γ 表示溢出效应的大小，与城市间的技术相互依赖程度有关；$w_{i,j}$ 为城市 i 与城市 j 之间技术转移的摩擦力，通常使用距离权重系数表征。

由于空间外部性的存在，分析城市产业结构优化升级时不再适合将各城市作为独立存在的经济体，应当将存在空间关联的多个城市作为整体探讨，因此，将式（3-2）取对数后表现为如下矩阵形式：

$$A = A_0 + \phi k + \gamma W A \tag{3-3}$$

式（3-3）中，A 表示由 N 个城市技术水平对数构成的 N 维列向量，A_0 是由 N 个城市初始技术水平对数构成的 N 维列向量，k 为人均资本存量对数构成的 N 维列向量，W 是由 $w_{i,j}$ 构成的对角元素为 0 的 N 维马尔可夫矩阵，对角元素为 0 表示不受自身影响。对式（3-3）合并同类项后可得：

$$A = (I - \gamma W)^{-1} A_0 + \phi(I - \gamma W)^{-1} k \tag{3-4}$$

由于各城市间经济相互依赖程度介于完全不依赖和完全依赖之间，并且经济依赖可能造成虹吸效应和扩散效应两种相反作用，因此溢出效应 γ 的取值范围为 $(-1,1)$，在此前提下，式（3-2）可重新表示为：

$$A_i = \left(A_{i,0} e^{\mu t}\right)^{\frac{1}{1-\gamma}} k_i^{\phi} \prod_{j=1}^{N} \left(k_j^{\phi}\right)^{\sum_{r=1}^{\infty} \gamma^r w_{i,j}^{(r)}} \tag{3-5}$$

将式（3-1）等号两端同时除以劳动力 L_i，改写为人均形式：

$$y_i = k_i^{\alpha} A_i^{1-\alpha} \tag{3-6}$$

将式（3-5）代入式（3-6），得到：

$$y_i = \left(A_{i,0} e^{\mu t}\right)^{\frac{1-\alpha}{1-\gamma}} k_i^{u_{i,i}} \prod_{j\neq i}^{N} k_j^{u_{i,j}} \tag{3-7}$$

其中，$u_{i,i} = \alpha + (1-\alpha)\phi\left[1 + \sum_{r=1}^{\infty} \gamma^r w_{i,j}^{(r)}\right]$，$u_{i,j} = (1-\alpha)\phi \sum_{r=1}^{\infty} \gamma^r w_{i,j}^{(r)}$。

从式（3-1）到式（3-7）的推演结果表明，一个城市的产业结构优化升级不仅由本地技术水平（$A_{i,0} e^{\mu t}$）、资本存量和劳动力规模（$k_i = K_i/L_i$）决定，同时还取决于相邻城市的资本存量与劳动力规模（$k_j = K_j/L_j$）及城市间的空间距离（$w_{i,j}^{(r)}$）。这为解释高速铁路如何影响城市产业结构优化升级并产生空间效应提供了思路。

（二）均衡分析

索洛假设每个城市每期用于投资的收入占总产出的比例不变（s_i），并将人口增长率（n_i）视作没有技术进步情况下的哈罗德的自然增长率。此外，索洛模型中的产出是考虑资本折旧后的净产出。本书假设各城市具有统一的资本折旧率 δ，并将技术进步率记为 $\dot{A}_i/A_i = g_i$，由此每期资本存量的增加量可以表示为：

$$\dot{k}_i = s_i y_i - (n_i + \delta + g_i) k_i \tag{3-8}$$

根据索洛模型的动态学原理，在均衡条件下，有 $y_i^*/k_i^* = s_i/(n_i + \delta + g_i)$。联立式（3-7）和式（3-8）可得：

$$k_i^* = \left(A_{i,0} e^{\mu t}\right)^{\frac{1-\alpha}{(1-\gamma)(1-u_{i,i})}} \left(\frac{s_i}{n_i + \delta + g_i}\right)^{\frac{1}{1-u_{i,i}}} \prod_{j\neq i}^{N} \left(k_j^*\right)^{\frac{u_{i,j}}{1-u_{i,i}}} \tag{3-9}$$

式（3-9）表明，均衡条件下，城市 i 的资本存量不仅与常规技术进步有关，而且受到其他城市资本存量外部性（ϕ）和城市间技术相互依赖程度（γ）的共同影响。

进一步地，本书将研究均衡条件下各城市间产业结构优化升级的关系。将式（3-1）等号两端同时除以劳动力 L_i，并对等号左右两边同时取对数后重写为矩阵形式：

$$y = (1 - \alpha)A + \alpha k \qquad (3\text{-}10)$$

将式（3-10）代入式（3-4），并在等号两端同时乘以（$I - \gamma W$），得到：

$$y = \gamma W y + (1 - \alpha)A_0 e^{\mu t} + (\phi - \alpha\phi + \alpha)k - \alpha k \gamma W \qquad (3\text{-}11)$$

式（3-11）中，y 为由 N 个城市以人均产出为代表的产业结构优化升级对数构成的 N 维列向量，A_0 为由 N 个城市初始技术水平对数构成的 N 维列向量，k 为人均资本存量对数构成的 N 维列向量，W 为由 w_{ij} 构成的对角元素为 0 的 N 维马尔可夫矩阵。为了使每个城市产业结构优化升级的影响因素更加直观，将矩阵式（3-11）分解为 N 个分量的形式：

$$\ln y_i = \gamma \sum_{j=1}^{N} w_{i,j} \ln y_j + (\phi - \alpha\phi + \alpha)\ln k_i - \gamma \sum_{j=1}^{N} w_{i,j}\alpha \ln k_j + (1 - \alpha)\mu A_{i,0} \qquad (3\text{-}12)$$

将均衡条件代入式（3-12）得到稳态下各城市产业结构优化升级模型：

$$\begin{aligned}
\ln y_i^* = {} & \frac{\gamma(1 - \alpha)}{1 - \eta} \sum_{j \neq i}^{N} w_{i,j} \ln y_j^* + \frac{\eta}{1 - \eta} \ln s_i - \frac{\eta}{1 - \eta} \ln(n_i + \delta + g_i) + \\
& \frac{(1 - \alpha)\mu}{1 - \eta} A_{i,0} - \frac{\gamma}{1 - \eta} \sum_{j \neq i}^{N} w_{i,j}\alpha \left[\ln s_j - \ln(n_i + \delta + g_i) \right]
\end{aligned} \qquad (3\text{-}13)$$

其中，$\eta = \phi - \phi\alpha + \alpha$。

本书在传统索洛模型的基础上，将相邻城市 j 的空间外部性作为城市 i 产业结构优化升级的影响因素加入模型中，构建了空间增强型索洛模型。在空间增强型索洛模型中，城市产业结构优化升级不仅由本地投资（s_i）、技术进步（g_i）和人口增长率（n_i）决定，同时也会受到相邻城市本地投资（s_j）、技术进步（g_j）、人口增长率（n_j）及城市间的空间距离（$w_{i,j}$）的影响。

基于此，本书认为高速铁路通过以下逻辑对城市产业结构产生影响：首先，高速铁路打破了以地理距离为核心的传统空间距离观念，使时空距离成为代表城市之间发生经济互动受到的摩擦力大小，在"时空压缩"效应下，城市间空间距离（$w_{i,j}$）与城市产业结构优化升级间的负相关关系被削弱，城市产业结构优化升级的空间溢出效应增强。其次，高速铁路深化了区域产业分工，极大地促进了资源要素跨区域有序流动，改变城市本地资本存量（K_i、s_i）、劳动力规模（L_i、n_i）及周边城市资本存量（K_j、s_j）、劳动力规模（L_j、n_j），提高要素配置效率，推动城市产业结构合理化。最后，高速铁路还会对区域空间结构产生影响，催生新的增长极，增长极产生的集聚效应有利于知识、技术创新，同时集聚现象也便于知识、技术在区域内溢出和转移扩散（g_i、g_j），进而促进城市产业结构高级化。

第二节　高速铁路与区域空间结构演化

一、高速铁路与区域空间结构相关概念

（一）高速铁路

广义上，高速铁路是指行驶速度区别于普速、中速的，集高新技术于一身，复杂的超大规模集成系统，其概念并不局限于轨道或者列车。狭义上，高速铁路特指一种达到具体工程指标参数的铁路等级类型。本书使用的高速铁路概念特指中国高速铁路，即中国境内建成使用的高速铁路。2005 年，铁道部发布的《新建时速 200~250 公里客运专线铁路设计暂行规定》和《新建时速 300~350 公里客运专线铁路设计暂行规定》被认为是高速铁路设计规范的初期探索，250~350 千米的时速范围在 2009 年被明确规定为中国高速铁路速度范围，根据《高速铁路设计规范（试行）》（TB10621—2009）。2014 年国家铁路局发布《高速铁路设计规范》（TB10621—2014），正式界定高速铁路为设计速度 250 千米 / 小时（含预留）以上、列车初期运营速度 200 千米 / 小时以上的客运专线铁路。2016 年，国务院批准修编的《中长期铁路网规划》又将部分经改造后设计速度达标 200 千米 / 小时以上的既有线铁路也纳入中国高速铁路的范畴。

关于中国第一条高速铁路的认定，学术界存在不同看法。一部分学者认为秦沈客运专线作为我国首条设计速度达到 200 千米 / 小时，基础设施预留提速 250

千米／小时的客运专线，是中国铁路步入高速化的起点，其开通运营的 2003 年应为中国高速铁路开通的起始年份（辛大楞和李建萍，2019）。另一部分学者认为虽然秦沈客运专线达到国家铁路局规定的高速铁路设计时速标准，但由于其初期运行速度仅仅达到 140~160 千米／小时，未达到国家铁路局规定的高速铁路初期运营速度，因此不能作为高速铁路，并指出 2008 年开通的京津城际铁路在设计时速和运营速度两方面均满足高速铁路设计规范，是中国真正意义上的第一条高速铁路（魏丽等，2018）。事实上，秦沈客运专线运营初期共开行客运列车 53 对，其中有 8 对运行速度达到 200 千米／小时，满足国家铁路局对高速铁路初期运营速度的要求，因此本书将中国高速铁路发展的开端认定为秦沈客运专线的开通运营，将 2003 年作为中国高速铁路发展的起始年份。

（二）区域空间结构

区域空间结构是指各种经济活动依据其内在的经济技术联系和空间位置关系，通过相互作用在地理空间上表现出的某种形态。一般地，区域空间结构由点、线、网络和域面四个基本要素组成。区域空间结构中的点是指某些经济活动在地理空间上集聚而形成的点状分布形态，本书中特指城市。人口、产业部门及其社会经济活动在空间上的集中形成了城市，而该集中过程在空间中表现出的不一致性进一步将城市划分为不同规模等级，形成区域空间结构中点的等级体系，为区域增长极的培育和打造提供基础。区域空间结构中的线是指某些经济活动在地理空间上所呈现出的线状分布形态，本书中特指以高速铁路为基础的交通线。在高速铁路的作用下，区域内的经济活动由点状分布转变为沿高速铁路分布的线状形态，站点城市被串联形成区域的生长轴。区域空间结构中的网络是由相关的点和线相互连接所形成的，本书中特指高速铁路站点城市和高速铁路线路构成的综合性网络。高速铁路成网运营为城市经济发展中的各类资源要素流动注入新的动力，提高资源要素配置效率。区域空间结构中的域面是由区域内某些经济活动在地理空间上所表现出的面状分布状态，本书中特指由高速铁路网络连接形成的城市群。高速铁路线路的完善不断深化城市间产业分工，形成一体化市场，促进城市产业向更高层次集聚。

区域空间结构基本要素以不同方式组合可形成多种区域空间结构模式，进而决定区域资源要素配置。极核式、点轴式和网络式空间结构是三种较为经典的区域空间结构模式。在高速铁路建设前，交通运输供给满足不了区域经济发展的需求，本地资源要素禀赋成为经济活动聚集地产生的主要影响因素。尽管此时区域内部经济发展水平差距并不明显，经济活动聚集强度也不高，但禀赋差异和集聚造成的发展速度快慢日积月累会导致城市发展潜力和产业基础出现差距。在这种情况下，高速铁路开通为聚集地打破经济发展瓶颈提供了良好机遇。区位条件改善扩大了聚集地的市场范围，依靠规模经济效应聚集地很快成为区域增长极，极核式区域空间结构模式形成。此外，高速铁路帮助增长极与周围城市建立起互补关系，刺激了站点城市的经济和产业发展，沿线地区成为区域经济活动密集区，高速铁路形成支撑区域发展的生长轴，区域空间结构进一步由极核式发展为点轴式。随着高速铁路线路增加，城市之间的联系通道越来越多，经济互动在更多的不同城市间发生，最终形成网络式空间结构。网络式空间结构推动了增长极和生长轴等级体系形成，深化了城市间分工合作。

二、增长极与生长轴的形成

区位理论认为人类社会经济活动与区域空间结构密切相关。区域产业结构演化则体现了一定空间结构下经济活动寻求最优化组合的过程。刘振新和安慰（2004）基于现代化交通运输网络构成描述了城市群演变阶段及特征，本书以此为基础，分析高速铁路开通前后及高速铁路网络完善对区域空间结构的演化的影响及区域增长极与生长轴的形成过程。

（一）高速铁路开通之前

新经济地理理论将塑造区域空间结构的两种作用力分别称为集聚力和分散力。其中，集聚力包括城市规模所体现的地方市场需求和专业化分工所导致的规模经济，分散力包括资源要素流动性、运输成本、贸易成本及拥挤产生的负面效应（何雄浪，2013）。改革开放初期，中国客货运量结构以公路运输为主，以铁路运输为辅。1980年公路和铁路客运量占比分别为64.83%和26.83%，货运量占比分别为45.75%和35.80%。由于公路运输存在运量小、能耗大、占地广等局限性，只能承担中短途客货集散，而适用于长距离旅客输送和大宗货物运转的铁路运输受限于线路少、里程短，面临着严重的运能不足问题，导致区域间贸易范围较小，自由度较低。这时经济空间内的分散力大于集聚力，产业活动倾向于分散布局，难以形成强劲的增长极，区域空间结构呈现分散、均衡、联系松散的聚落分布形式（见图3-1）。

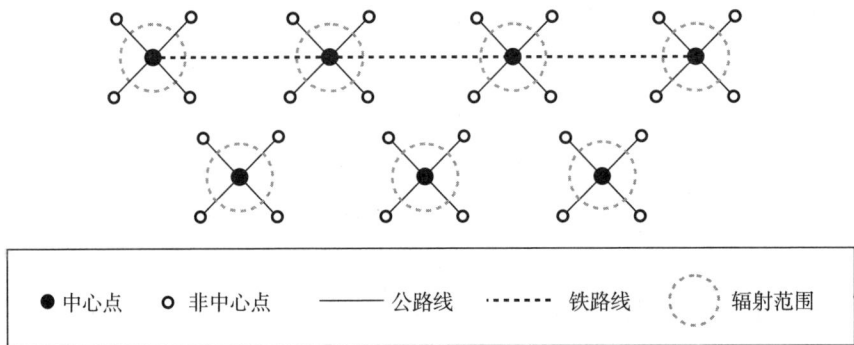

图 3-1　高速铁路开通前区域空间结构

资料来源：笔者整理。

根据中心地理论 ①，在空间联系相对较弱、社会生活主要以行政组织为基础的时代，聚落的具体形态主要由行政原则决定，行政等级高的城市受到政策和资源倾斜成为聚落中心，并通过公路与周边行政等级低的城市产生低自由度的经济互动。在拥有铁路线或密集公路网的区域，交通原则对聚落形态的作用逐渐体现，聚落中心通过铁路线相互连接实现远距离的经济互动，通过公路线与非中心城市连接实现短距离经济互动。以公路运输为主的交通运输结构决定了聚落中心只能在较短的辐射半径内发生经济互动。即便是在拥有铁路的区域，由于线路少、里程短，也无法形成完整的生长轴，运力不足等问题也使得资源要素难以在既有生长轴上高效流动，进一步制约了生长轴对区域经济活动的引导和促进作用。

（二）高速铁路开通之后

高速铁路建设改善了部分地区的可达性，使区域内各城市间的时空距离缩短，经济联系增强，区域内贸易自由度提高。经济空间内的集聚力逐渐增大，分散力逐渐减弱，原本均衡松散的聚落分布被打破，区域空间结构向新的稳定态演化。集聚力的提高一方面得益于高速铁路进一步发挥了站点城市的本地市场放大效应，另一方面得益于生活成本效应。高速铁路站点选址主要集中在大城市和经济发达地区，这些地区本身已经形成了一定的经济规模，也具有良好的产业基础，高速铁路开通进一步释放了站点城市需求，需求扩大能够吸引更多的外地企业向该地区转移，导致本地市场规模不断扩大，产生产业集聚效应。此外，凭借

---

① 中心地理论认为城市群中心地体系的形成受到市场原则、交通原则和行政原则三项原则的支配，其中市场原则表示城市聚落体系遵循市场等级序列，交通原则表示城市聚落体系沿交通线分布，行政原则表示城市聚落体系与行政从属关系相吻合。

本地市场规模优势，该地区的消费者能够支付更低的价格享受同质的产品供给，在名义收入相同的情况下拥有更高水平的实际收入，吸引人口在此集聚。实际上，本地市场放大效应与生活成本效应并不是独立的，前者通过扩大市场规模降低了生活成本，而后者又通过人口集聚释放新一轮消费需求，两者相互作用形成循环累积因果链不断强化经济空间中的集聚力，使高速铁路站点城市逐步发展为增长极。核心—边缘结构成为该阶段的稳定空间结构（见图3-2）。

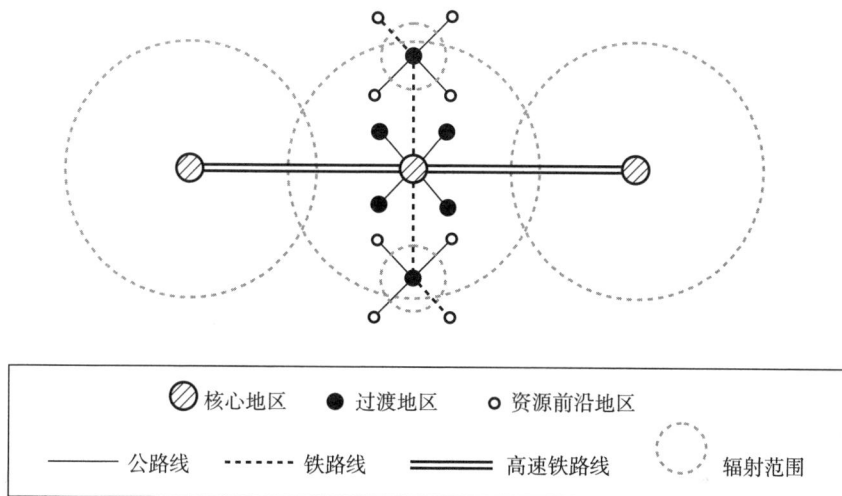

图 3-2　高速铁路开通后区域空间结构

资料来源：笔者整理。

客货共线是普通铁路的基本运输组织方式，中国客运、货运车型的差异导致不允许存在过大的速度级差，这是铁路运力难以提升的根本原因，也是制约普通铁路作为生长轴发挥作用的主要障碍。高速铁路的建设与开通使客货分线得以实现，不仅大大提高了客运周转效率，而且释放了主要通道的货运能力，货运市场需求满足率明显提升。高速铁路逐渐取代普通铁路成为区域经济发展的主要生长轴，经济活动最频繁的站点城市成为增长极，通过铁路或公路与站点城市产生直接经济联系的非站点城市发展成为过渡区域，与站点城市存在间接经济联系的非站点城市成为资源前沿地区，以核心—边缘结构为基础的点轴系统形成。受地区经济发展模式与产业基础的影响，处于过渡区域的城市与增长极之间存在不同程度的联系。一些城市通过产业链分工合作，融入核心地区产业带发展，形成次级中心。另一些城市由于缺乏发展机制的传递，导致无法与增长极建立紧密联系，被逐渐边缘化。

（三）高速铁路网络完善之后

随着高速铁路网络的完善，越来越多的城市成为站点。新站点城市并不会替代旧站点城市成为新的增长极，也不会发展成与旧站点城市相当的同级增长极。新经济地理学的大量研究表明，循环累积因果链形成后，即使最初导致效应产生的外生因素消失，这种循环过程仍然不会停止，即存在内生的非对称性（何雄浪，2013）。这意味着当非站点城市成为新站点后，旧站点城市会继续产生极化作用，吸引新站点城市的经济资源。新站点城市则通过本地市场放大效应、生活成本效应及旧站点城市的扩散效应和市场拥挤效应吸收非站点城市和旧站点城市的经济资源，发展成为次级增长极。区域空间形成多中心、网络化结构（见图3-3）。

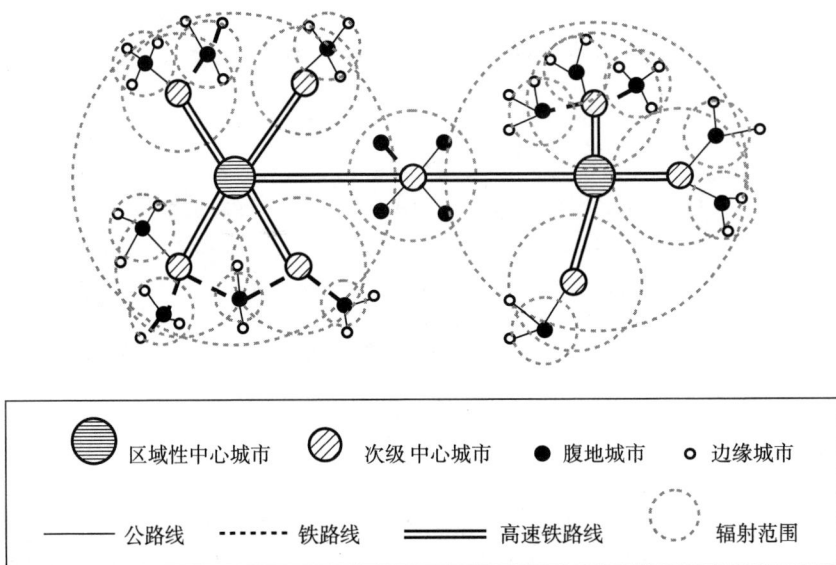

图 3-3 　高速铁路网络完善后区域空间结构

资料来源：笔者整理。

现有研究指出高速铁路网络成型度会影响高速铁路可达性改善作用的发挥（鄢慧丽等，2020），进而影响区域资源要素在空间中的流动频率。高速铁路的成网运营为中心城市的多极化发展提供了新的机会。处于高速铁路网络交点上的城市承担了更多的首位联系职能[①]，与区域内其他城市经济互动更加频繁，逐渐发展为区域性中心城市，形成主要增长极。非网络交点的其他高速铁路沿线的城市由于首位联系强度较低，主要与行政边界内的城市产生经济互动，成为较小范围内

---

① 首位联系表示一个城市与区域内与之交互客流量最大的城市之间的联系，反映了区域内城市关联体系。

的次级中心城市，扮演着次级增长极角色。高速铁路网络完善使区域内多数城市间的连接关系汇集于处在网络交点的区域性中心城市，导致其辐射范围往往会超过行政边界。高速铁路并未赋予首位联系职能于非网络交点城市，使次级中心辐射半径常以省际边界为限。两类增长极辐射效应在空间上的叠加强化了省内部和省际间城市的互联互通，推动区域空间结构向多中心一体化的城市群形态演变。

三、高速铁路影响城市产业结构优化升级的内在机理

高速铁路通过站点建设和线路完善改变区域空间结构，调节资源要素在城市间的流向和流量，进而推动区域内各城市产业结构优化升级。因此，可将高速铁路影响城市产业结构优化升级的理论模型设置为如下形式：

$$Y = F(X, M)$$
$$= u(X) + v(XM) + g(M) \tag{3-14}$$

式（3-14）中，Y 表示产业结构优化升级；X 表示资源要素；M 表示高速铁路（调节变量）；F 表示资源要素和调节变量对产业结构优化升级的函数关系，反映了资源要素和高速铁路对城市产业结构优化升级的联合影响效应。u 表示资源要素对产业结构优化升级的独立影响函数；g 表示高速铁路对产业结构优化升级的独立影响函数；v 表示高速铁路对资源要素的调节函数。对式（3-14）中 X 求偏导可得到资源要素对产业结构优化升级的综合效应：

$$\frac{dY}{dX} = \frac{\partial u}{\partial X} + \frac{\partial v}{\partial X} M \tag{3-15}$$

式（3-15）中，$\frac{\partial u}{\partial X}$ 表示资源要素对产业结构优化升级的直接影响；$\frac{\partial v}{\partial X} M$ 表示资源要素对产业结构优化升级受到高速铁路调节的那部分影响。由前述推导可知，城市产业结构优化升级不仅受到资源要素禀赋的直接影响，还与高速铁路线路规划，甚至站点建设存在复杂关系。为厘清高速铁路影响城市产业结构优化升级的内在机理，本部分结合前文以增长极和生长轴为基础的点轴结构阶段特征，解析资源要素在空间中的流动变化，从产业结构合理化、高级化两个方面分析城市产业结构演化趋势。高速铁路出现之前，区域内各城市间表现出松散的放射状经济联系，部分拥有铁路线的区域呈现较短的链状联系。高速铁路开通后，区域发展的主轴形成，能够产生经济互动的城市链条拉长，站点城市逐渐演化为区域增长核心，点轴结构基本成型。随着高速铁路网络进一步完善，生长轴不断

延伸和增加，城市间经济活动越发频繁，次级中心开始出现，形成更为复杂的点轴结构，下面基于各阶段不同城市在生长轴上的互动关系，深入分析资源要素如何在高速铁路因素的调节下影响城市产业结构优化升级。

图3-4刻画了高速铁路建设及网络完善前后区域内各城市的点轴互动关系和资源要素流动趋势。高速铁路出现之前，各城市通过公路或铁路线相连形成极核式空间结构的初级形态。受限于既有交通条件，区域经济互动主要发生在相邻城市间，远距离经济贸易相对较少，导致市场化程度较低，市场集中度和市场效率不足。市场竞争的缺少使得城市间产业分工难以深化，产业同构现象严重，区域整体产业结构水平处于较低层次。高速铁路开通之后，区域内经济互动阻力降低，城市间经济联系加强，经济活动最频繁的地区发展为经济增长中心，市场分工专业化程度加深，区域内形成以产业链为基础的资源要素配置新格局，推动区域产业结构优化升级。随着高速铁路网络完善，中心城市规模经济效应进一步强化，区域内城市间联系的层级式分布特征越来越明显，高速铁路的网络式布局有利于区域内各分散市场围绕网络交点形成更大的一体化市场，通过一体化产生的同城效应进一步提高了资源要素在区域内的配置效率，促进区域产业结构向高层次转变。下面本书将分阶段阐述资源要素在高速铁路站点城市和非站点城市间的流动趋势变化，分析其对产业结构合理化和高级化的影响。

区域空间结构演化的第一阶段为初级极核式结构阶段。如图3-4中高速铁路调节资源要素配置a部分所示，该阶段资源要素的配置范围受到公路运输距离短、运量少等弊端的限制，要素流动主要发生在城市内部或相邻城市之间，这也导致城市经济发展基本依靠本地市场。加之计划经济遗留的产业同构问题，使得产业在城市间的专业化分工难以形成。产业发展的结构性问题导致各地各产业生产效率参差不齐，而交通条件又制约了资源要素的流动，最终造成资源要素无法在空间上实现最优配置，各城市产业结构合理化水平长期保持在较低状态。产业地域分工的缺乏会进一步延缓产业链和创新链的形成与完善，要素积累难以实现高端化，迫使自然资源、劳动力、资本等生产要素长期集中于资源密集型和劳动密集型产业，城市产业结构高级化进程缓慢。

区域空间结构演化的第二个阶段为以核心—外围模式为基础的点轴式结构阶段。高速铁路的开通打破了城市壁垒，加速了资源要素的跨城市流动，形成区域

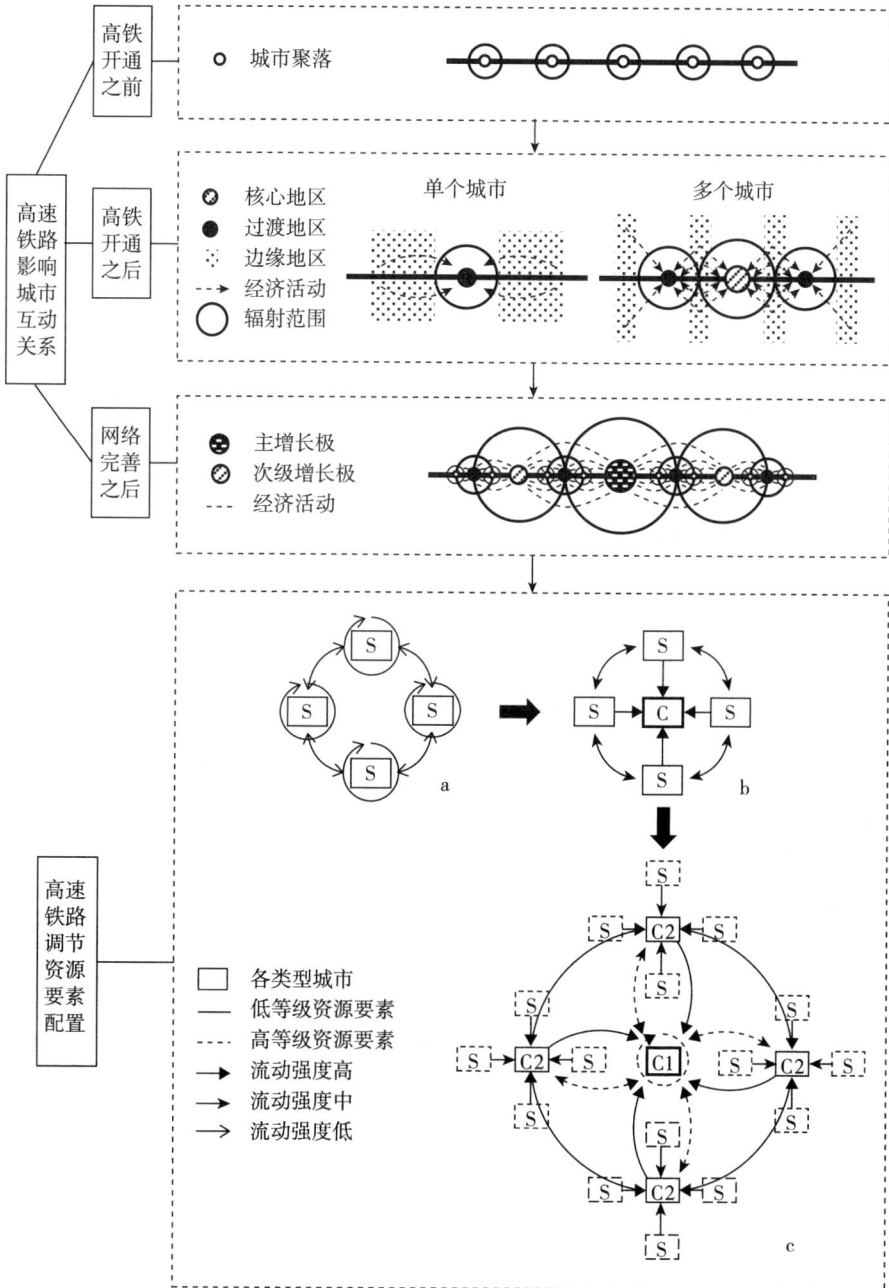

图 3-4　高速铁路影响下城市互动关系与要素流动示意

资料来源：笔者整理。

发展轴。如图 3-4 中高速铁路调节资源要素配置 b 部分所示，城市 C 由于开通高速铁路获得新的区位优势，对周边非站点城市 S 的资源要素吸引力增强，资源要素在城市 C 发生集聚。高速铁路开通初期，站点城市 C 依靠规模经济效应大量吸收非站点城市 S 的劳动力和资本要素，通过优化资源要素在城市内部各产业中的再分配，促进产业结构合理化，实现经济增长并快速完成资本、技术和知识要素的积累过程，非站点城市 S 则可能由于资源要素的枯竭与流失产生产业衰退。高速铁路开通中后期，当站点城市 C 经济规模和人口规模扩张到某种程度，自然资源、劳动力、土地等生产要素成本开始上涨。此时增长极的扩散效应开始显现，站点城市 C 逐渐将资源密集型和劳动密集型等低附加值产业向周边非站点城市 S 转移，自身则依靠前期资本、技术和知识等高级生产要素的积累向资本密集型、技术密集型和知识密集型产业转型，城市间产业垂直分工形成。在这一阶段，高速铁路站点城市 C 通过增长极的极化作用实现本地产业结构合理化，通过扩散作用促进本地产业结构高级化。周边非站点城市 S 则可以与站点城市 C 建立产业链上下游关系，通过承接淘汰产业实现产业结构高级化，但周边城市产业结构合理化水平可能会因极化作用和过道效应而下降。据此，本书提出如下研究假设：

H1a：给定其他条件不变，高速铁路开通与站点城市产业结构合理化水平正相关，即高速铁路开通对站点城市产业结构合理化存在积极影响。

H1b：给定其他条件不变，高速铁路开通与站点周边城市产业结构合理化水平负相关，即高速铁路开通对站点周边城市产业结构合理化存在消极空间溢出效应。

H2a：给定其他条件不变，高速铁路开通与站点城市产业结构高级化水平正相关，即高速铁路开通对站点城市产业结构高级化存在积极影响。

H2b：给定其他条件不变，高速铁路开通与站点周边城市产业结构高级化水平正相关，即高速铁路开通对站点周边城市产业结构高级化存在积极空间溢出效应。

区域空间结构演化的第三个阶段为多中心、一体化的网络式结构阶段。如图 3-4 中高速铁路调节资源要素配置 c 部分所示，由高速铁路催生的核心—边缘结构随着高速铁路网络完善逐渐由单核模式、平行多核模式向多层极核模式演化，位于网络交点上的城市 C1 首位联系强度更大，演变为主要增长极，其他站点城市 C2 继续扮演子区域经济增长中心角色，成为次级增长极。前文提到，产业部门越处于高层次，其包含的隐性知识就越多。与显性知识不同，由于不可编码，隐性知识需要面对面地直接交流，因此难以通过间接方式在较大范围内传播。高速铁路网络的完善进一步降低了经济发达城市间的通勤时间和经济成本，为隐性知识的交流与传播提供了更多机会。因此，从创新链的角度看，城市 C2 的技术密集型企业和知识密集型企业为了获得更多的知识交流机会在城市 C1 集聚，通过知识溢出和知识存量积累实现城市 C1 的创新增长，进一步推动城市 C1 产业结构向高层次转化。反过来，高速铁路网络的完善也扩大了知识溢出的范围，这些创新成果又通过高速铁路作用于次级增长极，帮助城市 C2 实现技术、知识要素回流。从产业链的角度看，高速铁路网络完善深化了高附加值产业在城市 C1 和城市 C2 间的垂直分工，提升了城市 C1 的创新要素禀赋，同时也通过知识溢出带动了城市 C2 高新技术产业的发展。至此，产业在交点城市 C1、站点城市 C2 和非站点城市 S 间形成垂直型分工体系，在交点城市 C1 之间形成水平型分工体系。源自主要增长极的极化作用推动了交点城市 C1 产业结构合理化、高级化和站点城市 C2 产业结构合理化；扩散作用推动了站点城市 C2 产业结构高级化。已经与站点城市 C2 建立一定程度经济联系的非站点城市 S 的经济发展潜力得以保留，未能与站点城市 C2 建立经济联系的非站点城市 S 则会发生产业衰落和经济停滞。据此，本书提出如下研究假设：

H3：给定其他条件不变，高速铁路不断完善，站点城市在高速铁路网络中的节点地位与其产业结构合理化水平正相关，即站点城市高速铁路线路完善对本地产业结构合理化存在积极影响。

H4：给定其他条件不变，高速铁路不断完善，站点城市在高速铁路网络中的节点地位与其产业结构高级化水平正相关，即站点城市高速铁路线路完善对本地产业结构高级化存在积极影响。

站点城市在高速铁路网络中的节点地位变化对其周边城市产业结构合理化和高级化的影响更可能是个经验命题。因为站点城市对周边城市产业结构的空间溢出效应除了受到站点城市交通状况的影响，还取决于周边城市的发展战略和模式，而周边城市企业和地方政府对高铁网络化趋势带来的机遇感知是否敏感是一个较为主观的因素。因此，本书不对两者关系做出具体预测。

第三节　高速铁路与产业结构互动特征

一、高速铁路建设进程与中国产业结构现状

（一）高速铁路建设进程

高速铁路作为解决中国铁路运力不足的重要战略措施，近年来在国家的支持下进展迅速。2003 年秦沈客运专线（京哈线）开通运营，一年后国务院审议通过《中长期铁路网规划》，实现铁路第六次大提速，标志着中国开始进入"高铁时代"。2008 年国家发展改革委对《中长期铁路网规划》进行修编，此后杭沈线、京广线、京沪线、沪昆线等 73 条高速铁路线路（段）相继开通，"四纵四横"高速铁路网基本成型。2016 年国家发展改革委再次对《中长期铁路网规划》进行修编，提出构建以"八纵八横"主通道为骨架、区域连接线衔接、城际铁路补充的高速铁路网布局。截至 2019 年底①，中国已建成高速铁路线路（段）125条，营业里程超过 3.5 万千米，占世界高速铁路通车里程比例接近 70%。表 3-1列出了 2003~2019 年中国高速铁路的新增通车里程。

表 3-1　2003~2019 年中国高速铁路运营里程

年份	新增线路（段）数量（条）	运营里程（千米）	年份	新增线路（段）数量（条）	运营里程（千米）
2003	1	405	2014	16	6435
2008	3	670	2015	19	4648.57
2009	4	2197	2016	12	2297.36
2010	8	2062	2017	10	1912.12
2011	4	1647	2018	12	3221.243
2012	7	2616	2019	17	4806.08
2013	12	2765	合计	125	35682.373

资料来源：中国高铁航线数据库（Chinese High-speed Rail and Airline Database，CRAD）。

---

①　本书研究的时间窗口截至 2019 年。

（二）中国产业结构现状

改革开放以来，中国产业结构经历多次调整，三次产业比例由 1978 年的 27.7 : 47.7 : 24.6 变化为 2021 年的 7.3 : 39.4 : 53.3，国民经济由以第一、第二产业为主导产业向以第二、第三产业为主导产业转变，结构不断优化。从过程来看，自 1983 年开始，第一产业比重持续下降，第二产业比重缓慢增长，第三产业比重增长迅速。2008 年金融危机及其之后，我国三次产业比重基本保持稳定。2012 年后，第一产业比重缓慢下降，第二产业比重持续降低，第三产业比重快速提升。进一步地，本部分根据"Kuznets 事实[①]"构建产业结构指数来测度中国产业结构状况，指数由三次产业增加值占 GDP 比重加权求和得到，具体如下：

$$IS = \sum_{n=1}^{3} w_n r_n \tag{3-16}$$

式（3-16）中，IS 为产业结构指数；r_n 为第 n 次产业占 GDP 比重；w_n 为第 n 次产业占比权重，按顺序依次为 1，2，3。IS 取值范围为 1~3，数值越接近 1，说明当前国民经济以农耕为主，产业结构水平较低；当数值越接近 3，表明当前经济社会处于信息化阶段，产业结构水平较高。本书计算了 1978~2021 年的中国产业结构指数，结果如图 3-5 所示。

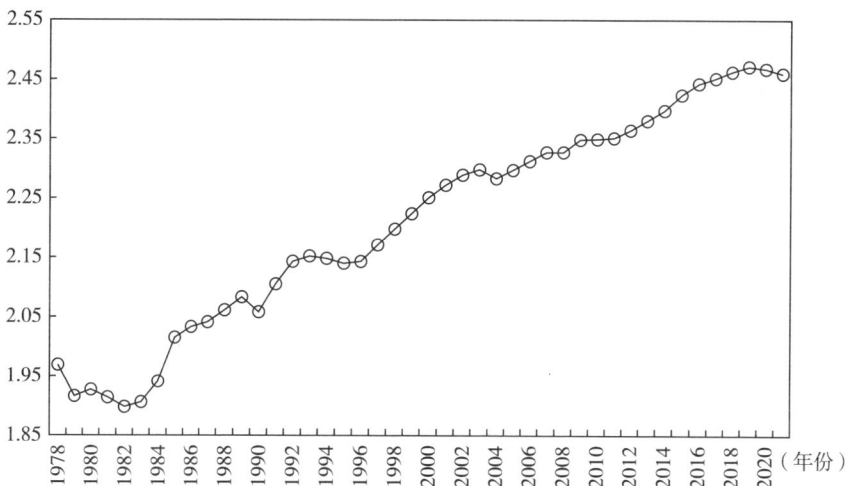

图 3-5　1978~2021 年产业结构指数趋势

资料来源：笔者整理。

---

① Kuznets 事实总结了产业结构变迁的经验规律，即随着国民经济发展，第一产业产值份额不断减少，第三产业产值份额不断增加，第二产业产值份额变化相对平缓，另外，该过程中的劳动力配置趋势同样如此。

图 3-5 显示的中国产业结构指数变化趋势基本与中国经济政策调整一致。1978~1982 年，中国经济发展处于经济恢复期，"吃饱穿暖"是这段时间需要解决的主要问题。党的十一届三中全会揭开了中国经济体制改革的序幕，农业各行发展兴旺，生产力被激活，初步扭转了产业结构失衡，使产业结构水平回落到与经济发展相匹配的状态。1983 年，商品经济开始向城市渗透，加工制造业增长势头迅猛，产业结构水平迅速提升。1987 年中央强调"加快建设和培育社会主义市场经济体系"，提出"国家调节市场，市场引导企业"进一步稳固了产业结构水平的提升。但由于原材料、能源等基础产业发展速度跟不上工业，尤其是加工工业的增长速度，中央再次对经济政策进行调整，压缩对加工工业的过度投资和消费需求，由于政策力度大，加之外部环境紧张，中国工业发展遭遇严重打击，1990 年政府出台了一系列保障国有企业的政策后，产业结构水平才再次得到提升。1994 年国家宏观调控体制改革使产业结构水平出现短暂下降，之后再次进入稳步增长阶段。2003 年中国进入完善社会主义市场经济体制新时期，高速铁路开始起步。2012 年中央再次提出深化社会主义经济体制改革、加快完善社会主义市场经济体制改革，高速铁路事业也进入"四纵四横"网络建设期。从结果上看，中国产业结构水平在这两个阶段实现了阶梯式上升，这意味着高速铁路建设与产业结构水平变化可能存在某种正向关联。

图 3-6 将 2009~2019 年中国产业结构指数与高速铁路开通城市数量变化趋势绘制在了一起，对高速铁路开通与产业结构变化间的关系进行初步考察。

如图 3-6 所示，中国产业结构指数与开通高速铁路的城市数量走势一致，呈现明显的正相关关系。2011 年之前，由于高速铁路"四纵四横"网络布局处于建设前期，多数线路规划城市尚未被高速铁路连通，此时中国产业结构指数稳定在 2.35 左右。2011 年以后，高速铁路"四纵四横"网络部分线路建设完成，高速铁路城市数量快速增加，此时产业结构指数的走势也开始上扬。2015 年，高速铁路"四纵四横"网络建设进入后期，新增高速铁路城市数量增速降低，产业结构指数也在同一年开始出现增速放缓。以上结果表明，高速铁路开通及网络化建设可能对提升产业结构指数存在积极影响，与前文假设预期一致。本书第四、第五章将使用更严谨的识别策略对前文假设进行检验。

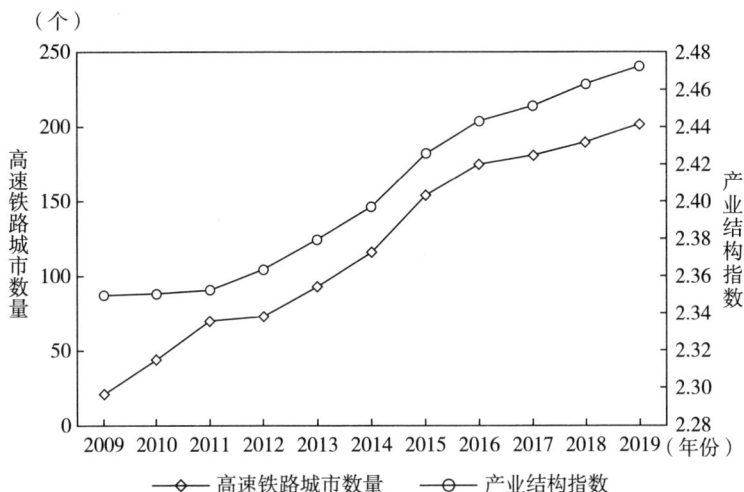

图 3-6　2009~2019 年产业结构指数与高速铁路城市数量

资料来源：笔者整理。

二、高速铁路影响下城市产业结构互动网络的构建

如前所述，高速铁路影响下的城市产业结构互动网络是由高速铁路站点城市及周边城市所代表的"点"基本要素和高速铁路引致的城市间产业互动所代表的"线"基本要素相互连接形成的。构建高速铁路影响下城市产业结构互动网络的关键是确定构成网络的"点""线"要素的空间关联关系。现有文献中对空间关联关系的确定方法主要有两种，分别是引力模型（刘华军等，2015）和 VAR 模型（苏屹等，2018）。VAR 模型要求数据类型为时间序列或面板形式，无法刻画互动网络的动态趋势。同时，该模型对滞后阶数的过度敏感性也在一定程度上降低了网络结构特征刻画的精确性。相比之下，引力模型可以利用截面数据逐年刻画互动网络，同时可以综合考虑经济地理因素，更契合本书的研究需求。基于上述考虑，本书采用引力模型对城市产业结构互动网络进行构建。

$$F_{ij} = K \frac{M_i M_j}{D_{ij}^b} \qquad\qquad （3-17）$$

式（3-17）为引力模型的一般形式，F_{ij} 为城市 i 和城市 j 间的"引力"；M_i 和 M_j 为城市 i 和城市 j 的"质量"；D_{ij} 为城市 i 和城市 j 间的"距离"，b 为距离衰减系数；K 为经验常数。为综合体现地理距离和经济距离的影响及高速铁路作用，借鉴周璇（2017）的做法在模型中加入经济距离变量和高速铁路和产业结构优化升级的交乘项，增强模型适用性。修正后的引力模型如下：

$$G_{ij} = k_{ij} \frac{\sqrt[3]{P_i IS_i E_i} \sqrt[3]{P_j IS_j E_j}}{\left[D_{ij} / \left(e_i - e_j \right) \right]^2}, k_{ij} = Conn_{ij} \frac{IS_i}{IS_i + IS_j} \qquad （3-18）$$

式（3-18）中，G_{ij} 表示在高速铁路影响下城市 i 和城市 j 产业结构互动的引力；k_{ij} 表示高速铁路影响下城市 i 在城市 i 和城市 j 之间产业结构互动中的贡献率；P_i（P_j）为城市 i（城市 j）的人口规模，用年末总人口数表示；$Conn_{ij}$ 表示城市 i 与城市 j 是否由高速铁路线相连接，若是则该变量赋值为 1，否则为 0[①]；IS_i（IS_j）为城市 i（城市 j）的产业结构指数，该指数反映了一个城市的产业结构水平；E_i（E_j）为城市 i（城市 j）实际地区生产总值；$D_{ij} / \left(e_i - e_j \right)$ 表示城市 i 和城市 j 间"距离"，其中 D_{ij} 表示地理距离，根据经纬度数据计算得到，$e_i - e_j$ 表示经济距离，以两地实际人均地区生产总值之差表示，距离衰减系数参照多数文献的做法取 2（苏屹等，2018）。依据式（3-18）可计算出高速铁路影响下各城市产业结构互动的引力矩阵，进一步取引力矩阵各行均值为临界值，引力高于或等于该行临界值记为 1，表示该行城市对该列城市在高速铁路影响下存在产业结构互动关系；引力低于该行临界值记为 0，表示该行城市对该列城市在高速铁路影响下不存在产业结构互动关系。

三、互动网络的结构特征及演变趋势

（一）互动网络

本书根据修正的引力模型，确定了高速铁路影响下城市产业结构互动关系。为清晰展示高速铁路影响下城市产业结构互动网络结构形态及演变趋势，本书进一步利用社会网络分析软件 Ucinet 6 的可视化工具 Netdraw 绘制了 2004 年、2009 年、2014 年和 2019 年各城市产业结构互动网络，如图 3-7 所示。

图 3-7 中，连线表示两城市的产业结构在高速铁路影响下存在互动关系；三角形图标代表直辖市，正方形图标代表副省级城市，圆圈图标代表地级市；图标大小代表了该城市的经济规模。可以看出，随着高速铁路线路不断完善，中国城

---

① 考虑到高速铁路对经济影响存在时间上的滞后性，因此本书将上半年开通的高速铁路视为本年开通，将下半年开通的高速铁路视为下年开通，在判定两城市是否由高速铁路线相连接时同样如此。

市产业结构互动网络结构形态逐渐成形。2004 年，中国仅开通了秦沈客运专线一条高速铁路线，初步形成了覆盖秦皇岛、沈阳、葫芦岛、盘锦、鞍山、锦州的局部产业结构互动网络。2008~2009 年，宁蓉铁路合宁段、胶济客运专线、京津城际铁路、石太客运专线及宁蓉铁路合武段开通，延伸了以秦沈为中心的局部互动网络，合肥市成为这一阶段城市产业结构互动网络的中心。2010~2014 年高速铁路基础设施建设突飞猛进，新开通的 36 条[①]高速铁路线（段）将产业结构互动网络的覆盖范围拓展至全国，北京成为最重要的中心城市，天津、郑州、武汉、广州四个城市成为区域性互动中心。2015~2019 年，中国四纵四横高速铁路网全面建成，50 万人口以上城市覆盖率达到 92%，高速铁路影响下的城市产业结构互动网络密度进一步增大，越来越多城市的产业结构可直接或以其他城市为过渡间接形式产生互动，互动网络呈现北京、天津、郑州、武汉、杭州、广州等若干核心的多枢纽形态。

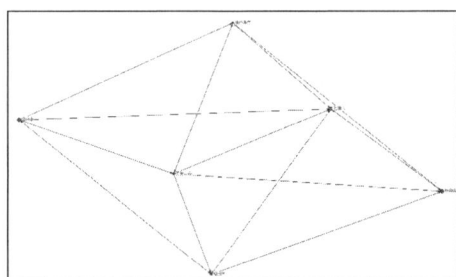

（a）2004 年各城市产业结构互动网络　　　（b）2009 年各城市产业结构互动网络

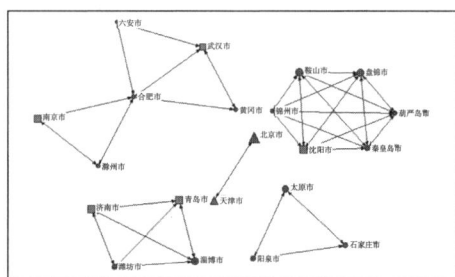

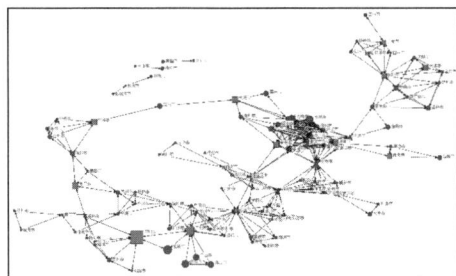

（c）2014 年各城市产业结构互动网络　　　（d）2019 年各城市产业结构互动网络

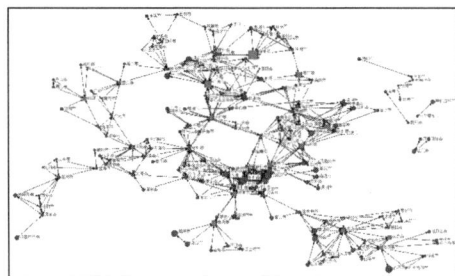

图 3-7　城市产业结构互动网络

资料来源：笔者整理。

---

① 2010~2013 年开通高速铁路线路（段）31 条，2009 年下半年和 2014 年上半年开通高速铁路线路（段）5 条，因此，依照本书对高速铁路开通时间的认定标准，2010~2014 年新增线路（段）共计 36 条。下同。

（二）网络特征

本书使用网络关联度、网络密度及网络效率三项指标对高速铁路影响下城市产业结构互动网络的整体网络特征进行刻画；使用点度中心度、中介中心度和接近中心度三项指标对网络节点特征进行刻画，参考刘军在《社会网络分析导论》中对上述指标的说明，计算方法如表 3-2 所示。

表 3-2　网络特征指标

指标名称	计算公式	说明
网络关联度	$connection = 1 - \left[\dfrac{V_1}{N(N-1)/2} \right]$	V_1 为不可达点对数；N 为网络规模
网络密度	$density = \dfrac{2L}{N(N-1)}$	L 为连线数量；N 为网络规模
网络效率	$efficiency = 1 - \dfrac{V_2}{\max(V_2)}$	V_2 为冗余连线数量；$\max(V_2)$ 为冗余连线的最大可能数量
点度中心度	$degree_i = \dfrac{c_i}{N-1}$	c_i 为直接与 i 相连的点个数；N 为网络规模
中介中心度	$betweenness_i = \dfrac{2\sum\limits_{j}^{N}\sum\limits_{k}^{N} \dfrac{g_{jk}(i)}{g_{jk}}}{N^2 - 3N + 2}$	$g_{jk}(i)$ 为点 j 和 k 间测地线① 数量；$g_{jk}(i)$ 表示点 j 和 k 间存在的经过点 i 的测地线数量；N 为网络规模
接近中心度	$closeness_i = \dfrac{N-1}{\sum\limits_{j}^{N} d_{ij}}$	d_{ij} 是点 i 和 j 之间的测地线距离；N 为网络规模

注：考虑到跨期可比性，本书均采用相对指标值，表中所列计算公式也均为相对指标计算方法。
资料来源：笔者整理。

网络关联度可以反映互动网络的团结性，网络关联度越高，表明网络中存在产业结构互动的城市越多。网络密度能够反映各城市产业结构互动的紧密程度。网络效率则反映了互动网络中各城市之间的连接效率，网络效率越低表示各城市之间存在越多的关联路径，整个网络越稳定。点度中心度体现了各城市在互动网络中的中心位置，点度中心度越高说明该城市与其他城市的产业结构互动越多。中介中心

---

① 网络中给定两点之间可能存在长短不一的多条连线，其中长度最短的连线被称为测地线。若两点间存在多条最短长度连线，则这两点间存在多条测地线。

度反映了某个城市在多大程度上控制其他城市之间的产业结构互动，中介中心度越高，则该城市对其他城市间产业结构互动的影响越大。接近中心度刻画了互动网络中某个城市在与目标城市发生产业结构互动时多大程度上不受其他城市控制，接近中心度越高，表示该城市与其他城市的产业结构互动存在更多直接联系。

（1）整体网络特征。图 3-8 描绘了 2004~2019 年高速铁路影响下城市产业结构互动网络关联度、网络效率与网络密度的变化趋势。结果显示，考察期内高速铁路影响下城市产业结构互动网络的关联度持续上升，表明高速铁路强化了城市间产业结构互动。2009 年之前中国高速铁路线路仅有 2 条且互不相连，互动网络中不存在紧密的"行动者"。2009 年之后中国高速铁路开通线路逐渐增多，网络关联度由 2010 年的 0.0042 上升至 2013 年的 0.0533，各城市产业结构开始在高速铁路的影响下产生互动。2014~2016 年开通高速铁路线（段）51 条，占2004~2019 年开通线路总数的 37%，中国高速铁路发展进入快速发展时期，网络关联度提高至 0.2780。2019 年网络关联度达到 0.4439，意味着近半数城市依靠高速铁路与区域内其他城市建立了产业结构互动。

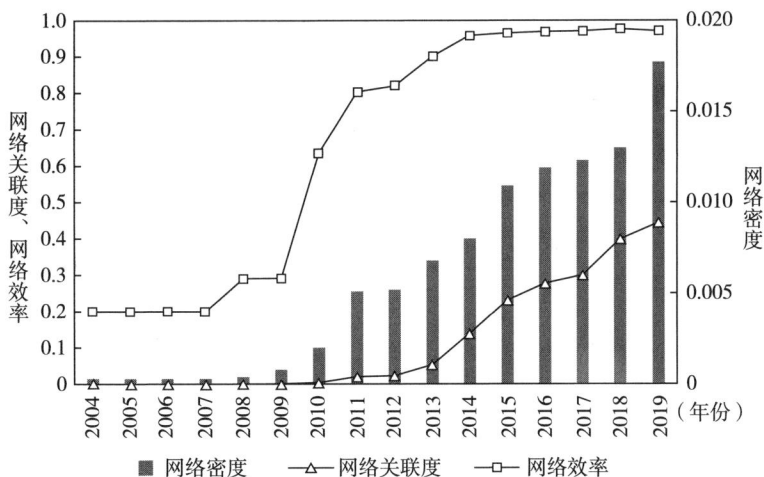

图 3-8　2004~2019 年网络关联度、网络效率与网络密度变化趋势

资料来源：笔者整理。

网络密度与网络关联度变化趋势基本一致，2008 年之前网络密度仅有0.0003，2008 年后中国高速铁路建设进程加快，线路增多，网络密度逐渐提升。2019 年网络密度已达到 0.0177。网络密度的增加一方面表明高速铁路影响下城

市间产业结构互动越来越密切，另一方面也意味着网络中的"冗余"连线可能增多，对本书研究的内容而言，"冗余"连线的增多意味着高速铁路可以使一个城市与其他更多城市发生产业结构互动。图 3-8 的结果显示，2009~2016 年互动网络的网络效率由 0.2917 增加至 0.9693，表明随着线路的增加，越来越多城市的产业结构开始受到高速铁路的影响而与其他城市产生互动。同时也意味着网络密度的提升并没有使"冗余"连线数量增加，这证明该阶段在高速铁路影响下城市间产业结构互动大多数属于"唯一"对向，即各城市在区域内的互动对象较为单一。2016 年后互动网络的网络效率基本稳定在 0.97 左右，说明该阶段新开通的高速铁路线使站点城市的产业结构互动对象不断拓展。

（2）节点网络特征。本部分通过计算高速铁路影响下城市产业结构互动网络中各节点点度中心度、中介中心度、接近中心度三项指标，了解高速铁路影响下产业结构互动网络中发挥主要作用的城市，表 3-3 汇报了 2004 年、2009 年、2014 年和 2019 年三项指标排前五名的城市。

表 3-3　中心性分析

指标	排序	1	2	3	4	5
点度中心度	2004 年	沈阳	秦皇岛	锦州	葫芦岛	鞍山
	2009 年	鞍山	锦州	秦皇岛	葫芦岛	盘锦
	2014 年	武汉	北京	济南	郑州	南京
	2019 年	南京	北京	济南	郑州	武汉
中介中心度	2004 年	沈阳	鞍山	盘锦	秦皇岛	锦州
	2009 年	合肥	武汉	葫芦岛	鞍山	盘锦
	2014 年	武汉	天津	合肥	郑州	秦皇岛
	2019 年	郑州	武汉	天津	秦皇岛	广州
接近中心度	2004 年	沈阳	锦州	秦皇岛	葫芦岛	鞍山
	2009 年	鞍山	合肥	锦州	葫芦岛	盘锦
	2014 年	武汉	蚌埠	滁州	合肥	北京
	2019 年	郑州	武汉	北京	宿州	南京

注：接近中心度按入度由高至低排序。

资料来源：笔者整理。

根据点度中心度的计算结果，2004 年、2009 年、2014 年和 2019 年 285 个样本城市均值分别为 0.032、0.082、0.838 和 1.772，超过均值的城市数量分别为 6 个、21 个、89 个和 91 个。可以看出高速铁路开通使站点城市之间产业结构互动频率增加，但主要发生在少数中心枢纽城市之间。从 2019 年点度中心度的计算结果来看，排名靠前的城市分别为京津冀城市群、长江中游城市群、长江下游城市群等区域性城市群的中心城市，这表明在高速铁路影响下，区域性中心城市对全国各城市产业结构互动影响力突出。高速铁路建设增强了区域性中心城市的辐射带动作用。

中介中心度的计算结果显示，2004 年、2009 年、2014 年和 2019 年 285 个样本城市均值分别为 0.000、0.001、0.168 和 0.557，超过均值的城市数量分别为 6 个、12 个、36 个和 47 个。2019 年高速铁路影响下城市产业结构互动网络中介中心度总量为 158.645，而排名前五城市的中介中心度之和占比达到 36.22%[①]，说明在高速铁路影响下，郑州、武汉、天津、秦皇岛、广州在其他城市产业结构互动的发生中承担了主要桥梁作用，相当多的城市间产业结构互动通过这些城市实现。在上述城市中，郑州和武汉是中部崛起的重要支撑力量。未来随着"八纵八横"高速铁路网络布局建成，中部城市将在全国产业结构互动中发挥更重要的协调作用。

接近中心度的计算结果显示，2004 年、2009 年、2014 年和 2019 年 285 个样本城市入度 / 出度均值分别为 0.351/0.351、0.351/0.351、0.425/0.424 和 0.977/0.977，超过入度均值的城市数量分别为 6 个、21 个、104 个和 232 个。入接近中心度反映了互动网络中某城市接受来自其他城市产业结构互动的容易程度，出接近中心度则反映了该城市对互动网络中其他城市产业结构产生互动的容易程度。换言之，入接近中心度越高说明该城市的空间整合力越强，出接近中心度越高说明该城市的空间辐射能力越强。2004~2019 年，高于入接近中心度均值的城市数量骤增，表明高速铁路建设使得越来越多的城市能够更加容易地与其他城市产生产业互动。从指标数值来看，高于入接近中心度均值城市之间的指标值差距极小，说明这些城市的产业互动效率差异不大。此外，入接近中心度高的城市往往出接近中心度也高，这意味着高速铁路影响下中心城市不仅吸收了其他城市的产业发展

---

① 中介中心度排名前五位城市的相对中介中心度之和为 57.458，57.458/158.645 ≈ 0.3622。

资源，还通过辐射作用向其他城市输出产业发展资源。

综上所述，高速铁路影响下城市产业结构存在显著的互动特征，因此分析高速铁路影响城市产业结构优化升级的空间效应具有实践意义。

本章小结

本章主要探究了高速铁路影响城市产业结构优化升级的原理，并基于高速铁路建设进展和产业结构现状刻画了高速铁路影响下城市产业结构互动特征。首先，通过构建存在空间溢出效应的索洛模型分析了城市产业结构优化升级的空间外部性，指出城市产业结构优化升级由本地和相邻地区的资本、技术及劳动力共同决定。其次，基于新经济地理理论阐述了高速铁路对区域空间结构的影响，认为随着高速铁路建设及网络完善，区域空间结构由松散聚落模式向核心—边缘模式再向多中心、一体化模式演变，分析了不同空间结构下资源要素的流动趋势，认为高速铁路推动了区域产业分工，以产业链为基础实现资源要素在空间上的优化配置，进而推动城市产业结构优化升级。最后，采用社会网络分析法刻画了高速铁路影响下城市产业结构互动网络，分析了网络与节点特征，结果表明高速铁路强化了城市间产业结构互动。同时，发现区域性中心城市是产业结构互动网络的核心，同时中部地区在全国各城市发生产业结构互动中承担了主要控制和桥梁作用。

第四章　高速铁路对城市产业结构合理化的影响及空间效应分析

上一章以空间区域结构为基础分析了高速铁路如何影响城市产业结构优化升级，本章进一步围绕产业结构优化升级中的合理化维度展开深入探讨。首先，阐述产业结构合理化内涵，并分析高速铁路影响城市产业结构合理化的内部、外部因素；其次，基于内部、外部因素剖析高速铁路影响城市产业结构合理化的动力机制；最后，通过实证分析检验高速铁路对城市产业结构合理化的影响及空间效应，并对由内部因素、外部因素构成的传导动力进行验证。

第一节　高速铁路影响城市产业结构合理化的机理分析

一、产业结构合理化的内涵

本书在第二章系统地梳理了有关产业结构优化升级概念的研究，对前人观点中的共同之处进行提炼概括，本书将产业结构合理化的内涵界定如下：通过调整实现生产资源在各产业部门间合理配置，提高产业系统整体生产效率，最终形成与经济发展阶段相适应，并有助于推动经济发展进入新阶段的产业序列的动态过程。基于此，本书认为对产业结构合理化的指标选择和分析应当体现以下三点特征：第一，相对性。产业结构合理化是一个调整过程，很难找出一个可以清晰划分合理与不合理的绝对标准值，因此只能通过测算产业结构合理化程度，以对比的方法判断产业结构的相对合理性。第二，动态性。产业结构合理化程度体现了产业结构的静态合理性，但产业结构合理化是一个动态过程，因此分析产业结构合理化应当基于一定的时间跨度展开。第三，内在合理与外在合理的统一性。产业结构合理化过程不仅受到供需等产业系统内部因素的影响，而且还会受到政策因素、经济环境外部因素的制约，因此产业结构合理化是内部、外部因素协同的结果，分析产业结构合理化时应当考虑内部因素和外部因素的统一性。

二、高速铁路影响城市产业结构合理化的内外部因素

（一）高速铁路影响产业结构合理化的内部因素

（1）人力资本。高速铁路影响产业结构合理化最主要的因素是"人"。不同产业对人力资本的需求不同，报酬率也不相同，这意味着具有人力资本比较优势的产业更容易通过集聚效应积累人力资本，在产业间形成人力资本的非均衡分布现象。人力资本水平更高的产业更容易进入规模报酬递增阶段从而获得更高的劳动生产率，逐渐拉开与低人力资本水平产业劳动生产率的差距。高速铁路的开通极大地改善了沿线区域交通运输条件，客流吸引范围和流动速度显著提高，产业间人力资本配置的结构性问题得到有效缓解，产业间发展速度与进程的差异逐渐缩小。此外，高速铁路降低了人力资本的流动成本，为不同类型人力资本提供了更多的流向选择，有助于提高人力资本与产业需求间的适配度。但是，人力资本流动性的增强也可能强化具有比较优势产业的集聚效应，加剧其在产业间的非均衡分布现象。综上所述，高速铁路通过对产业间人力资本数量、结构及类型的调节，影响城市产业结构合理化。

（2）物质资本。物质资本是除人力资本外各产业从事生产活动所需的另一种重要投入要素，也是影响产业结构的重要内部因素之一。物质资本可以弥补关键性资源短缺对产业发展的制约，改善资源供给状况，促进产业发展。任何现有的产业结构都可被认为是过去物质资本投入的结果。物质资本在产业间的流动性本质上由其自身的逐利性决定，受此影响，物质资本会在市场的作用下由劳动生产率低的产业流向劳动生产率高的产业。需要注意的是，物质资本在产业市场中的流动性还与产业市场结构有关。高速铁路开通改善了站点城市的投资环境，降低了地理距离对投资的负面影响及因地理距离产生的信息不对称，通过吸引投资为城市产业整体劳动生产率提升注入新的动力。此外，高速铁路还有助于扩大资本市场规模、提高资本市场配置效率，调节物质资本在更大范围内流向生产效率更高的产业。

（3）技术创新策略。技术创新策略是产业发展战略中的一个重要内容，指产业基于自身发展基础和外部经济环境所制定的用于促进产业发展的技术创新决策。通常，技术创新主要通过自主研发和技术溢出两条途径实现。高速铁路开通强化了区域内各经济主体的空间关联性，促进区域产业分工与合作，技术领先产业在空间上集聚并通过"干中学"等机制提升创新能力，实现自主研发途径下的技术创新。技术落后地区（产业）则通过与技术领先地区（产业）形成产业链对接，接受来自技术领先地区（产业）的技术溢出。由此，高速铁路沿线城市各产业在不同程度上均能受到技术进步的影响，提升本部门生产效率，推动城市产业结构合理化进程。

（二）高速铁路影响产业结构合理化的外部因素

（1）政策环境。作为现代市场经济体制下资源配置的两大主体之一，政府依据经济发展形势制定相关产业政策，从宏观上对产业发展所需的生产资料进行调控，调整区域产业结构。高速铁路作为促进区域经济发展的重要交通基础设施投资项目，被各地政府视为拉动经济发展的重要抓手。在此背景下，站点城市政府通常会基于高速铁路对本地区区位条件和投资环境产生的良性预期与其他站点城市形成产业联盟，规划重点产业并给予资源倾斜，影响城市产业结构。

（2）市场环境。市场基于价格背后包含的供求关系及经济主体之间的竞争程度，协调供给与需求之间的联系，调节生产要素的流动与分配。市场竞争的强弱决定了生产要素流动的难易和快慢，进而影响要素在不同产业部门之间的配置效率。完全竞争市场中，竞争是完全自由的、充分的，生产要素可以在产业间自由进入或退出。在不完全竞争市场中，生产要素流动较为困难，产业结构调整的阻力也相对较大。高速铁路的建设与开通降低了城市间的贸易壁垒，扩大市场范围的同时加强了市场竞争，使得要素流动更加活跃，因此高速铁路站点城市的资源配置效率和产业结构合理化程度往往高于非站点城市。

三、高速铁路影响产业结构合理化的动力机制

（一）产业结构合理化演进动力

基于影响产业结构合理化的内部、外部因素，本书绘制了高速铁路影响产业结构合理化演进动力图（见图4-1）。

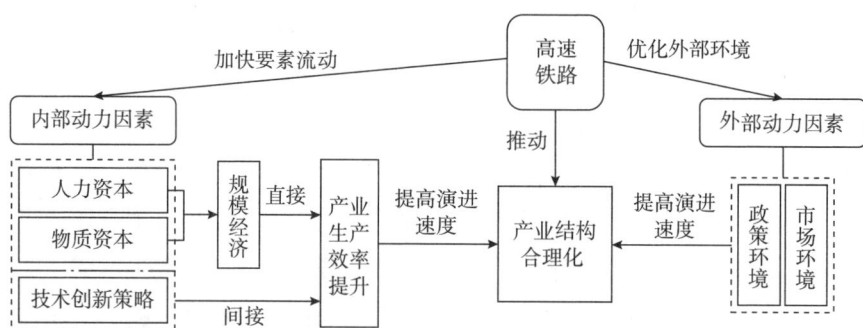

图 4-1　高速铁路影响产业结构合理化演进动力

资料来源：笔者整理。

　　将产业结构作为一个系统，则产业结构合理化即可视为产业结构系统的一个演进方向。产业结构系统的演进动力来源于内部因素和外部因素两个方面。系统内部，人力资本和物质资本作为生产活动最基本的要素，在产业间的配置状况直接影响到各产业的生产效率。技术创新策略的不同会引起技术创新水平差距，影响产业技术水平，从而间接影响产业生产效率。系统外部，政府和市场则又依据各产业生产效率差异情况并结合经济环境共同决定资源如何在地区和产业间配置。该过程不断循环直至市场均衡，最终形成相对稳定的产业结构。高速铁路的开通打破了原有的市场均衡，重新调节了系统内部人力资本和物质资本的流动方向和速度，改变了各产业技术创新策略的选择。此外，高速铁路使沿线城市获得更多的政策支持，扩大了沿线城市各产业市场范围，增强了市场活力和竞争程度，重塑了区域资源要素的配置格局，影响产业结构系统向合理化演进。

　　（二）高速铁路对产业生产效率的影响

　　根据前文对高速铁路影响城市产业结构合理化的演进动力分析，本部分首先从产业生产效率方面进行探讨。构建如下 Cobb-Douglas 生产函数：

$$Q = AL^{\alpha}K^{\beta} \tag{4-1}$$

　　式（4-1）中，Q 为产量；A 表示技术创新；L 表示人力资本；K 表示物质资本。将 Keynes 资本边际效率公式 $R_0 = R_n / (1+r)^n$ 代入式（4-1），可得：

$$R_0 = \sum AL^{\alpha}K^{\beta}P / (1+r)^n \tag{4-2}$$

　　式（4-2）中，R_0 为初始资本；P 为产品价格；r 为资本边际效率，即预期收益率。可以看出，资本预期收益率与技术创新、人力资本及物质资本投入均成正比。如前所述，一方面，高速铁路可以通过扩大资本市场规模，直接增加人力资本和物质资本的投入量来提升产业投资收益，进而引致产业生产效率提升。另一方面，高速铁路改变了产业技术创新策略，通过技术创新水平的变化间接影响产业生产效率，下面通过博弈模型分析高速铁路对技术创新策略选择的影响。

假设区域内只有 A 和 B 两个城市，且国民经济中只有一个产业。该产业在城市 A 和城市 B 的产量分别为 Q_A、Q_B，市场价格为 P，产业自主创新的成本为 C，技术差距对应的市场份额收益为 π，技术创新为两城市带来的超额产量提升分别为 ΔQ_A、ΔQ_B。依据第三章对高速铁路开通前后区域空间结构变化的论述，本部分做出以下两点设定：第一，高速铁路开通前该产业在城市 A 和城市 B 生产规模不存在差异，即 $Q_A = Q_B = Q$ 且 $\Delta Q_A = \Delta Q_B = \Delta Q$；第二，高速铁路开通后由于要素流动阻力降低，流动方向和速度加快，该产业在城市 A 发生集聚，即该产业在城市 A 的生产规模远高于城市 B，即 $Q_A > Q_B$ 且 $\Delta Q_A > \Delta Q_B$。表4-1列出了高速铁路开通前后该产业在城市 A 和城市 B 技术创新策略选择的博弈矩阵。

表4-1　城市产业技术创新策略选择博弈矩阵

Panel A：高速铁路开通前		
A ＼ B	自主创新	等待溢出
自主创新	$PQ - C,\ PQ - C$	$P(Q + \Delta Q) - C + \pi,\ P(Q - \Delta Q) - \pi$
等待溢出	$P(Q - \Delta Q) - \pi,\ P(Q + \Delta Q) - C + \pi$	0,0
Panel B：高速铁路开通后		
A ＼ B	自主创新	等待溢出
自主创新	$P(Q_A + \Delta Q_A - \Delta Q_B) - C,\ P(Q_B + \Delta Q_B - \Delta Q_A) - C$	$P(Q_A + \Delta Q_A) - C + \pi,\ P(Q_B - \Delta Q_A) - \pi$
等待溢出	$P(Q_A - \Delta Q_B) - \pi,\ P(Q_B + \Delta Q_B) - C + \pi$	0,0

资料来源：笔者整理。

从表4-1 Panel A列出的结果中可以看出，当自主创新带来的市场份额收益高于自主创新成本（$\pi > C$）或超额产量带来的收益能够弥补创新成本与技术差距导致的市场份额收益之差（$P\Delta Q > C - \pi$）时，率先进行自主创新的城市可以凭借先发优势获得比之前更高的收益，即 $P(Q + \Delta Q) - C + \pi > PQ$，选择接受技术溢出的一方则会因为在一段时间内处于技术落后地位而出现收益下降，即 $P(Q - \Delta Q) - \pi < PQ$。此时，城市 A 和城市 B 的最优选择均为采取自主创新，最终的纳什均衡为（自主创新，自主创新）。

随着高速铁路开通（见表 4-1 Panel B），区域产业分工深化，城市 A 获得该产业的集聚优势，与城市 B 的生产规模差距开始出现，由于拥有集聚优势，城市 A 会率先进行自主创新，此时城市 B 选择跟进自主创新与等待接受技术溢出的收益差为 $P\Delta Q_B - C + \pi$，极端情况下集聚效应使得 Q_B 大幅降低，技术进步带来的 ΔQ_B 少之又少，同时由于后发地区技术创新壁垒的存在，会导致自主创新成本 C 提高，并降低技术差距引致的市场份额收益差，即 $P\Delta Q_B - C + \pi < 0$。因此，城市 B 的最优决策是等待接受来自城市 A 的技术溢出，最终的纳什均衡为（自主创新，等待溢出）。

上述结果表明高速铁路通过扩大或缩小某产业在不同城市的规模，使该产业在各城市技术创新策略选择发生变化，进而改变式（4-2）中产业生产的技术创新水平，最终影响该产业生产效率。

（三）高速铁路对城市产业结构合理化演化速度的影响

前文从产业生产效率方面分析了高速铁路影响城市产业结构合理化的动力机制，本部分将继续从演化速度方面进行探讨。由图 4-1 可以看出，城市产业结构合理化实际上是影响产业系统的内部、外部因素共生演化的结果。共生是生物学中的概念，指两种密切接触的不同生物之间形成的互利关系。本书将共生概念引入经济学，用来形容各类资源要素基于不同外部环境在经济空间中的相互作用方式。下面将继续构建共生演化模型进一步分析高速铁路对城市产业结构合理化的影响。参照周璇（2017）对产业结构协调化非线性驱动力系统的设定，本书将高速铁路影响城市产业结构合理化的动力系统方程设置为如下形式：

$$\frac{dx(t)}{dt} = f(x_1, x_2, \cdots, x_n), \ k = 1, 2, \cdots, n \qquad (4-3)$$

式（4-3）中，x_k 表示动力系统中的第 k 种影响因素，f 为各影响因素的非线性相互作用关系，对 $f(x_1, x_2, \cdots, x_n)$ 进行 Maclaurin 展开得到：

$$f(x_1, x_2, \cdots, x_n) = \sum_0^\infty \sum_{k=1}^n f_k^{(n)}(0) x_k^n, \ k = 1, 2, \cdots, n \qquad (4-4)$$

式（4-4）中，$f_k^{(n)}(0)$ 为 x_k 在 0 处的 n 阶偏导数，依据 Lyapunov 第一方法，保留式（4-4）中的线性项，忽略高阶次项，可导出如下一次近似线性系统：

$$\frac{dx(t)}{dt} = \sum_{k=1}^n f_k'(0) x_k, \ k = 1, 2, \cdots, n \qquad (4-5)$$

结合前文对高速铁路影响城市产业结构合理化的内外部因素分析，将城市产业结构合理化的动力系统区分为内部动力系统（IN）和外部动力系统（EX）。

$$f(IN) = \sum_{i=1}^{3} f_i'(0) x_i, i = 1, 2, 3 \qquad (4-6)$$

$$f(EX) = \sum_{j=1}^{2} f_j'(0) x_j, j = 1, 2 \qquad (4-7)$$

式（4-6）中，x_i 分别代表人力资本、物质资本和技术创新策略；偏导数 $f_i'(0)$ 可视为以上影响因素在内部动力系统中的权重。式（4-7）中，x_j 分别代表政策环境和市场环境；偏导数 $f_j'(0)$ 可视为它们在外部动力系统中的权重。根据 Bertalanffy（1969）一般系统论的思想，在分析高速铁路影响城市产业结构合理化动力系统时应当将内部动力系统和外部动力系统作为整体进行，于是有：

$$A = \frac{df(IN)}{dt} = a_1 f(IN) + a_2 f(EX) \qquad (4-8)$$

$$B = \frac{df(EX)}{dt} = b_1 f(IN) + b_2 f(EX) \qquad (4-9)$$

式（4-8）和式（4-9）中，A、B 是城市产业结构合理化动力系统的两种演化状态，假设两种状态存在相互影响，即整个系统演化受到内部动力系统或外部动力系统任一变化的影响，则整个系统的演化速度 V 可表达为 V_A 和 V_B 的函数，即 $V = f(V_A, V_B)$。假设内部动力系统和外部动力系统的演化速度服从 Logistic 规律，则可基于 Logistic 模型构建 V_A 和 V_B 的共生演化模型（欧忠辉等，2017）。

$$\begin{cases} \dfrac{dV_A}{dt} = r_A V_A \left(1 - \dfrac{V_A}{N_A} - \dfrac{\delta_1 V_B}{N_B}\right), V_A(0) = V_{A0}, 0 < r_A < 1, N_A > 0 \\ \dfrac{dV_B}{dt} = r_B V_B \left(1 - \dfrac{V_B}{N_B} - \dfrac{\delta_2 V_A}{N_A}\right), V_B(0) = V_{B0}, 0 < r_B < 1, N_B > 0 \end{cases} \qquad (4-10)$$

式（4-10）中，r_A、r_B 分别表示与演化状态 A、B 对应的演化速度 V_A 和 V_B 的固定增长率；V_{A0} 和 V_{B0} 表示 A、B 两种演化状态演化速度的初始值；N_A 和 N_B 表示演化状态 A 和 B 对应演化速度 V_A 和 V_B 的最大值；δ_1 表示共生关系中 V_B 对 V_A 的影响程度；δ_2 表示共生关系中 V_A 对 V_B 的影响程度。高速铁路影响城市产业结构合理化体现在两个方面：第一，通过对资源要素重新配置，改变两种演化状态的演化速度增长率（r_A、r_B）；第二，释放资源要素活力，提高内部动力系统和外部动力系统演化速度的上限（N_A 和 N_B）。

为进一步探讨高速铁路对产业结构合理化内部动力系统和外部动力系统共生演化动态稳定性的影响，本书继续对方程组（4-10）的平衡点进行稳定性分析。当内部动力系统和外部动力系统处于共生稳定状态时，可得到如下微分方程组：

$$\begin{cases} f_1(V_A, V_B) = \dfrac{dV_A}{dt} = r_A V_A \left(1 - \dfrac{V_A}{N_A} - \dfrac{\delta_1 V_B}{N_B}\right) = 0 \\ f_2(V_A, V_B) = \dfrac{dV_B}{dt} = r_B V_B \left(1 - \dfrac{V_B}{N_B} - \dfrac{\delta_2 V_A}{N_A}\right) = 0 \end{cases} \quad (4\text{-}11)$$

对上述方程组求解即可得到内部动力系统和外部动力系统共生演化的四个局部均衡点 $E_1(0,0)$、$E_2(N_A,0)$、$E_3(0,N_B)$ 和 $E_4\left(\dfrac{N_A(1-\delta_1)}{1-\delta_1\delta_2}, \dfrac{N_B(1-\delta_2)}{1-\delta_1\delta_2}\right)$。产业结构合理化内部动力系统和外部动力系统动态演化的雅可比矩阵如下：

$$J = \begin{bmatrix} f_{1,V_A} & f_{1,V_B} \\ f_{2,V_A} & f_{2,V_B} \end{bmatrix} = \begin{bmatrix} r_A\left(1 + \delta_1\dfrac{V_B}{N_B} - 2\dfrac{V_A}{N_A}\right) & -\dfrac{r_A V_A \delta_1}{N_B} \\ -\dfrac{r_B V_B \delta_2}{N_A} & r_B\left(1 + \delta_2\dfrac{V_A}{N_A} - 2\dfrac{V_B}{N_B}\right) \end{bmatrix} \quad (4\text{-}12)$$

将四个局部均衡点分别代入矩阵（4-12）可得到对应的稳定性条件，如表 4-2 所示。

表 4-2　共生演化均衡点及其稳定性条件

均衡点	$Det(J)$	$Tr(J)$	稳定性条件
$E_1(0,0)$	$r_A r_B$	$r_A + r_B$	不稳定
$E_2(N_A,0)$	$-r_A r_B(1-\delta_2)$	$-r_A + r_B(1-\delta_2)$	$\delta_2 > 1$
$E_3(0,N_B)$	$-r_A r_B(1-\delta_1)$	$-r_B + r_A(1-\delta_1)$	$\delta_1 > 1$
$E_4\left(\dfrac{N_A(1-\delta_1)}{1-\delta_1\delta_2}, \dfrac{N_B(1-\delta_2)}{1-\delta_1\delta_2}\right)$	$\dfrac{r_A r_B(\delta_1-1)(\delta_2-1)}{1-\delta_1\delta_2}$	$\dfrac{r_A(\delta_1-1)+r_B(\delta_2-1)}{1-\delta_1\delta_2}$	$\delta_1 < 1,\ \delta_2 < 1$

注：雅可比矩阵的行列式和迹分别记为 $Det(J)$ 和 $Tr(J)$，稳定的系统均衡需满足 $Det(J) > 0$ 且 $Tr(J) < 0$，由此计算得出稳定性条件。

资料来源：笔者整理。

结合前文分析，高速铁路只对演化速度增长率 r_A 和 r_B 产生影响，与共生关系中两种状态演化速度之间的相互影响系数无关，表明高速铁路通过优化要素配置、改善外部环境加快了城市产业结构合理化的演化趋势，但不会影响这一动态过程的稳定性。基于上述分析，本书提出如下可检验的假设：

H5：其他条件不变，高速铁路开通与站点城市人力资本存量正相关，即在高速铁路作用下站点城市可以加快人力资本积累，进而推动产业结构合理化。

H6：其他条件不变，高速铁路开通与站点城市物质资本存量正相关，即在高速铁路作用下站点城市可以加快物质资本积累，进而推动产业结构合理化。

H7：其他条件不变，高速铁路开通与站点城市技术创新水平正相关，与站点周边城市技术创新水平负相关，即在高速铁路作用下改变了站点城市和周边城市的技术创新策略，推动站点城市、抑制站点周边城市自主创新，进而提高站点城市产业结构合理化水平。

H8：其他条件不变，高速铁路开通与站点城市政府支持力度正相关，即在高速铁路作用下站点城市政府支持力度提升，进而推动产业结构合理化。

H9：其他条件不变，高速铁路开通与站点城市市场化水平正相关，即在高速铁路作用下站点城市市场环境改善、竞争力加强，市场化水平提升，进而推动产业结构合理化。

第二节 高速铁路影响城市产业结构合理化的实证检验

一、识别策略

（一）计量模型设定与空间权重矩阵构建

（1）计量模型设定。由于高速铁路建设与经济发展之间的双向因果关系，以往文献在探讨高速铁路与经济发展的因果关系时常受到潜在内生性问题的困扰。基于准自然实验的双重差分模型（Difference-in-Differences Model，DID）可以在很大程度上缓解内生性问题，然而高速铁路建设与经济发展显著的空间溢出效应使这些研究在使用双重差分模型时违背了 Gauss-Markov 关于变量相互独立的经典假设，从而无法得到一致估计。空间计量模型通过加入变量的空间加权项，可以有效识别个体间的空间相关性，使用以空间计量模型为基础的空间双重差分（Spatial Difference-in-Differences Model，SDID）更符合高速铁路的经济影响具有空间溢出效应的事实，可以准确评估高速铁路对城市产业结构合理化的影响。于是，参考Elhorst（2014）提出的广义动态空间模型，在多时点双重差分模型中加入空间加权项，得到检验高速铁路对城市产业结构合理化的影响及空间效应的模型：

$$ISR_t = \tau ISR_{t-1} + \delta WISR_t + \eta WISR_{t-1} + \beta_1 H_t + \beta_2 H_{t-1} + \beta_3 WH_t \\ + \beta_4 WH_{t-1} + \beta_5 X_t + \beta_6 X_{t-1} + \beta_7 WX_t + \beta_8 WX_{t-1} + \nu_t \tag{4-13a}$$

$$\nu_t = \rho \nu_{t-1} + \lambda W \nu_t + \mu + \xi_t + \varepsilon_t \tag{4-13b}$$

式（4-13a）中，ISR_t是由所有城市（$i = 1, 2, \cdots, N$）在时间t（$t = 1, 2, \cdots, T$）时的产业结构合理化指数所构成的N维向量；H_t是由所有城市在时间t时的高速铁路变量（高速铁路开通HSR和网络地位NS）构成的N维向量，X_t是由K个控制变量构成的$N \times K$维矩阵；下标$t-1$为对应变量或矩阵的时间滞后项；前乘W的向量或矩阵为对应变量的空间滞后项；W是一个描述各城市空间排列和相互关系的$N \times N$阶已知常数的非负矩阵，该矩阵的对角元素被设置为0，因为每一个城市i（$i = 1, 2, \cdots, N$）都不能被视为自己在空间上的邻居，因此无法对自己产生空间溢出效应；τ、δ及η分别为被解释变量时间滞后项、被解释变量空间滞后项和被解释变量时间空间滞后项的待估参数矩阵；β_1至β_8分别为解释变量、解释变量时间滞后项、解释变量空间滞后项、解释变量时间空间滞后项的待估参数矩阵；ν_t反映了该模型的误差项规范，包括序列相关和空间相关。

式（4-13b）中，ρ为序列自相关系数；λ为空间自相关系数；$\mu = (\mu_1, \mu_2, \cdots, \mu_N)^T$为由各城市不随时间变化的个体效应构成的$N$维向量，该变量的遗漏会导致截面估计结果产生偏差；$\xi_t$（$t = 1, 2, \cdots, T$）为由各时期时间效应构成的$T$维向量，该变量的遗漏会导致时间序列估计结果产生偏差，这些个体和时间上的特定效应可以被作为固定效应，也可以被作为随机效应；$\varepsilon_t = (\varepsilon_{1,t}, \varepsilon_{2,t}, \cdots, \varepsilon_{N,t})^T$为随机扰动项向量，其元素均值为0，有限方差为$\sigma^2$。需要特别注意的是，与式（4-13a）相对应的时间空间滞后误差项$W\nu_{t-1}$由于在文献中并不常见，因此并未将其列入式（4-13b）中。

根据不同的系数赋值，可得到特定的多时点空间双重差分模型。令式（4-13）中的τ、η、β_2、β_4、β_6、β_8、ρ、λ为0，可以得到以空间杜宾模型（Spatial Dubin

Model，SDM）为基础的多时点空间双重差分模型：

$$ISR_t = \delta WISR_t + \beta_1 H_t + \beta_3 WH_t + \beta_5 X_t + \beta_7 WX_t + \mu + \xi_t + \varepsilon_t \tag{4-14}$$

令式（4-13）中的 τ、η、β_2、β_3、β_4、β_6、β_7、β_8、ρ、λ 为 0，可以得到以空间滞后模型（Spatial Lag Model，SLM）或称空间自回归模型（Spatial Autoregression Model，SAR）为基础的多时点空间双重差分模型：

$$ISR_t = \delta WISR_t + \beta_1 H_t + \beta_5 X_t + \mu + \xi_t + \varepsilon_t \tag{4-15}$$

令式（4-13）中的 τ、η、β_2、β_3、β_4、β_6、β_7、β_8、ρ 为 0，可以得到以空间自相关模型（Spatial Autocorrelation Model，SAC）为基础的多时点空间双重差分模型：

$$ISR_t = \delta WISR_t + \beta_1 H_t + \beta_5 X_t + \lambda W v_t + \mu + \xi_t + \varepsilon_t \tag{4-16}$$

令式（4-13）中的 τ、δ、η、β_2、β_3、β_4、β_6、β_7、β_8、ρ 为 0，可以得到以空间误差模型（Spatial Error Model，SEM）为基础的多时点空间双重差分模型，如式（4-17）所示。此外，若模型中存在遗漏变量问题或函数形式设置错误也会导致空间误差效应显著。

$$ISR_t = \beta_1 H_t + \beta_5 X_t + \lambda W v_t + \mu + \xi_t + \varepsilon_t \tag{4-17}$$

本书后续将根据 LM 检验、稳健的 LM 检验、Wald 检验及 LR 检验的结果选择合适的模型。

需要注意的是，模型中的参数矩阵 β_1、β_5 并不能反映本地解释变量对本地被解释变量影响的边际效应，β_3、β_7 也不能代表邻近城市解释变量对本地被解释变量影响的边际效应（Elhorst，2014）。以 SDM 模型为例，本地解释变量除直接对本地被解释变量产生影响外，还会对邻近地区被解释变量产生影响，而邻近地区被解释变量通过空间传导机制将本地解释变量的影响反馈给本地被解释变量（存在反馈效应），因此本地解释变量对本地被解释变量的影响应当为估计系数（β_1、β_5）与反馈效应的总和。同理，空间溢出效应也应当为空间滞后项估计系数（β_3、β_7）与反馈效应之和。为了更好地解释模型系数，本书根据 LeSage 和 Pace（2009）提出的偏微分方法，对空间回归模型的直接效应和间接效应进行分解，以 SDM 模型为例，首先将式（4-14）转换为如下形式：

$$Y_t = (I - \delta W)^{-1} W Y_t + (I - \delta W)^{-1}(\beta_1 X_t + \beta_3 W X_t) + (I - \delta W)^{-1}(\mu + \xi_t + \varepsilon_t) \tag{4-18}$$

根据式（4-18），将本地被解释变量对其他地区的解释变量求偏导，可以得到直接效应 $\left[\left(I-\delta W\right)^{-1}\left(\beta_1 I_N + \beta_3 W\right)\right]^{\bar{d}}$；将本地被解释变量对本地区的解释变量求偏导，可以得到间接效应即空间溢出效应 $\left[\left(I-\delta W\right)^{-1}\left(\beta_1 I_N + \beta_3 W\right)\right]^{\overline{rsum}}$，其中，$\bar{d}$ 表示矩阵对角线元素均值，$\overline{rsum}$ 为矩阵非对角线元素行和平均值。

（2）空间权重矩阵构建。空间权重矩阵用于衡量各单元的空间联系，高速铁路空间溢出效应受到的阻力主要与城市间地理距离有关，尽管其"时空压缩"效应降低了这方面的阻力，但并不能消除不同城市间的相对远近关系，因此本书首先构建逆地理距离权重矩阵（W_1）度量区域内各城市的空间关系，权重公式如下：

$$W_{i,j} = \begin{cases} \dfrac{1}{d_{i,j}} & i \neq j \\ 0 & i = j \end{cases} \tag{4-19}$$

式（4-19）中，d_{ij} 为将城市经纬度转换为笛卡尔坐标后计算得到的城市 i 与城市 j 之间的地理距离，根据空间相互作用理论中关于空间相互作用产生的第二个条件，地理距离越近，城市间的空间联系越密切，因此取地理距离的倒数为权重。特别地，当 $i=j$ 时，记 $W_{i,j}=0$，表示城市 i 不能将自身视为空间上的邻居。

另外，资源要素在区域内的流动方向和流动速度还与各城市间的地理相邻关系密切相关，因此本书还构建了地理相邻空间权重矩阵（W_2）以保证结果的稳健性，公式如下：

$$W_{i,j} = \begin{cases} 1 & i,j \text{ 相邻} \\ 0 & i,j \text{ 不相邻} \end{cases} \tag{4-20}$$

式（4-20）中，城市 i 与城市 j 相邻表示两城市拥有共同边界或共同顶点，即 W_{ij} 为 Queen 邻接矩阵。同样，当 $i=j$ 时，记 $W_{ij}=0$。此外，为进一步区别相邻城市的"相邻程度"，更准确地识别不同相邻城市在空间效应上的差别，在使用上述两种权重矩阵时均进行了行标准化。

（二）变量设计

（1）被解释变量为产业结构合理化指数（ISR）。产业结构合理化指标通常使用结构偏离度和泰尔指数进行测度（干春晖等，2011）。相比之下，结构偏离度无法体现产业的相对重要性，计算结果存在处于经济均衡状态的情况，这与现实中经济长期处于非均衡状态的状况不符，且绝对值的计算在使用时也存在一定不便。泰尔指数保留了结构偏离度以产出结构与就业结构耦合协调的理论依据，同时，通过加权项体现了产业的相对重要性，且避免了绝对值计算，适用性更强。因此本书使用泰尔指数对产业结构合理化进行测算，以就业比例衡量产业相对地位，计算公式如下：

$$ISR = \sum_{j=1}^{3}\left(\frac{L_j}{L}\right)\ln\left(\frac{Y_j}{Y}\bigg/\frac{L_j}{L}\right) \qquad (4-21)$$

式（4-21）中，ISR 表示该城市产业结构合理化程度；Y_j 为该城市产业 j 的产值；Y 为该城市的总产值；L_j 为该城市产业 j 的从业人数；L 为该城市的从业人数总数。由于泰尔指数为逆向指标，即指数越高意味着城市产业结构合理化水平越低，指数为 0 时表明城市产业结构达到最佳合理状态。为了方便后文分析，以取负值的方式对该指标进行正向化处理。

（2）核心解释变量包括高速铁路开通（HSR）和高速铁路网络节点地位（NS）。测度高速铁路因素的方法很多，包括以线路里程为基础的总量指标、按面积或人口计算的平均指标及虚拟变量等。本书将高速铁路开通视为一项外生冲击，采用空间双重差分识别其产生的经济效应，因此，选择以高速铁路开通年份为依据构建虚拟变量的方法测度高速铁路因素。该变量的赋值规则如下：若该城市在 t 年开通了高速铁路，则该年及以后年份该变量取值为 1，否则取值为 0。考虑到高速铁路在开通时间上的月份差异及对当年城市经济的影响，本书将实际开通时间在 6 月 30 日及之前的高速铁路认定为当年开通，实际开通时间在 7 月 1 日及之后的认定为下年开通。

为区分不同建设阶段城市高速铁路因素的差异，本书利用社会网络分析法构建了高速铁路网络模型，并通过计算各网络节点的相对中介中心度对城市网络地位进行测度。相对中介中心度越高表示节点城市处于高速铁路网络越完善的位置，对其他节点城市的联通控制能力也就越强。具体地，根据高速铁路线路信息，逐年构建以样本城市为节点的高速铁路网络连接矩阵（若两城市被同一条高速铁路相连则取 1，否则取 0），再计算各城市在历年高速铁路网络图中的相对中介中心度（具体计算公式参见表 3-2）。不同年份的高速铁路网络图体现了高速铁路建设的动态变化，各节点在不同网络图中的相对中介中心度则反映了城市在各个年份的网络节点地位。

（3）控制变量。参考多数文献的做法（黎绍凯等，2020；王群勇和王西贝，2021；马荣，2019），本书还对一系列城市层面可能影响城市产业结构的因素进行了控制，包括：经济规模（$pgdp$），城市经济规模在一定程度上可视为由产业结构决定的生产效率表现，以人均 GDP 的自然对数表示；社会消费水平（$trscg$），社会消费水平所体现的消费需求结构可能会通过反馈效应影响城市产业结构，以社会消费品零售总额占 GDP 比重表示；外商投资规模（fdi），外商投资往往根据区域异质性表现出明显的产业选择倾向，影响城市产业结构演化，以当年实际使用外资占 GDP 比重表示；公路旅客运输（pax）与公路货物运输（gds），高速铁路与公路之间可能存在挤出效应，共同影响城市产业结构，分别以人均公路客运量的自然对数和人均公路货运量的自然对数表示。

（4）路径变量。为验证前述关于高速铁路影响城市产业结构合理化的演进动力，本章设计了表征传导路径的变量，包括：人力资本（emp），以从业人数总数的自然对数表示；物质资本（inv），以全社会固定资产投资总额占 GDP 比重表示；技术创新（$inno$），以北京大学国家发展研究院计算的朗润—龙信中国区域创新创业指数表示；政府支持（gov），以地方政府财政支出占 GDP 比重表示；市场化（mkt），前文强调市场对资源配置的影响，尤其是投资的影响，因此参考刘元春和朱戎（2003）以投资的市场化指数表示市场化水平，具体地，以非国有固定资产投资占总固定资产投资比重表示，没有公布按登记注册类型划分的固定资产投资的城市以所属省份数据代替。

（三）数据来源与描述性统计

本章使用中国城市层面宏观经济数据检验高速铁路对城市产业结构合理化的影响及空间效应，并根据中国高速铁路的发展历程，设置研究时间窗口为2004~2019 年。本章所使用的城市宏观经济数据主要来源于《中国城市统计年鉴》，并以 2004 年为基期进行平减。部分缺失数据由《中国统计年鉴》、各省份各城市统计年鉴及各城市国民经济和社会发展统计公报补充。高速铁路线路数据来源于中国高铁航线数据库（Chinese High-speed Rail and Airline Database，CRAD）。创新创业指数来源于北京大学企业大数据研究中心。在剔除了数据缺失严重的城市样本后，本章最终得到 285 个城市 16 个年度的面板数据，处理后的样本观测数量为 4560 个，变量的描述性统计结果如表 4-3 所示。

表4-3　变量的描述性统计结果

变量符号	变量含义	样本量	平均值	标准差	最小值	中位数	最大值
ISR	产业结构合理化指数	4560	2.6273	0.9376	0.2973	2.6048	7.2753
HSR	高速铁路开通	4560	0.2965	0.4568	0.0000	0.0000	1.0000
NS	高速铁路网络节点地位	4560	0.1314	0.7993	0.0000	0.0000	14.8340
pgdp	经济规模	4560	9.9476	0.7794	7.6542	9.9045	12.7493
trscg	社会消费水平	4560	0.1872	0.0761	0.0196	0.1723	0.5960
fdi	外商投资规模	4560	0.0026	0.0029	0.0000	0.0017	0.0220
pax	公路旅客运输	4560	2.5617	0.8023	-0.5791	2.5283	8.1431
gds	公路货物运输	4560	2.8535	0.8372	-1.5318	2.8729	7.9995
emp	人力资本	4560	3.5060	0.8193	1.3987	3.4348	6.7085
inv	物质资本	4560	0.2564	0.1244	0.0520	0.2291	1.0836
inno	技术创新	4275	52.3459	28.0578	1.0239	52.9010	100.0000
gov	政府支持	4560	0.1156	0.0943	0.0092	0.0959	2.2234
mkt	市场化	4560	0.7235	0.1106	0.1564	0.7381	0.9050

资料来源：笔者整理。

二、城市产业结构合理化的空间相关性及特征分析

由于本章的样本数据为面板格式，需要首先使用面板莫兰检验验证各城市产业结构合理化的空间相关性。经检验，逆地理距离权重矩阵下，285个城市产业结构合理化指数的面板莫兰指数为0.211，检验统计量为120.027（p=0.000），表明存在显著的正向空间相关关系。进一步地，为描述城市整体产业结构合理化空间关联的动态趋势，本部分使用截面数据逐年计算全局莫兰指数（Global Moran's I）。全局莫兰指数的计算公式如下：

$$I = \frac{\sum_{i=1}^{n}\sum_{j=1}^{n}W_{i,j}\left(x_i - \bar{x}\right)\left(x_j - \bar{x}\right)}{S^2 \sum_{i=1}^{n}\sum_{j=1}^{n}W_{i,j}} \tag{4-22}$$

式（4-22）中，$W_{i,j}$为空间权重矩阵i行j列的元素，x_i（x_j）表示城市i（j）

的产业结构合理化指数，S^2 为样本方差，由于本章对权重矩阵进行了行标准化处理，因此全局莫兰指数的计算公式可写为：

$$I = \frac{\sum_{i=1}^{n}\sum_{j=1}^{n}W_{i,j}(x_i - \bar{x})(x_j - \bar{x})}{\sum_{i=1}^{n}\sum_{j=1}^{n}(x_i - \bar{x})^2} \tag{4-23}$$

当全局莫兰指数为（0,1］时，表明城市产业结构合理化水平存在显著的空间正相关，即产业结构合理化水平高的城市彼此相邻、产业结构合理化水平低的城市彼此相邻。当全局莫兰指数为［-1,0）时，表明城市产业结构合理化水平存在显著的空间负相关，即产业结构合理化水平高的城市与产业结构合理化水平低的城市彼此相邻。当全局莫兰指数为 0 时，表明城市产业结构合理化水平不存在空间相关性。表 4-4 列示了逆地理距离权重矩阵下中国 285 个城市 2004~2019 年的全局莫兰指数。

表 4-4　2004~2019 年 285 个城市产业结构合理化全局莫兰指数

年份	Moran's I	z	年份	Moran's I	z
2004	0.083	16.892	2012	0.078	15.984
2005	0.082	16.779	2013	0.072	14.787
2006	0.082	16.780	2014	0.077	15.861
2007	0.080	16.405	2015	0.082	16.731
2008	0.073	14.968	2016	0.076	15.656
2009	0.074	15.239	2017	0.069	14.139
2010	0.079	16.198	2018	0.065	13.400
2011	0.082	16.728	2019	0.051	10.700

资料来源：笔者整理。

2004~2019 年城市产业结构合理化全局莫兰指数呈现出先降后增再由增到降的倒"N"形趋势，城市产业结构合理化的空间正相关关系表现出一定波动。但整体上莫兰指数基本保持在 0.07~0.08，中国城市产业结构合理化水平在长期内均表现出显著的正向空间相关性。

图 4-2 绘制了 2004 年、2009 年、2014 年和 2019 年 285 个城市产业结构合

理化的莫兰散点图，通过对比可以发现：2004~2009 年，处于第一、第三象限的城市数量减少，第二象限城市数量增多，城市产业结构合理化空间布局由高高集聚和低低集聚向高低集聚转化，说明区域内增长极增多，极化效应开始显现。2009~2014 年，莫兰散点图呈放射扩散趋势，说明城市间产业结构合理化差距逐渐扩大。2014~2019 年，莫兰散点图进一步向右上方和左下方拉伸，表明区域内形成了以增长极为核心的稳定中心—外围结构，发展较好的增长极通过辐射效应与联系密切的城市形成高高集聚，发展较差的增长极由于自身不良的发展和极化效应的影响，与周边城市形成低低集聚。整体上看，2004~2019 年低低集聚和低高集聚城市数量有所减少，高低集聚和高高集聚城市数量有所增加，增长极的产业带动作用明显。

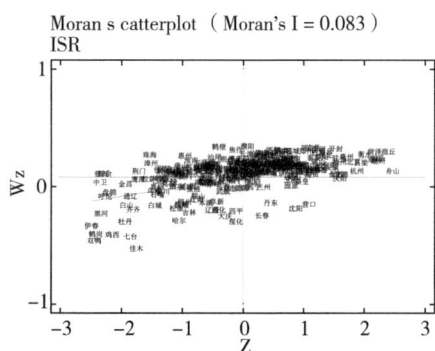

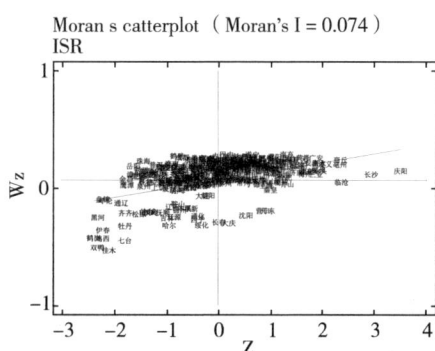

（a）2004 年 285 个城市产业结构合理化的莫兰散点图　（b）2009 年 285 个城市产业结构合理化的莫兰散点图

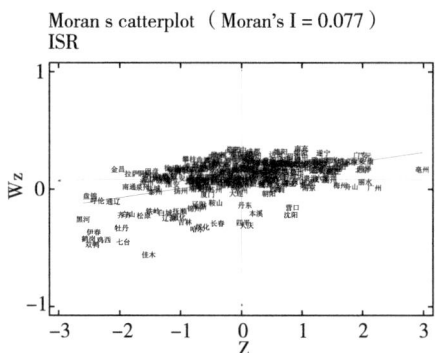

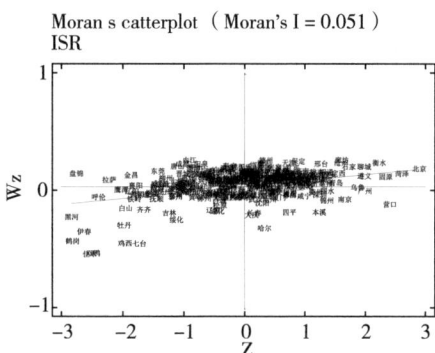

（c）2014 年 285 个城市产业结构合理化的莫兰散点图　（d）2019 年 285 个城市产业结构合理化的莫兰散点图

图 4-2　城市产业结构合理化莫兰散点图

资料来源：笔者整理。

三、静态空间效应分析

（一）模型选择

本章通过 LM 检验、稳健的 LM 检验、Wald 检验及 LR 检验对样本是否存在空间效应，以及存在哪种类型的空间效应进行了验证，四项检验的结果如表 4-5 所示。

表 4-5　模型选择检验结果

	LM 检验	稳健的 LM 检验	Wald 检验	LR 检验
spatial-lag	3619.764	380.202	68.610	69.050
p-value	0.000	0.000	0.000	0.000
spatial-error	4270.073	1030.510	70.780	72.260
p-value	0.000	0.000	0.000	0.000

资料来源：笔者整理。

综合四种检验结果，选择 SDM-DID 模型，即式（4-14）。继续使用 Hausman 检验确定具体的效应模型，根据 Hausman 检验结果 37.62（p=0.000），选择固定效应模型。进一步比较时间固定效应模型、个体固定效应模型和时间个体双固定效应模型的估计结果后[①]，本书最终选择时间个体双固定效应模型。

（二）平行趋势检验

使用空间双重差分模型检验高速铁路对城市产业结构合理化的空间溢出效应隐含着一个重要前提，即如果没有高速铁路开通的影响，站点城市与非站点城市产业结构合理化指数的变化应当具有相同的时间趋势。考虑到各城市高速铁路开通时间不一致，本书借鉴 Lin（2017）的做法，采用事件研究法的思路，即通过考察处理期前后各期的处理效应对比处理前后的差异，验证平行趋势假设。将式（4-14）中高速铁路变量及其空间滞后项替换为反映高速铁路开通前后各期处理效应的变量可得到：

---

①　LR检验结果表明时间个体双固定效应模型分别优于时间固定效应模型和个体固定效应模型，对应的统计量分别为 6729.53（p=0.000）和 43.38（p=0.000）。

· 94 ·

$$ISR_t = \delta WISR_t + \sum_{\tau=1}^{15} \varphi_{-\tau} D_t^{t-\tau} + \varphi_0 D_t^0 + \sum_{\tau=1}^{15} \varphi_{+\tau} D_t^{t+\tau} +$$

$$\sum_{\tau=1}^{15} \psi_{-\tau} WD_t^{t-\tau} + \psi_0 WD_t^0 + \sum_{\tau=1}^{15} \psi_{+\tau} WD_t^{t+\tau} + \varepsilon_t$$

$$\varepsilon_t = \mu + \xi_t + \varepsilon_t$$

（4-24）

式（4-24）中，$D_t^{t-\tau}$ 是由表示高速铁路开通前第 τ 年的虚拟变量构成的向量；$D_t^{t+\tau}$ 是由表示高速铁路开通后第 τ 年的虚拟变量构成的向量；D_t^0 是由表示高速铁路开通当年的虚拟变量构成的向量；$\varphi_{-\tau}$ 表示各城市高速铁路在开通前 τ 期对产业结构合理化的直接影响；$\varphi_{+\tau}$ 表示各城市高速铁路在开通后 τ 期对产业结构合理化的直接影响；φ_0 表示各城市高速铁路在开通当期对产业结构合理化的直接影响；$\psi_{-\tau}$ 表示各城市高速铁路在开通前 τ 期对产业结构合理化的间接影响；$\psi_{+\tau}$ 表示各城市高速铁路在开通后 τ 期对产业结构合理化的间接影响；ψ_0 表示各城市高速铁路在开通当期对产业结构合理化的间接影响；其余变量含义同前文所述。按照本书对高速铁路开通时间的识别规则，中国第一条高速铁路于 2004 年开通，因此处理期数的上限为 15。由于系数向量 $\varphi_{-\tau}$、$\varphi_{+\tau}$、φ_0 和 $\psi_{-\tau}$、$\psi_{+\tau}$、ψ_0 捕捉了各城市高速铁路对产业结构合理化水平直接影响和间接影响的动态变化，因此其符号及显著性可以用来检验平行趋势假设（Li et al., 2021）。

本研究计算了逆地理距离权重矩阵下高速铁路开通前后各 15 期 D_t 的直接影响（φ）和间接影响（ψ）及其 95% 置信区间，并分别绘制在图 4-3（a）和图 4-3（b）中，由于是以高速铁路开通前一期为基期，因此图中缺少 $t = -1$ 期。从图中可以看出，在本地高速铁路开通的前 15 期，站点城市与非站点城市产业结构合理化水平均未表现出显著差异，见图 4-3（a）；有相邻城市高速铁路开通的前 15 期，站点城市与非站点城市产业结构合理化水平也均未表现出显著差异，见图 4-3（b），因此可以接受高速铁路开通前站点城市与非站点城市产业结构合理化水平变化具有相同时间趋势的假设，即平行趋势假设成立，可以将高速铁路作为一项准自然实验来研究其对城市产业结构合理化的影响及空间效应。此外，从图中还可以看出，相邻城市的高速铁路会在其开通后的几个时期降低周边城市的产业结构合理化水平，这种负的空间溢出效应在高速铁路开通后的三年内逐渐增强，第四年后波动直至消失。根据图 4-3 可以初步判断，对于区域整体而言，高速铁路对产业结构合理化产生了消极的空间效应。

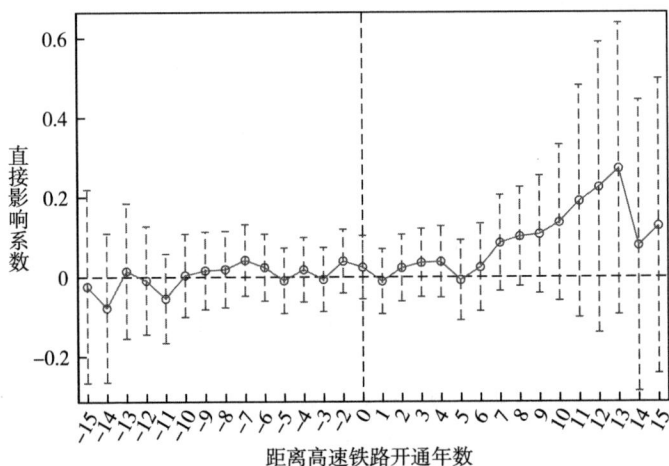

（a）

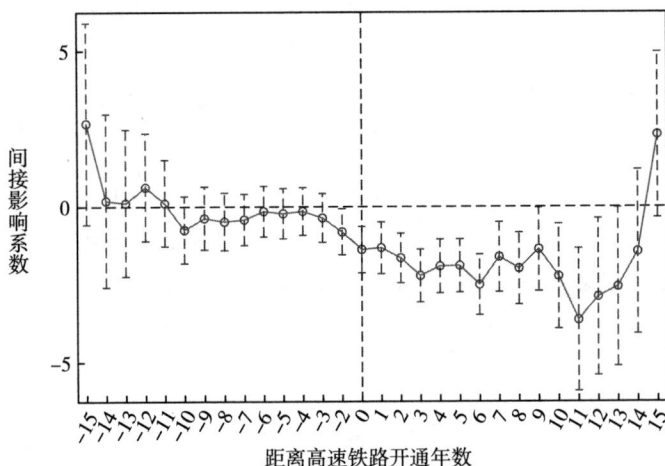

（b）

图 4-3　平行趋势检验结果

资料来源：笔者整理。

（三）基准回归结果

由于 SDM 模型中存在被解释变量的空间滞后项，使用 OLS 回归会造成有偏估计，因此采用 MLE 方法对式（4-14）进行估计。为了保证估计结果的稳健性，分别使用逆地理距离权重矩阵（W_1）和地理相邻权重矩阵（W_2）进行了估计，同时还报告了使用 SAR 模型和 SEM 模型的估计结果。

（1）高速铁路开通。表 4-6 汇报了以高速铁路开通（*HSR*）为核心解释变量的基准回归结果。可以看出，对于两种权重矩阵，*HSR* 的空间滞后项均在 1% 的统计水平上显著为负，SDM 模型和 SAR 模型被解释变量 *ISR* 的空间滞后项均在 1% 的统计水平上显著为正，SEM 模型被解释变量 *ISR* 的空间误差项在 1% 统计水平上显著为正，这些结果表明基准模型中的空间相关性来源于被解释变量、解释变量及误差项，SDM 模型不能退化为 SAR 模型或 SEM 模型。从第（1）列和第（4）列的结果来看，无论是哪种矩阵 *HSR* 的估计系数均不显著，但其空间滞后项估计系数在 1% 的统计水平上显著为负，表明高速铁路的开通降低了周边城市的产业结构合理化水平。

表 4-6　高速铁路开通基准回归结果

	模型（1）	模型（2）	模型（3）	模型（4）	模型（5）	模型（6）
	SDM（W_1）	SAR（W_1）	SEM（W_1）	SDM（W_2）	SAR（W_2）	SEM（W_2）
HSR	−0.0101 （0.0213）	−0.0589*** （0.0200）	−0.0512** （0.0205）	−0.0283 （0.0217）	−0.0623*** （0.0199）	−0.0570*** （0.0207）
pgdp	−0.2956** （0.1154）	−0.1465 （0.1045）	−0.1874* （0.1087）	−0.2473** （0.1129）	−0.1595 （0.1044）	−0.2097* （0.1095）
trscg	−0.4065 （0.3840）	−0.1078 （0.3803）	−0.1918 （0.3839）	−0.4676 （0.3819）	−0.1165 （0.3796）	−0.2506 （0.3851）
fdi	7.5460** （3.6746）	8.5137*** （3.2694）	8.6194** （3.4076）	16.0435*** （3.7992）	9.7751*** （3.2614）	11.6714*** （3.4525）
pax	0.0019 （0.0136）	0.0064 （0.0130）	0.0063 （0.0132）	0.0228* （0.0138）	0.0101 （0.0129）	0.0153 （0.0134）
gds	0.0543*** （0.0144）	0.0543*** （0.0140）	0.0540*** （0.0142）	0.0510*** （0.0144）	0.0524*** （0.0140）	0.0500*** （0.0142）
$W \times HSR$	−1.0168*** （0.2087）	—	—	−0.1315*** （0.0370）	—	—
$W \times pgdp$	2.2913** （0.9791）	—	—	0.5869*** （0.1312）	—	—
$W \times trscg$	14.9754*** （5.0010）	—	—	3.5359*** （0.6648）	—	—
$W \times fdi$	−44.8473* （27.0856）	—	—	−20.8715*** （5.8848）	—	—
$W \times pax$	−0.1933 （0.1587）	—	—	−0.0827*** （0.0232）	—	—

续表

	模型（1）SDM（W₁）	模型（2）SAR（W₁）	模型（3）SEM（W₁）	模型（4）SDM（W₂）	模型（5）SAR（W₂）	模型（6）SEM（W₂）
$W \times gds$	0.5541*** (0.1480)	—	—	0.0806*** (0.0262)	—	—
δ	0.5007*** (0.0933)	0.6563*** (0.0712)		0.1577*** (0.0206)	0.1679*** (0.0205)	
λ	—	—	0.6530*** (0.0724)	—	—	0.1738*** (0.0208)
City FE	是	是	是	是	是	是
Year FE	是	是	是	是	是	是
Log-L	−1918.3641	−1952.8902	−1954.4928	−1909.6970	−1945.8142	−1945.4370
N	4560	4560	4560	4560	4560	4560

注：***、**、*分别表示检验统计量在1%、5%和10%统计水平上显著；系数下方圆括号内汇报标准误。下同。

资料来源：笔者整理。

如前所述，由于反馈效应的存在，HSR及其空间滞后项的系数不能准确反映其对城市产业结构合理化的边际效应，因此根据表4-6第（1）列和第（4）列的结果分解直接效应和间接效应，进一步分析高速铁路开通对城市产业结构合理化的影响，效应分解结果如表4-7所示。

表4-7　效应分解结果

		HSR	pgdp	trsce	fdi	pax	gds
直接效应	W₁	−0.0151 (0.0216)	−0.2878*** (0.1101)	−0.2800 (0.3639)	7.2715** (3.5156)	0.0010 (0.0131)	0.0584*** (0.0145)
	W₂	−0.0322 (0.0219)	−0.2330** (0.1079)	−0.3083 (0.3627)	15.3707*** (3.5999)	0.0203 (0.0132)	0.0549*** (0.0144)
间接效应	W₁	−2.0739*** (0.5346)	4.3511** (2.1409)	30.9030*** (11.7491)	−83.8996 (57.5923)	−0.3970 (0.3230)	1.2058*** (0.3937)
	W₂	−0.1538*** (0.0411)	0.6139*** (0.1407)	3.9335*** (0.7288)	−20.4453*** (6.3413)	−0.0899*** (0.0250)	0.1018*** (0.0306)

		HSR	pgdp	trsce	fdi	pax	gds
总效应	W₁	−2.0890*** （0.5325）	4.0632* （2.1248）	30.6230*** （11.7463）	−76.6281 （56.5336）	−0.3961 （0.3224）	1.2642*** （0.3952）
	W₂	−0.1860*** （0.0421）	0.3809** （0.1596）	3.6252*** （0.8141）	−5.0746 （5.8994）	−0.0696*** （0.0264）	0.1567*** （0.0341）

资料来源：笔者整理。

表4-7的结果显示两种权重矩阵下分解效应的系数方向和显著性水平非常相似，表明基准回归的结果是稳健的。这里对逆地理距离权重矩阵下的结果进行探讨，HSR 的直接效应系数为 −0.0151，但没有通过显著性检验，说明从整个时间区间来看，高速铁路的开通并没有对本地产业结构合理化产生显著的消极影响，与 H1a 的预期并不一致，表明高速铁路开通对站点城市产业结构合理化的影响可能也是一个经验命题，还与其他因素有关，后续异质性分析将对此作进一步的讨论。HSR 的间接效应系数为 −2.0739，并且在 1% 的统计水平上显著，该结果与 H1b 的预期是一致的，表明高速铁路存在负向空间溢出效应，其经济含义是一个城市开通高速铁路，会导致空间内其他城市产业结构合理化水平平均降低 0.28%（2.0739/284/2.6273）。正如前文理论分析的那样，高速铁路增强了站点城市的吸引力，在虹吸效应的作用下邻近城市的生产资源逐渐流向高速铁路站点城市，邻近城市出现产业衰退，产业结构合理化水平降低。HSR 的总效应系数为 −2.0890，在 1% 的统计水平上显著，表示一个城市开通高速铁路会使区域整体产业结构合理化指数降低 2.0890，即 285 个样本城市平均每个城市产业结构合理化指数降低约 0.0073，相当于样本均值的 0.28%（0.0073/2.6273）。

控制变量的效应分解结果显示，人均 GDP 的提升降低了本地产业结构合理化水平，这可能是因为中国经济在过去几十年一直处于快速增长状态，大多数产业仍处于追求规模经济的发展阶段，人均 GDP 的增加意味着产业规模经济效应的提高，即生产要素投入的增加会带来更高的产出回报，从而导致投入结构与产出结构耦合性降低。人均 GDP 间接效应显著为正表明其产生了正向辐射效应。此外，外商投资比重提高对本地产业结构合理化具有显著的积极作用，对相邻城市产业结构合理化具有显著的消极作用（W₂）。其原因在于外商在中国的投资主要集中于劳动密集和资本密集的制造业，一方面外资带来的先进技术提高了制造业生产效率，另一方面对劳动力的巨大需求优化了第一、第二产业的就业结构，从而推动了城市产业结构合理化。同时，由于规模经济使得本地劳动力报酬高于周边地区，吸引了大量相邻地区劳动力的流入，其中拥有相关工作经验的制造业劳动力被优先吸收，导致相邻城市就业结构与产出结构失衡，城市产业结构合理化水平下降，公路客运量表现出的负向空间溢出效应（W_2）也在一定程度上证实了这一点。公路货运量增加对本地产业结构合理化水平具有显著的提升作用，同时通过正向空间溢出效应推动相邻城市产业结构合理化。

（2）网络地位。前文分析高速铁路开通对城市产业结构合理化的影响及空间效应时，将所有站点城市视为同质，无论该城市位于一条还是多条线路上均做同样处理。但实际上，随着高速铁路网络的完善，站点城市可能会因途经的线路多少演化为不同等级的交通枢纽，这意味着对开通高速铁路的城市"一视同仁"会忽略因高速铁路异质性产生的影响。为进一步探究高速铁路的异质性，本部分以高速铁路网络节点地位变量（NS）代替高速铁路开通变量（HSR），重新进行回归，结果如表4-8所示。

表4-8　高速铁路网络节点地位基准回归结果

	模型（1）	模型（2）	模型（3）	模型（4）	模型（5）	模型（6）
	SDM（W_1）	SAR（W_1）	SEM（W_1）	SDM（W_2）	SAR（W_2）	SEM（W_2）
NS	0.0297*** (0.0090)	0.0331*** (0.0089)	0.0332*** (0.0089)	0.0298*** (0.0089)	0.0322*** (0.0089)	0.0334*** (0.0088)
$pgdp$	−0.2572** (0.1166)	−0.0515 (0.1051)	−0.1037 (0.1097)	−0.1468 (0.1142)	−0.0637 (0.1051)	−0.1252 (0.1104)
$trscg$	−0.0834 (0.3898)	0.2100 (0.3841)	0.1142 (0.3884)	−0.2034 (0.3865)	0.2015 (0.3836)	0.0668 (0.3893)
fdi	8.4300** (3.6786)	9.1289*** (3.2627)	9.1888*** (3.4070)	17.1966*** (3.8012)	10.4358*** (3.2561)	12.3710*** (3.4525)
pax	−0.0011 (0.0136)	0.0054 (0.0130)	0.0049 (0.0132)	0.0215 (0.0138)	0.0092 (0.0129)	0.0145 (0.0134)
gds	0.0568*** (0.0144)	0.0564*** (0.0140)	0.0560*** (0.0142)	0.0524*** (0.0144)	0.0545*** (0.0140)	0.0519*** (0.0142)

续表

	模型（1）	模型（2）	模型（3）	模型（4）	模型（5）	模型（6）
	SDM（W_1）	SAR（W_1）	SEM（W_1）	SDM（W_2）	SAR（W_2）	SEM（W_2）
$W \times NS$	−0.2782[*] （0.1531）	—	—	−0.0348[*] （0.0182）	—	—
$W \times pgdp$	3.7818[***] （0.9399）	—	—	0.5512[***] （0.1327）	—	—
$W \times trscg$	18.4951[***] （4.9241）	—	—	3.6909[***] （0.6746）	—	—
$W \times fdi$	−32.1941 （27.7299）	—	—	−19.9121[***] （5.8757）	—	—
$W \times pax$	−0.1351 （0.1597）	—	—	−0.0763[***] （0.0233）	—	—
$W \times gds$	0.4580[***] （0.1520）	—	—	0.0714[***] （0.0263）	—	—
δ	0.5974[***] （0.0801）	0.6752[***] （0.0683）	—	0.1680[***] （0.0205）	0.1705[***] （0.0204）	—
λ	—	—	0.6747[***] （0.0685）	—	—	0.1810[***] （0.0207）
City FE	是	是	是	是	是	是
Year FE	是	是	是	是	是	是
Log−L	−1924.6295	−1950.3439	−1950.5836	−1912.3718	−1944.1211	−1942.0109
N	4560	4560	4560	4560	4560	4560

资料来源：笔者整理。

　　对于两种权重矩阵，*NS* 的空间滞后项均在 10% 的统计水平上显著为负，SDM 模型和 SAR 模型被解释变量 *ISR* 的空间滞后项均在 1% 的统计水平上显著为正，SEM 模型中的空间误差项均在 1% 的统计水平上显著为正，这些结果表明基准模型中的空间相关性来源于被解释变量、解释变量及误差项，SDM 模型不能退化为 SAR 模型或 SEM 模型。SDM 模型的回归结果显示，两种权重矩阵下 *NS* 的估计系数均在 1% 的统计水平上显著为正，其空间滞后项的估计系数在 10% 的统计水平上显著为负，证明城市在高速铁路网络中的节点地位越高，高速铁路开通对本地产业结构合理化的积极影响越大，同时对相邻城市产业结构合理化的消极影响也越大。为了更准确地分析 NS 及其空间滞后项的边际效应，同样对其进行效应分解，分解结果如表 4-9 所示。

表 4-9　效应分解结果

		NS	pgdp	trsce	fdi	pax	gds
直接效应	W_1	0.0280*** (0.0096)	−0.2327** (0.1111)	0.1075 (0.3683)	8.1777** (3.4980)	−0.0021 (0.0131)	0.0616*** (0.0145)
	W_2	0.0290*** (0.0093)	−0.1315 (0.1090)	−0.0273 (0.3671)	16.5326*** (3.5940)	0.0190 (0.0132)	0.0562*** (0.0144)
间接效应	W_1	−0.6610 (0.4504)	9.1481*** (2.8566)	47.7012*** (15.6111)	−69.2888 (72.5560)	−0.3506 (0.4047)	1.2756*** (0.4939)
	W_2	−0.0340 (0.0221)	0.5952*** (0.1460)	4.1962*** (0.7495)	−19.1751*** (6.3872)	−0.0835*** (0.0253)	0.0934*** (0.0310)
总效应	W_1	−0.6331 (0.4538)	8.9154*** (2.8487)	47.8087*** (15.6164)	−61.1110 (71.6268)	−0.3526 (0.4046)	1.3372*** (0.4958)
	W_2	−0.0049 (0.0264)	0.4637*** (0.1675)	4.1688*** (0.8367)	−2.6425 (5.9722)	−0.0645** (0.0267)	0.1496*** (0.0346)

资料来源：笔者整理。

逆地理距离权重矩阵下，NS 的直接效应系数为 0.0280，在 1% 的统计水平上显著，即城市在高速铁路网络中的相对中介中心度每提高 1%，本地产业结构合理化指数将提高 0.0280，相当于样本均值的 1.07%（0.0280/2.6273），该结果支持了前文提出的 H3。NS 的间接效应系数为 −0.6610，但未通过显著性检验，如前所述，NS 通过两条渠道产生间接效应：第一，NS 通过自身空间溢出作用对相邻地区 ISR 产生影响；第二，NS 先对本地 ISR 产生影响，再通过本地 ISR 对相邻地区 ISR 的空间溢出作用产生间接影响，即反馈效应。结合表 4-8 中 ISR 空间滞后项、NS 空间滞后项的系数及其显著性可知，NS 通过自身的空间溢出作用降低了相邻城市 ISR，但同时 NS 对本地 ISR 的促进作用又通过 ISR 的正向辐射效应传导至相邻城市，两种渠道的影响相互抵消，最终导致 NS 的间接效应不显著。上述结果验证了前文对网络式区域空间结构各节点等级城市产业结构合理化实现方式的论述，即核心交点城市通过极化效应实现产业结构合理化，其他城市通过辐射效应实现产业结构合理化。NS 的总效应系数

为 –0.6331，但未通过显著性检验，说明当某一个城市的 *NS* 提升时并不会对区域整体 *ISR* 产生显著影响。控制变量的效应分解结果与表 4–7 基本一致，不再赘述。

（四）稳健性检验

多数关于高速铁路与经济发展关系的研究文献通常采用两种策略检验双重差分模型的稳健性。第一种策略是剔除副省级城市、直辖市等行政等级较高的城市，以克服样本选择偏差（邓慧慧等，2020）。第二种策略是人为地构造一个伪政策时间，进行安慰剂检验，以此消除可能存在的其他外部冲击或随机性因素的影响（罗能生等，2020）。然而对于本章研究内容而言，这两种策略均存在一定的缺陷。首先，本章重点在于分析高速铁路对城市产业结构的影响及空间效应，省会城市、副省级城市和直辖市往往是区域经济中心，对周边城市具有很强的带动和辐射作用，因此第一种策略会导致本章构建的空间双重差分模型难以捕捉这些影响，从而误判高速铁路影响城市产业结构合理化的空间效应。第二种策略人为设置伪高速铁路开通时间的做法主观性较强，其检验结果的可靠性很难得到保障，因此也不适合作为前述基准回归模型的稳健性测试手段。

为了避免上述问题，本章采取了以下三种策略对基准回归结果进行稳健性检验。首先，采用倾向得分匹配模型（Propensity Score Matching，PSM）与空间双重差分模型（Spatial Difference-in-Differences Model，SDID）结合成倾向得分匹配—空间双重差分模型（PSM–SDID），为高速铁路站点城市（处理组）筛选更合适的非站点城市（控制组），缓解样本自选择引起的偏差问题。其次，随机抽取样本期作为高速铁路开通时间构造伪 *HSR* 变量进行安慰剂检验。本书在随机抽取伪高速铁路开通时间时首先对城市进行随机分组，然后再在每个组内随机抽取一个年份作为该组城市高速铁路的开通时间，这样的做法更符合高速铁路开通一般是在某几个相邻城市同时发生的实际情况。最后，更换了估计方法，使用 Lee 和 Yu（2010）提出的基于正交转换的拟极大似然方法（Quasi-Maximum Likelihood Estimation，QMLE）重新进行了估计。

（1）使用 PSM–SDID 模型。本章使用 PSM–SDID 模型的具体步骤如下：第一步，选择合适的匹配特征变量。根据可能影响高速铁路开通的因素，本书从基准回归的控制变量中选择了反映城市经济发展的人均 GDP 指标和社会消费品零售总额占 GDP 比重指标，以及反映城市公路交通运输状况的公路人均客运、货运量，共四个特征变量。第二步，将面板数据拆分为截面数据，采用二次核匹配方法，结合高速铁路开通变量和前述匹配特征变量，逐年估计各城市的倾向得分。第三步，根据倾向得分和带宽设置（0.06）在同一截面中匹配控制组和对照组样本。第四步，将剔除了未被匹配样本的截面数据合并为面板形式，并进一步处理为平衡面板。第五步，使用匹配后的数据和逆地理距离权重矩阵（W_1）重新对式（4-14）进行 MLE 估计。

表 4-10 汇报了匹配后的处理组与控制组匹配特征变量的平衡检验结果，发现匹配后每个样本期处理组与控制组的匹配特征变量差异均不显著，表明匹配后样本的自选择偏差得到有效缓解。表 4-11 汇报了基于 SDM 模型的 PSM-SDID 模型的回归结果与分解效应。X 表示对应变量的回归系数，WX 表示对应变量空间滞后项的回归系数，WY 表示被解释变量空间滞后项的回归系数。结果显示 HSR 的间接效应和总效应分别在 1% 的统计水平上显著为负，表明城市开通高速铁路会降低周边城市的产业结构合理化水平，并且对区域整体产生显著的消极影响，这与基准回归得到的结论一致。

表 4-10　匹配特征变量平衡检验结果

	2004 年	2005 年	2006 年	2007 年	2008 年	2009 年	2010 年	2011 年
pgdp	0.75	1.33	1.32	1.11	1.24	0.28	0.09	−0.25
trsce	−0.11	−0.40	−0.37	−0.36	−0.12	0.15	0.36	0.54
pax	−0.43	0.08	−0.03	−0.12	0.62	−0.08	−0.47	0.48
gds	−0.07	1.25	1.14	0.87	1.24	0.02	−0.47	−0.30
	2012 年	2013 年	2014 年	2015 年	2016 年	2017 年	2018 年	2019 年
pgdp	0.01	−0.15	−0.88	0.26	0.37	0.23	0.30	0.67
trsce	0.72	0.99	1.03	−0.06	−0.72	−0.32	−0.47	−0.76
pax	−0.31	−0.75	1.16	0.14	0.37	0.30	0.37	0.42
gds	−0.37	−0.05	−1.42	−1.10	−0.81	−1.18	−0.81	−0.40

注：表格中数字为 t 值。
资料来源：笔者整理。

表 4-11　PSM-SDID 回归结果

	HSR	pgdp	trsce	fdi	pax	gds	ISR
X	0.0055 （0.0210）	−0.0925 （0.1209）	−0.5666 （0.3926）	8.3074** （3.6422）	−0.0253* （0.0147）	0.0561*** （0.0143）	—
WX/WY	−1.1231*** （0.2047）	0.6313 （1.0928）	14.6523*** （4.8806）	−46.4034* （27.2350）	−0.1469 （0.1831）	0.6106*** （0.1623）	0.5632*** （0.0867）
直接效应	−0.0020 （0.0213）	−0.0930 （0.1149）	−0.4166 （0.3718）	7.9643** （3.4658）	−0.0263* （0.0142）	0.0616*** （0.0145）	—
间接效应	−2.6073*** （0.6585）	1.3233 （2.5847）	34.4240** （13.4298）	−97.3781 （67.2580）	−0.3731 （0.4231）	1.5189*** （0.4948）	—
总效应	−2.6093*** （0.6578）	1.2302 （2.5688）	34.0074** （13.4327）	−89.4138 （66.2242）	−0.3994 （0.4236）	1.5806*** （0.4973）	—
City FE	Year FE	Log-L	N				
是	是	−1691.4686	4336	—			

资料来源：笔者整理。

（2）安慰剂检验。本章使用安慰剂检验的具体步骤如下：第一步，根据 2019 年 285 个城市中开通高速铁路的实际城市数量，确定每次随机抽取的处理组样本数量。第二步，根据确定好的处理组样本数量随机抽取城市组成处理组。第三步，对每个处理组城市均随机抽取一个样本期（2004~2019 年，共 16 个样本期）作为其高速铁路开通时间，同时生成伪高速铁路开通变量（FHSR）。第四步，使用新样本和逆地理距离权重矩阵重新估计式（4-14）。第五步，上述过程重复 200 次，得到 200 个 FHSR 的间接效应系数，并绘出这 200 个系数的频数分布图。考虑到基准回归中 HSR 只有间接效应和总效应显著，且总效应是直接效应和间接效应的简单加总，因此图 4-4 只绘制了 HSR 对 ISR 的间接效应的安慰剂检验结果。

图 4-4 中垂直短虚线为系数等于 0 时的参考线，水平短虚线为 p 值等于 0.1 时的参考线，垂直实线为 HSR 直接效应系数的真实值。单变量 t 检验的结果显示，200 个 FHSR 的间接效应系数均值为 0.1874，标准差为 2.0287，t 值为 1.3067（p=0.1928），无法拒绝 FHSR 间接效应系数均值为 0 的原假设，而且从图 4-4 中可以看出，HSR 的真实间接效应（−2.0739）位于核密度曲线的左侧，表明基准回归结果并非由遗漏变量导致的"偶然发现"，验证了基准回归结果的稳健性。

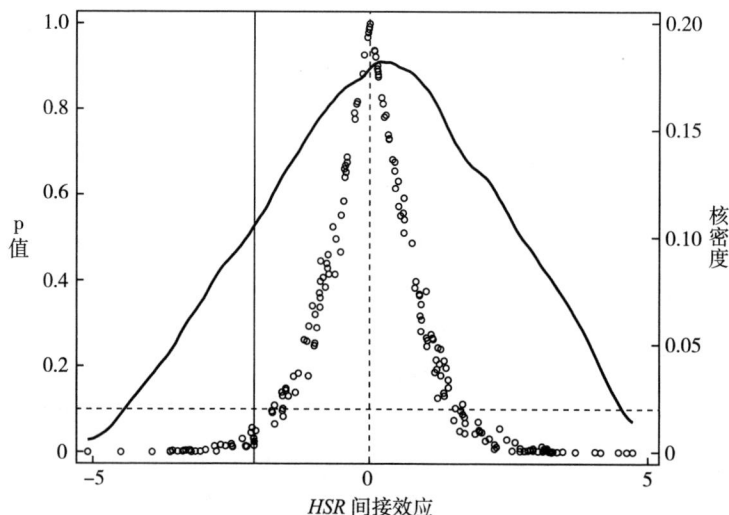

图 4-4　安慰剂检验结果

资料来源：笔者整理。

（3）更换估计方法。Lee 和 Yu（2010）指出，对于具有时间固定效应和个体固定效应的空间面板模型而言，除非空间单元数量足够多，否则使用 MLE 估计可能是不一致的。即便是个体数量和时间跨度都比较大，估计参数的分布也可能不会完全集中。对此，Lee 和 Yu（2010）提出了基于正交转换的 QMLE 估计，该方法可以消除固定效应，并对所有参数提供一致的估计。因此，本书使用 QMLE 方法和逆地理距离权重矩阵重新估计了式（4-14），从表 4-12 列出的估计结果来看，*HSR* 的间接效应在 1% 的统计水平上显著为负，其他控制变量的系数方向和显著性水平也均与表 4-6、表 4-7 列示结果保持一致，再次验证了基准回归结果的稳健性。

表 4-12　基于正交转换的 QMLE 回归结果

	HSR	*pgdp*	*trsce*	*fdi*	*pax*	*gds*	*ISR*
X	−0.0185 （0.0216）	−0.2725** （0.1158）	−0.3504 （0.3959）	9.1654** （3.7142）	0.0053 （0.0137）	0.0549*** （0.0149）	—
WX/WY	−0.7683*** （0.1279）	1.4647*** （0.2931）	5.5525*** （1.1359）	−54.0325** （21.3356）	−0.2264*** （0.0615）	0.2419** （0.1161）	0.7612*** （0.0426）
直接效应	−0.0293 （0.0220）	−0.2585** （0.1106）	−0.2315 （0.3762）	8.4638** （3.5407）	0.0022 （0.0131）	0.0600*** （0.0147）	—

续表

	HSR	pgdp	trsce	fdi	pax	gds	ISR
间接效应	−3.3180*** (0.7098)	5.2815*** (1.0920)	22.3738*** (4.8074)	−191.7135** (79.8623)	−0.9509*** (0.2920)	1.2390** (0.5523)	—
总效应	−3.3473*** (0.7099)	5.0230*** (1.0700)	22.1423*** (4.7903)	−183.2497** (79.1446)	−0.9487*** (0.2912)	1.2990** (0.5522)	—
City FE	Year FE	Log−L	N	—	—	—	—
是	是	−1956.7541	4275	—	—	—	—

资料来源：笔者整理。

（五）异质性分析

前文结果显示，高速铁路开通整体上降低了区域产业结构合理化水平，且无论所处高速铁路网络节点地位的高与低，均对周边城市产业结构合理化产生消极影响，对其自身的影响也只有当处于较高网络地位时才表现积极。然而，中国幅员辽阔，城市之间资源禀赋、社会结构、基础设施建设和信息技术水平等方面存在较为明显的差距。这些差异可能会导致高速铁路在不同城市间表现出不同的作用效果。因此，本部分分别从地区分布、城市等级和城市规模三个方面细致讨论高速铁路对城市产业结构合理化可能存在的异质性影响。首先，按照城市所处区域①将样本划分为东部城市和中部、西部城市；按照城市行政等级将样本划分为非地级市（副省级城市和直辖市）和地级市；按照城市人口规模②将样本划分为特大及以上规模城市和非特大规模城市。其次，分组进行回归，分析高速铁路因素在不同子样本中的表现。最后，构建如下空间三重差分模型（Spatial Difference-in-Differences-in-Differences，SDDD）检验高速铁路因素对城市产业结构合理化的影响在不同分组中的差异是否显著。考虑到不同分组下控制变量也存在差异，因此本研究在检验组间差异时放宽了假设，将所有控制变量与分组虚拟变量的交乘项也纳入模型。

①　1986年"七五"计划中将中国划分为包括11个省（市）的东部地区、包括10个省（区）的中部地区和包括9个省（区）的西部地区；1997年设立重庆市为直辖市，西部地区省级行政区数量增加至10个；2000年西部大开发又将内蒙古和广西从中部地区划分至西部地区。目前东部地区共有11个省级行政区，中部地区共有8个省级行政区，西部共有12个省级行政区。

②　根据2014年11月20日国务院发布的《关于调整城市规模划分标准的通知》，将城区常住人口100万~500万的城市划分为大城市，500万~1000万的划分为特大城市，1000万以上的划分为超大城市。

$$ISR_t = \delta WISR_t + \beta_1 H_t + \beta_1' H_t \times DDD_t + \beta_3 WH_t + \beta_5 X_t + \beta_5' X_t \times DDD_t +$$
$$\beta_7 WX_t + \beta_3' W\left(H_t \times DDD_t\right) + \beta_7' W\left(X_t \times DDD_t\right) + \mu + \xi_t + \varepsilon_t \qquad (4\text{-}25)$$

式（4-25）中，H_t 为高速铁路因素变量，包括 HSR 和 NS；DDD_t 为描述异质性的分组变量虚拟变量，包括表示地区分布分组的虚拟变量 $East$，表示城市等级分组的虚拟变量 $High$ 和表示城市规模分组的虚拟变量 $Large$。其中，当城市为东部城市时，$East$ 变量取 1，否则取 0；当城市行政等级为副省级城市或直辖市时，$High$ 变量取 1，否则取 0；当城市规模为特大城市和超大城市时，$Large$ 变量取 1，否则取 0。其他变量含义同前文一致。表 4-13 和表 4-14 分别汇报了逆地理距离权重矩阵下 ISR 对 HSR 和 NS 的分组回归结果。

（1）地区分布异质性。表 4-13 的第（1）列、第（2）列分别报告了 HSR 对东部城市和中西部城市产业结构 ISR 影响的效应分解结果。具体地，HSR 对东部城市 ISR 的直接效应系数在 1% 的统计水平上显著为负；对中西部城市 ISR 的直接效应系数在 10% 的统计水平上显著为正，说明东部城市开通高速铁路不利于自身产业结构合理化，而中西部城市开通高速铁路能够有效促进本地产业结构合理化。交乘项系数的经验 p 值表明这种异质性影响在 5% 的统计水平上是显著的。这可能是因为东部城市现阶段正进行产业转移，高速铁路的开通加快了产业转移进程，短期内降低了城市产业结构合理性。间接效应方面，HSR 对东部城市 ISR 的间接效应系数为负但未通过显著性检验；对中西部城市 ISR 的间接效应系数在 1% 的统计水平上显著为负，但差异检验结果显示 HSR 对 ISR 空间溢出效应的地区分布异质性并不显著。表 4-14 的第（1）列、第（2）列分别报告了 NS 对东部城市和中西部城市产业结构 ISR 影响的效应分解结果。NS 对东部城市 ISR 的直接效应系数在 1% 的统计水平上显著为正；对中西部城市 ISR 的直接效应系数为正但未通过显著性检验，交乘项系数的经验 p 值支持了这种异质性，即东部城市在高速铁路网络节点地位上的提升比中西部城市在高速铁路网络节点地位上提升更能促进产业结构合理化。由于东部地区是中国经济发展的"领头羊"，经济发展较中西部城市更为发达，交点城市更容易演化为区域增长点，从而提高产业结构合理化水平。NS 对东部城市 ISR 的间接效应系数为正，对中西部城市 ISR 的间接效应系数为负，尽管两者均未通过显著性检验，但三重差分的结果证明 NS 对分布在不同地区城市 ISR 的异质性影响在 1% 的统计水平上差异显著。就统计检验力而言，交乘项比分组回归更加敏感（方杰等，2015），因此可以认为东部高网络地位城市产生了比中西部高网络地位城市更强的正向辐射作用，推动了周边地区产业结构向合理化演进。从总效应来看，高速铁路开通对城市产业结构合理化影响未表现出显著的地区分布异质性，但东部城市高速铁路网络节点地位的提升对区域整体产业结构合理化的影响比中西部城市更积极。

（2）城市等级异质性。表4-13的第（3）列、第（4）列分别报告了HSR对非地级市和地级市产业结构ISR影响的效应分解结果。其中，HSR对非地级市ISR的直接效应、间接效应和总效应均为正，但都未通过显著性检验；对地级市ISR的直接效应、间接效应和总效应均为负，除直接效应外，均通过了显著性检验。但交乘项系数的经验p值显示无论是直接效应、间接效应还是总效应，HSR对ISR的影响均存在显著的城市等级异质性，即副省级城市和直辖市开通高速铁路对本地ISR的积极作用比地级市更强，同时也产生了更为积极的空间溢出效应。在历史的发展进程中，中国逐渐形成了以行政中心为核心的各级城市系统，行政中心则会进一步演化为行政区域的经济中心。由于行政职能和经济职能的存在，副省级城市和直辖市较地级市而言具有更强的中心性，更容易成为区域增长极，更有利于发挥高速铁路交通优势，产生极化和扩散作用。表4-14的第（3）列、第（4）列分别报告了NS对非地级市和地级市产业结构ISR影响的效应分解结果。发现NS对ISR的城市等级异质性影响仅体现在直接效应上。结果显示，NS对非地级市ISR的直接效应为正，对地级市ISR的直接效应系数为负，两者差异在1%的统计水平上显著，意味着高速铁路网络节点地位优势对副省级城市和直辖市的产业结构合理化能够产生较地级市更为积极的影响。

（3）城市规模异质性。表4-13的第（5）列、第（6）列分别报告了HSR对特大及以上规模城市和非特大规模城市产业结构ISR影响的效应分解结果。结果显示高速铁路开通的城市规模异质性主要体现在间接效应上。HSR在特大及以上规模城市样本中的间接效应系数为正，在非特大规模城市样本中的间接效应系数为负，且在1%的统计水平上显著，证明特大及以上规模城市的高速铁路开通对周边城市产业结构合理化的负面影响更小。由于人口基数大，特大及以上规模城市较周边非特大规模城市而言，结构性劳动力供需矛盾较轻，高速铁路的开通使特大及以上规模城市通过吸收周边城市劳动力成为一个极具"弹性"的劳动力市场，发挥着劳动力再配置的作用，从而缓解周边非特大规模城市劳动力供需的结构性矛盾，减轻了虹吸作用对周边城市劳动力结构与产出结构的耦合协调的负面影响。表4–14的第（5）列、第（6）列分别报告了 NS 对特大及以上规模城市和非特大规模城市产业结构 ISR 影响的效应分解结果。在直接效应上，NS 对两组样本的 ISR 的影响系数均为正，且不存在显著差异。在间接效应和总效应上，NS 对特大及以上规模城市的影响系数为负，对非特大规模城市的影响系数为正，均未能通过显著性检验，交乘项的经验 p 值表明 NS 在间接效应和总效应上的差异并不显著。

表4–13　高速铁路开通异质性检验结果

	地区分布分组		城市等级分组		城市规模分组	
	东部城市（1）	中西部城市（2）	非地级市（3）	地级市（4）	特大城市（5）	非特大城市（6）
直接效应						
HSR	−0.1162*** (0.0374)	0.0441* (0.0259)	0.0436 (0.0803)	−0.0300 (0.0224)	0.0302 (0.0345)	−0.0510* (0.0280)
经验 p 值	0.041**		0.000***		0.305	
间接效应						
HSR	−0.2790 (0.2667)	−1.3432*** (0.3863)	0.0755 (0.2526)	−2.9999*** (0.8829)	0.3294 (0.4691)	−0.7712*** (0.2925)
经验 p 值	0.724		0.001***		0.047**	
总效应						
HSR	−0.3952 (0.2627)	−1.2991*** (0.3839)	0.1191 (0.2528)	−3.0299*** (0.8827)	0.3596 (0.4689)	−0.8222*** (0.2888)
经验 p 值	0.623		0.001***		0.043**	
控制变量	是	是	是	是	是	是
City FE	是	是	是	是	是	是
Year FE	是	是	是	是	是	是
Log–L	−759.0444	−1044.6841	−66.8515	−1778.4265	−607.9348	−1292.9855
N	1600	2960	304	4256	1552	3008

注：经验 p 值为高速铁路开通变量 HSR 与分组虚拟变量 DDD 交乘项回归系数对应的 p 值。
资料来源：笔者整理。

表4-14　高速铁路网络节点地位异质性检验结果

	地区分布分组		城市等级分组		城市规模分组	
	东部城市（1）	中西部城市（2）	非地级市（3）	地级市（4）	特大城市（5）	非特大城市（6）
直接效应						
NS	0.0547***（0.0154）	0.0019（0.0121）	0.0196（0.0154）	−0.0158（0.0150）	0.0382***（0.0113）	0.0238（0.0240）
经验 p 值	0.000***		0.001***		0.967	
间接效应						
NS	0.0859（0.1480）	−0.1843（0.3032）	0.0983（0.0648）	0.8990（0.9836）	−0.0627（0.2034）	0.6624（0.5523）
经验 p 值	0.009***		0.358		0.403	
总效应						
NS	0.1406（0.1522）	−0.1824（0.3082）	0.1178*（0.0670）	0.8832（0.9910）	−0.0245（0.2080）	0.6863（0.5597）
经验 p 值	0.005***		0.391		0.407	
控制变量	是	是	是	是	是	是
City FE	是	是	是	是	是	是
Year FE	是	是	是	是	是	是
Log–L	−759.4883	−1052.8648	−64.8429	−1790.3135	−601.5096	−1299.4660
N	1600	2960	304	4256	1552	3008

注：经验 p 值为高速铁路网络节点地位变量 NS 与分组虚拟变量 DDD 交乘项回归系数对应的 p 值。
资料来源：笔者整理。

四、动态空间效应分析

（一）动态模型设置

前文估计所采用的模型式（4-14）是将式（4-13）中的 τ 和 η 设置为0而得到的，为进一步剖析高速铁路因素和城市产业结构合理化之间的动态关系，并降低内生性问题，本部分在式（4-14）中加入 ISR 的时间滞后项和时空滞后项。扩展后的动态空间杜宾模型（Dynamic Spatial Dubin Model，DSDM）如下：

$$ISR_t = \tau ISR_{t-1} + \delta WISR_t + \eta WISR_{t-1} + \beta_1 H_t + \beta_3 WH_t +$$
$$\beta_5 X_t + \beta_7 WX_t + \mu + \xi_t + \varepsilon_t \tag{4-26}$$

考虑到交乘项在异质性分析时的敏感性更强，此处不再进行分组回归，仅使用三重差分检验动态异质性，模型如下：

$$ISR_t = \tau ISR_{t-1} + \delta WISR_t + \eta WISR_{t-1} + \beta_1 H_t + \beta_1' H_t \times DDD_t + \beta_3 WH_t +$$
$$\beta_5 X_t + \beta_5' X_t \times DDD_t + \beta_7 WX_t + \beta_3' W(H_t \times DDD_t) + \tag{4-27}$$
$$\beta_7' W(X_t \times DDD_t) + \mu + \xi_t + \varepsilon_t$$

式（4-26）和式（4-27）中变量及系数定义同前，对式（4-26）采用偏微分方法可得到动态空间杜宾模型的短期分解效应，再通过 Cholesky 分解可得到长期分解效应。以高速铁路因素（HSR、NS）为例，分解效应的计算方法如表 4-15 所示。

表 4-15　动态空间杜宾模型高速铁路因素分解效应计算方法

	短期	长期
直接效应	$\left[(I-\delta W)^{-1}(\beta_1 I_N + \beta_3 W)\right]^{\bar{d}}$	$\left\{\left[(1-\tau)I-(\delta+\eta)W\right]^{-1}(\beta_1 I_N + \beta_3 W)\right\}^{\bar{d}}$
间接效应	$\left[(I-\delta W)^{-1}(\beta_1 I_N + \beta_3 W)\right]^{\overline{rsum}}$	$\left\{\left[(1-\tau)I-(\delta+\eta)W\right]^{-1}(\beta_1 I_N + \beta_3 W)\right\}^{\overline{rsum}}$

资料来源：笔者整理。

（二）回归结果

表 4-16 报告了逆地理距离权重矩阵下式（4-26）的 MLE 估计结果。可以看出，两组回归中 ISR 的时间滞后项 L.ISR 的估计系数均在 1% 的统计水平上显著为正，表明城市产业结构合理化存在时间上的延续性，即某城市当期的产业结构合理化水平对下一期产业结构合理化具有优化导向作用。时空滞后项 L.W × ISR 也均在 1% 的统计水平上显著为正，表明某城市当期的产业结构合理化水平可能通过涓滴效应对周边城市下一期的产业结构合理化水平产生积极影响。第（1）列和第（2）列的结果显示，高速铁路开通对本地产业结构合理化的影响主要体现在长期，对周边城市产业结构合理化的影响主要体现在短期。HSR 的长期直接效应系数为 -0.6192，在 1% 的统计水平上显著，表明高速铁路的开通长期上阻碍了本地产业结构合理化，HSR 的短期间接效应系数为 -3.8668，在 1% 的统计水平上显著，说明高速铁路开通短期内对周边城市产业结构合理化产生了较大的负

面空间溢出效应。第（3）列和第（4）列的结果显示，无论是短期还是长期，高速铁路网络节点地位提升对本地和周边地区产业结构合理化整体上产生了积极影响，相比之下，网络地位提升的短期效应（3.3752）比长期效应（0.9757）更强。

表4-16　DSDM 模型基准回归结果

	HSR		NS	
	短期	长期	短期	长期
	（1）	（2）	（3）	（4）
L.ISR	0.6953***		0.6747***	
	（0.0134）		（0.0134）	
L.W×ISR	15.6738***		4.3196***	
	（0.1886）		（0.1792）	
直接效应	−0.1225	−0.6192***	0.3786	0.1839
	（0.2899）	（0.1258）	（9.3895）	（4.3983）
间接效应	−3.8668***	−0.0302	2.9966	0.7918
	（0.2462）	（0.1230）	（9.3901）	（4.3978）
总效应	−3.9894***	−0.6494***	3.3752***	0.9757***
	（0.1475）	（0.0098）	（0.1908）	（0.0233）
控制变量	是		是	
City FE	是		是	
Year FE	是		是	
Log-L	−932.6997		−931.2517	
N	4275		4275	

资料来源：笔者整理。

表4-17报告了逆地理距离权重矩阵下式（4-27）的 MLE 估计结果。第（1）至第（6）列分别汇报了 HSR、NS 的异质性的动态结果。地区分布异质性方面［第（1）列、第（2）列］，HSR 对东部城市 ISR 的影响短期内比中西部城市更加消极（−0.0563），长期上没有显著差异。NS 对 ISR 的地区分布异质性体现在短期空间溢出效应上，短期内 NS 提升对东部城市 ISR 影响的空间溢出效应显著高于中西部城市（0.9836），长期来看，NS 无论是在直接效应还是间接效应上均不存在显著的地区分布异质性。表明高速铁路的开通在长期上缩小了东部城市与中

西部城市产业结构合理化的差距，但高速铁路网络完善会使东部城市在短期内产生更强劲的扩散效应。从总效应来看，在东部城市完善高速铁路网络，更有利于区域整体产业结构合理化。

城市等级异质性方面［第（3）列、第（4）列］，*HSR* 的异质性影响体现在长期直接效应上，长期来看，高速铁路开通对非地级市本地产业结构合理化的影响比对地级市更积极。*NS* 的异质性在短期内十分显著，结果显示，非地级市高速铁路网络节点地位的提升对产业结构合理化的影响在直接和间接效应方面均低于地级市，说明高速铁路网络节点地位提升强化了非地级市的极化效应，相比地级市产生了更消极的空间溢出效应，但并未对自身产业结构合理化产生更好的效果。*HSR × High* 的短期总效应和长期总效应均在 1% 的统计水平上显著为正，表明无论短期还是长期，在副省级城市和直辖市开通高速铁路均可产生相对地级市更好的产业结构合理化推动效果。*NS × High* 的短期总效应和长期总效应均在 1% 的统计水平上显著为负，意味着处于高速铁路网络核心地位的地级市受益更多。以上结果表明，将更多的非地级市纳入高速铁路网络，并在地级市打造更多的高速铁路网络枢纽，能够有效促进整体产业结构合理化。

在城市规模方面［第（5）列、第（6）列］，高速铁路因素对城市产业结构合理化影响的异质性较小。*HSR* 对 *ISR* 的影响仅在短期直接效应上表现出显著差异，*HSR × Large* 的短期直接效应系数为 0.0490，并在 5% 的统计水平上显著，说明短期内特大及以上规模城市开通高速铁路对本地产业结构合理化的消极影响比非特大规模城市更低。*NS* 对城市产业结构合理化的影响差异则仅体现在长期上，交乘项长期总效应在 1% 的统计水平上显著为正，这意味着从长期来看，特大及以上规模城市比非特大规模城市产业结构合理化在高速铁路网络完善方面获益更多。

表 4-17　DSDM 模型异质性回归结果

		地区分布异质性		城市等级异质性		城市规模异质性	
		短期	长期	短期	长期	短期	长期
		（1）	（2）	（3）	（4）	（5）	（6）
L.ISR	*HSR*	0.7246***　（0.0135）		0.1796***　（0.0135）		0.7259***　（0.0135）	
	NS	0.7244***　（0.0136）		0.2493***　（0.0136）		0.5082***　（0.0135）	

		地区分布异质性		城市等级异质性		城市规模异质性	
		短期	长期	短期	长期	短期	长期
		（1）	（2）	（3）	（4）	（5）	（6）
$L.W \times ISR$	HSR	−0.1121 （0.2138）		28.1682*** （0.1929）		−0.1438 （0.2140）	
	NS	−0.1737 （0.2232）		13.0992*** （0.1888）		11.1405*** （0.2087）	
直接效应	$HSR \times DDD$	−0.0563* （0.0326）	−0.2230 （0.3886）	20.3127 （435.0946）	4.4115** （1.9428）	0.0490** （0.0242）	0.1784 （0.2032）
	$NS \times DDD$	0.0160 （0.0142）	0.0512 （0.1465）	−0.5583*** （0.0217）	−0.8350 （5.9050）	0.2344 （3.7516）	−3.5506 （57.4040）
间接效应	$HSR \times DDD$	0.4251 （0.6795）	−4.2480 （107.8271）	−3.4863 （435.0979）	1.3538 （1.9268）	0.7209 （0.6207）	1.8201 （52.2465）
	$NS \times DDD$	0.9836** （0.4125）	1.4720 （39.0855）	−0.5816*** （0.0211）	0.1615 （5.9044）	203.9022 （1064.5445）	5.1627 （57.4043）
总效应	$HSR \times DDD$	0.3688 （0.6732）	−4.4710 （108.1970）	16.8264*** （0.1604）	5.7653*** （0.0326）	0.7699 （0.6240）	1.9985 （52.4299）
	$NS \times DDD$	0.9996** （0.4154）	1.5232 （39.2229）	−1.1399*** （0.0212）	−0.6734*** （0.0120）	204.1366 （1068.2960）	1.6120*** （0.0425）

注：DDD 为描述异质性的分组变量虚拟变量，在第（1）列、第（2）列中表示 East，在第（3）列、第（4）列中表示 High，在第（5）列、第（6）列中表示 Large；表中汇报的均为加入控制变量并控制时间和个体固定效应后的估计结果。

资料来源：笔者整理。

五、空间衰减边界测算

前文研究结果证实了高速铁路对城市产业结构合理化确实存在显著的空间效应，但随着距离的增加，城市间的空间关联性会逐渐降低，因此这种空间效应只能存在于一定范围之内。为了进一步测度高速铁路对城市产业结构合理化产生空间溢出效应的范围，本部分构建了不同距离阈值的逆地理距离权重矩阵，并根据不同权重矩阵下空间溢出效应系数的显著性判断高速铁路影响城市产业结构合理化的空间衰减边界。

（一）空间权重矩阵设置

对式（4-19）的逆地理距离权重矩阵设置距离阈值可得：

$$W_{i,j} = \begin{cases} \dfrac{1}{d_{i,j}} & i \neq j,\ d_{th}^u \geqslant d_{i,j} \geqslant d_{th}^l \\ 0 & i = j,\ d_{i,j} < d_{th}^l\ 或\ d_{i,j} > d_{th}^u \end{cases} \qquad (4\text{-}28)$$

式（4-28）中，d_{th}^u、d_{th}^l 分别为距离阈值的上限、下限，本书将距离阈值下限初始值设置为 50 千米，上限设置为 1500 千米，并以 50 千米为步长逐步提高阈值下限。通过调整 d_{th}^u 和 d_{th}^l 可以发现高速铁路对城市产业结构合理化空间溢出效应是否会随城市间距离变化。

（二）空间衰减边界分析

将基于不同距离阈值区间的逆地理距离权重矩阵分别代入式（4-14），可估计出对应距离阈值高速铁路因素对城市产业结构合理化的空间溢出效应。图 4-5 和图 4-6 分别绘制了 50~1500 千米距离阈值下 HSR 和 NS 对 ISR 的间接效应系数及其 95% 的置信区间。

根据图 4-5 显示的结果，HSR 的空间溢出效应变化可划分为四个区间，第一个区间为距离阈值在 200 千米以内时，HSR 的负向空间溢出效应随着空间范围的扩大而逐渐增强。第二个区间为距离阈值在 200~650 千米时，HSR 的负向空间溢出效应随着距离的增加呈现指数递减趋势，最终在距离范围扩大至 500~650 千米时消失。第三个区间为距离阈值在 650~1100 千米时，HSR 对该范围内的城市产业结构合理化产生了微弱的正向空间溢出效应。第四个区间为距离阈值在 1100 千米以上时，HSR 的空间溢出效应完全消失。

通常，虹吸效应会首先发生在距离活跃经济体最近的地区，并且表现出明显的距离衰减特征，因此理论上 HSR 的空间溢出效应变化曲线应该是一条底数大于 1 的对数曲线。然而实际上 HSR 在 200 千米的范围内表现出了与理论预测相反的变化趋势，本书认为这可能与公路运输的挤出效应有关。由于技术特点和运输成本的原因，不同交通方式在不同的距离上表现出明显的竞争关系差异，根据图示结果可以初步判断公路运输在 200 千米以内的范围比高速铁路更具优势，距离越近，公路运输对高速铁路的挤出效应越强，HSR 的空间溢出效应越弱。当距离超过 200 千米时，高速铁路优势开始体现，公路运输对高速铁路的挤出效应消失，HSR 空间溢出效应表现出与理论预期一致的变化趋势。此外，从 HSR 空间溢出效应系数的方向来看，*HSR* 产生负向空间溢出效应的边界在 450~500 千米，这基本是相邻省份省会城市间的平均距离，说明高速铁路开通会使站点城市对本省和邻接省份范围内的其他城市产生虹吸效应。*HSR* 产生正向空间溢出效应的区间为 650~1100 千米，尽管正向的空间溢出效应较弱，但仍可以说明高速铁路的开通促进了资源要素在长距离上的有序流动和配置优化。

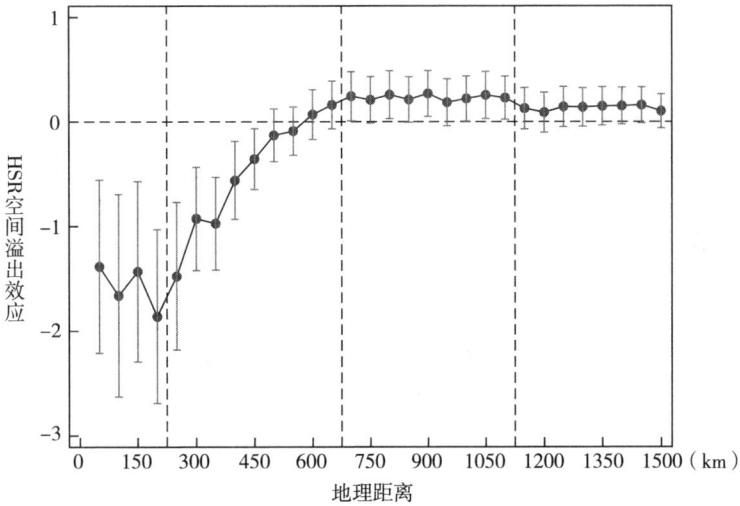

图 4-5　HSR 产业结构合理化空间衰减边界

资料来源：笔者整理。

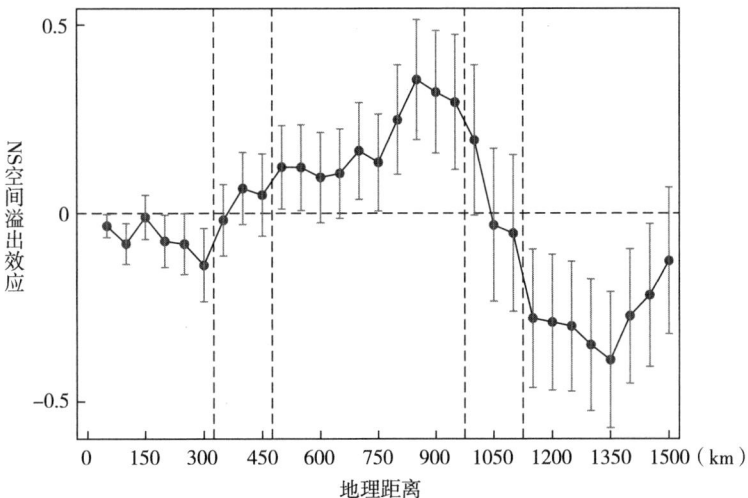

图 4-6　NS 产业结构合理化空间衰减边界

资料来源：笔者整理。

图 4-6 显示，NS 的空间溢出效应变化可划分为五个区间，第一个区间为距离阈值在 300 千米以内时，该区间内站点城市高速铁路网络节点地位提升对周边城市产业结构合理化整体表现出负向空间溢出效应，且表现出增强趋势。第二个区间为 300~450 千米，该区间为第一个缓冲距离带，NS 的空间溢出效应开始由负转正，但并不显著。第三个区间为距离阈值为 450~950 千米时，该区间 NS 对范围内的其他城市的产业结构合理化产生了显著的正向空间溢出效应，并且该溢出效应在 450~850 千米表现出递增趋势，在 850~950 千米开始递减。第四个区间为距离阈值在 950~1100 千米时，该区间是第二个缓冲距离带，从系数显著性上看，与站点城市距离处于该区间内的城市不会受到站点城市 NS 变化的显著影响，但从系数值来看，该距离范围内随着距离增加，NS 的空间溢出效应开始由正转负。第五个区间为距离阈值在 1100 千米以上时，站点城市 NS 增加再度表现出显著的负向空间溢出效应，该效应在 1100~1350 千米时逐渐增强，超过 1350 千米后逐渐削弱，超过 1500 千米后消失。从前两个区间来看，与 HSR 的空间溢出效应类似，在近距离内 NS 的空间溢出效应受到公路运输的挤出影响，因此在第一个区间表现为距离站点城市越近，负空间溢出效应越低，直到距离超过 300 千米时，高速铁路交点城市的溢出效应才由负转正且逐渐增加。此外，NS 的空间溢出效应能够作用到的最远距离达到 1450 千米，比 HSR 空间溢出效应范围更广，说明高速铁路网络建设将使更大范围内的城市产生更高强度的经济互动。从空间溢出效应的系数方向来看，NS 的空间溢出效应比 HSR 更加多变，距离站点城市太近（300 千米以内）或太远（1150 千米以上），其产业结构合理化进程均会受到来自站点城市 NS 提升的负面影响。对应省级行政区划的平均距离，大致可以认为 NS 的负向空间溢出效应主要作用于省内城市和非邻接省份城市；正向空间溢出效应主要作用于邻接省份城市。

第三节　高速铁路影响城市产业结构合理化的传导路径检验

一、人力资本传导路径

（一）模型设置

前文分析影响城市产业结构合理化的内部因素时，通过理论推演得出增加人力资本投入可以提高产业投资收益率，进而提升产业生产效率，促进产业结构合理化的结论。同时认为高速铁路可以降低劳动力流动成本，改善劳动力的空间配置效率，帮助站点城市快速实现人力资本积累。为了进一步验证高速铁路影响城市产业结构合理化的人力资本传导路径，本部分将式（4-14）中的被解释变量替换为以各城市从业人数总数自然对数为表征的人力资本（emp），重新进行了回归，替换后的模型如下：

$$emp_t = \delta Wemp_t + \beta_1 H_t + \beta_3 WH_t + \beta_5 X_t + \beta_7 WX_t + \mu + \xi_t + \varepsilon_t \qquad （4-29）$$

对应地，用于检验异质性影响的模型如下：

$$emp_t = \delta Wemp_t + \beta_1 H_t + \beta_1' H_t \times DDD_t + \beta_3 WH_t + \beta_5 X_t + \beta_5' X_t \times DDD_t + \\ \beta_7 WX_t + \beta_3' W(H_t \times DDD_t) + \beta_7' W(X_t \times DDD_t) + \mu + \xi_t + \varepsilon_t \qquad （4-30）$$

考虑到不同城市经济规模、开放程度及人口流动对人力资本吸引力的差异，式（4-29）和式（4-30）中同样选择了人均 GDP、社会消费品零售总额占 GDP 比重、当年实际使用外资占 GDP 比重、人均公路客运量和人均公路货运量作为控制变量，均以自然对数形式表示。其余变量与前文一致。

（二）基准回归与异质性分析

由于路径检验更加侧重于解释变量对本地被解释变量的直接影响，因此表 4-18 中只列出了 HSR 及其与异质性分组变量交乘项的直接效应系数和显著性水平。表中第（1）列的基准回归结果显示，HSR 的直接效应系数在 1% 的统计水平上显著为正，该结果支持了 H5，证实了高速铁路影响城市产业结构合理化的人力资本路径。从经济意义上看，高速铁路开通使站点城市的人力资本积累平均提高了 3.28%。从第（2）列至第（4）列的异质性检验结果可以看出，HSR 影响城市产业结构合理化的人力资本路径在地区分布、城市等级和城市规模上均表现出异质性。其中，以地区分布划分的东部城市和以行政等级划分的副省级城市、直辖市能够从高速铁路开通中获取更大的人力资本积累优势。具体地，东部城市开通高速铁路比中西部城市开通高速铁路多获得了 3.41% 的人力资本积累优势。副省级城市、直辖市开通高速铁路比地级市开通高速铁路多获得了 12.80% 的人力资本积累优势，特大及以上规模城市比非特大规模城市开通高速铁路多获得了 2.72% 的人力资本积累优势。

表 4-18 *HSR* 人力资本传导路径检验结果

	基准回归	异质性分析		
	（1）	（2）	（3）	（4）
HSR	0.0328*** （0.0090）	0.0199* （0.0109）	0.0137 （0.0090）	0.0209* （0.0116）
HSR × East	—	0.0341* （0.0175）	—	—
HSR × High	—	—	0.1280*** （0.0452）	—
HSR × Large	—	—	—	0.0272* （0.0139）
控制变量	是	是	是	是
City FE	是	是	是	是
Year FE	是	是	是	是
Log-L	2150.0022	2201.0331	2274.6787	2204.3497
N	4560	4560	4560	4560

资料来源：笔者整理。

为继续探究高速铁路网络完善对人力资本传导路径的影响，用 *NS* 替换 *HSR* 重新对式（4-29）和式（4-30）进行回归，结果如表 4-19 所示。

表 4-19 *NS* 人力资本传导路径检验结果

	基准回归	异质性分析		
	（1）	（2）	（3）	（4）
NS	0.0169*** （0.0051）	0.0300*** （0.0093）	0.0300*** （0.0077）	0.0093 （0.0162）
NS × East	—	−0.0334*** （0.0098）	—	—
NS × High	—	—	−0.0508*** （0.0103）	—
NS × Large	—	—	—	0.0081 （0.0143）

续表

	基准回归	异质性分析		
	（1）	（2）	（3）	（4）
控制变量	是	是	是	是
City FE	是	是	是	是
Year FE	是	是	是	是
Log-L	2146.4084	2197.0138	2267.0159	2190.0172
N	4560	4560	4560	4560

资料来源：笔者整理。

表4-19的第（1）列结果表明站点城市在高速铁路网络中的相对中介中心度每提高1%，其人力资本积累将提高1.69%。这意味着高速铁路网络的完善能够进一步提升人力资本路径的传导效率。第（2）列至第（4）列结果说明 NS 影响城市产业结构合理化的人力资本路径在地区分布和城市等级方面均表现出异质性。$NS \times East$ 的直接效应系数为 -0.0334，在1%的统计水平上显著，其经济含义为东部城市提升高速铁路网络节点地位所获得的人力资本积累边际收益比中西部城市低3.34%。原因在于东部城市客运系统比中西部城市完善，高速铁路对客流集散的影响低于中西部城市。尤其是对于西部地区而言，地形条件严重制约了人力资本的跨城市流动，高速铁路网络布局向西部延伸大大释放了西部城市人力资本流动性，从而使西部高网络地位城市获得更高的人力资本积累速度。$NS \times High$ 的直接效应系数为 -0.0508，在1%的统计水平上显著，其经济含义为省级城市、直辖市提升高速铁路网络节点地位所获得的人力资本积累边际收益比地级市低5.08%。这是因为省级城市、直辖市长期作为区域经济发展的各级中心，率先完成了人力资本积累，而大部分地级市仍处于产业结构演化的早期阶段，对人力资本的需求较高。

二、物质资本传导路径

（一）模型设置

影响城市产业结构合理化的第二个内部因素是物质资本，前文根据 Keynes

的资本边际效率公式和各产业的 Cobb-Douglas 生产函数，从理论上分析了物质资本增加对产业结构合理化的影响。高速铁路作为一项重要的外生冲击，对产业市场结构产生了深远影响，为资本市场带来了众多投资机遇。本书认为高速铁路的开通和网络完善可以降低由信息不对称等因素造成的物质资本流动阻力，扩大产业市场规模和资本市场规模，进而实现站点城市的物质资本积累。为了验证高速铁路影响城市产业结构合理化的物质资本传导路径，本部分使用测度年度投资规模大小的固定资产投资总额占 GDP 比重来表征物质资本（inv），并对式（4-14）的被解释变量进行了替换，替换后的模型如下：

$$inv_t = \delta Winv_t + \beta_1 H_t + \beta_3 WH_t + \beta_5 X_t + \beta_7 WX_t + \mu + \xi_t + \varepsilon_t \tag{4-31}$$

对应地，用于检验异质性影响的模型如下：

$$inv_t = \delta Winv_t + \beta_1 H_t + \beta_1' H_t \times DDD_t + \beta_3 WH_t + \beta_5 X_t + \beta_5' X_t \times DDD_t + \beta_7 WX_t + \beta_3' W(H_t \times DDD_t) + \beta_7' W(X_t \times DDD_t) + \mu + \xi_t + \varepsilon_t \tag{4-32}$$

式（4-31）和式（4-32）中各系数含义与控制变量选择同前文一致。

（二）回归结果

表 4-20 中汇报了高速铁路开通（HSR）对物质资本（inv）的回归结果，本部分同样只对 HSR 及其与异质性分组变量交乘项的直接效应展开分析。基准回归［见第（1）列］中 HSR 的系数为 0.0037 且在 5% 的统计水平上显著，与 H6 的预期一致，该结果表明高速铁路开通使站点城市物质资本积累平均增加了 0.37%，尽管提升效果较低，但仍可证明高速铁路影响城市产业结构合理化存在物质资本传导路径。异质性分析结果显示，在地区分布、城市等级和城市人口规模存在差异时，高速铁路对物质资本的积累均表现出异质性，$HSR \times East$ 的直接效应系数为 -0.0078，表明东部城市因高速铁路开通而积累的物质资本比中西部城市少 0.78%，尽管这一差异在 5% 的统计水平上显著，但差距非常小。$HSR \times High$ 的直接效应系数为 0.0111，且在 5% 的统计水平上显著，说明非地级市极化效应更强，因高速铁路开通而积累的物质资本比地级市多 1.11%。$HSR \times Large$ 的直接效应系数为 0.0144，且在 1% 的统计水平上显著，说明特大及以上规模城市因高速铁路开通而积累的物质资本比非特大规模城市多 1.44%，同样产生了更强劲的极化作用。

表 4-20　HSR 物质资本传导路径检验结果

	基准回归	异质性分析		
	（1）	（2）	（3）	（4）
HSR	0.0037** （0.0014）	0.0073*** （0.0027）	0.0019 （0.0014）	−0.0016 （0.0018）
HSR × East	—	−0.0078** （0.0037）	—	—
HSR × High	—	—	0.0111** （0.0049）	—
HSR × Large	—	—	—	0.0144*** （0.0031）
控制变量	是	是	是	是
City FE	是	是	是	是
Year FE	是	是	是	是
Log–L	10730.8543	10625.1916	10840.8810	10634.1885
N	4560	4560	4560	4560

资料来源：笔者整理。

表 4-21 汇报了高速铁路网络节点地位（NS）对物质资本（inv）的回归结果。从第（1）列的结果可以看出，城市高速铁路网络节点地位的提高进一步提高了高速铁路对物质资本累积的影响。第（2）列的结果显示，在高速铁路开通（HSR）作用下，中西部城市较东部城市在物质资本积累上具有微弱优势，但通过提升城市在高速铁路网络中的地位有助于东部城市缩小这一差距（获得比中西部城市多0.8%的物质资本积累优势）。第（4）列结果表明随着高速铁路网络的完善，位于网络交点的特大及以上规模城市物质资本积累速度会逐渐低于非特大规模城市，这可能与特大及以上规模城市"功能减负""空间紧缩"诉求相关的产业转型有关。

表 4-21　NS 物质资本传导路径检验结果

	基准回归	异质性分析		
	（1）	（2）	（3）	（4）
NS	0.0017** （0.0008）	−0.0010 （0.0014）	0.0032** （0.0013）	0.0086*** （0.0033）

续表

	基准回归	异质性分析		
	（1）	（2）	（3）	（4）
$NS \times East$	—	0.0080*** （0.0018）	—	—
$NS \times High$	—	—	−0.0025 （0.0016）	—
$NS \times Large$	—	—	—	−0.0074*** （0.0027）
控制变量	是	是	是	是
City FE	是	是	是	是
Year FE	是	是	是	是
Log–L	10733.4694	10631.0637	10758.3363	10620.0202
N	4560	4560	4560	4560

资料来源：笔者整理。

三、技术创新传导路径

（一）模型设置

影响城市产业结构合理化的第三个内部因素是技术创新策略。作为三大生产投入要素之一，技术水平会直接影响各产业生产效率，选择合适的技术创新策略有助于各产业实现技术进步，进而提高产业结构合理化水平。前文在城市产业技术创新策略选择的博弈分析中指出，产业集聚现象改变了各产业的构成企业在不同城市通过自主创新实现技术进步的成本和收益，并认为在经济利润最大化原则下，自主创新更可能在产业集聚地区发展，而集聚周边城市的产业更倾向于等待技术溢出。与此同时，高速铁路的开通改变了区域空间格局，催生了新的增长极，加剧了产业集聚现象的发生。因此，本书认为高速铁路通过改变技术创新策略，影响各城市各产业技术进步速度，进而对城市产业结构合理化产生影响。考虑到技术创新存在一定的滞后性，本部分以动态空间杜宾模型为基础验证高速铁路影响城市产业结构合理化的技术创新路径。将式（4–26）中的被解释变量替换为以各城市创新创业指数代表的技术创新（inno）后得到如下模型：

$$inno_t = \tau inno_{t-1} + \delta Winno_t + \eta Winno_{t-1} + \beta_1 H_t + \beta_3 WH_t + \\ \beta_5 X_t + \beta_7 WX_t + \mu + \xi_t + \varepsilon_t \tag{4-33}$$

对应地，用于检验异质性影响的动态模型如下：

$$inno_t = \tau inno_{t-1} + \delta Winno_t + \eta Winno_{t-1} + \beta_1 H_t + \beta_1' H_t \times DDD_t + \beta_3 WH_t + \\ \beta_5 X_t + \beta_5' X_t \times DDD_t + \beta_7 WX_t + \beta_3' W(H_t \times DDD_t) + \\ \beta_7' W(X_t \times DDD_t) + \mu + \xi_t + \varepsilon_t \tag{4-34}$$

式（4-33）和式（4-34）中各系数含义与控制变量选择同前文一致。

（二）回归结果

通常自主创新将会促进城市整体技术创新水平的提升，而接受技术溢出会使城市整体技术创新处于较低水平，因此技术创新水平的高低可以体现技术创新策略的选择差异。基于此，本部分试图通过考察高速铁路对站点城市技术创新指数的长期直接效应和对周边城市技术创新指数的长期间接效应，来验证高速铁路对技术创新策略选择的影响。表4-22中汇报了本部分重点关注的 HSR 及其与异质性分组变量交乘项的长期直接效应和长期间接效应。

根据前述推导，高速铁路站点城市的产业集聚优势会使当地相关企业积极追求自主创新，非站点城市则倾向于等待技术溢出。换言之，高速铁路的开通将提升站点城市的技术创新水平，降低站点周边城市的技术创新水平。表4-22第（1）列的基准回归结果初步验证了这一推论，从长期来看高速铁路开通在1%的统计水平上显著提升了站点城市的技术创新水平，同时降低了周边城市的技术创新水平，该结果很好地支持了H7，证明高速铁路影响城市产业结构合理化存在技术创新路径。第（2）列结果表明，高速铁路开通长期上使东部站点城市技术创新水平比中西部城市提高得更多，但也产生了更大的消极空间溢出效应。这是因为东部作为中国最早开放的地区，吸引了大量技术密集型外来投资，为自主创新提供了充足的储备。高速铁路的开通使非站点城市的技术知识储备随产业集聚被站点城市吸收，并在站点城市间转移和溢出，促进知识储备转换为技术创新。中西部地区由于开放较晚，主要通过承接东部地区产业转移的途径实现技术进步，因此在技术创新路径上与东部城市存在较大差异。第（3）列结果表明地级市技术创新受高速铁路开通的积极影响比副省级城市和直辖市更强，同时副省级城市和直辖市开通高速铁路产生了更强的负向辐射作用。第（4）列结果说明高速铁路对特大及以上规模城市的技术创新促进作用低于非特大规模城市。陈大峰等（2020）的研究结论指出城市规模显著抑制了专业化集聚对技术创新的促进作用，结合前文提出的高速铁路深化了区域产业的专业化分工的观点，可以解释城市规模异质性结果。

表 4-22　*HSR* 技术创新传导路径检验结果

	基准回归	异质性分析		
	（1）	（2）	（3）	（4）
长期直接效应				
HSR	9.4727***（0.1095）	−39.2523***（1.4802）	42.8302***（0.9414）	43.2498***（2.2824）
HSR × East	—	131.3959***（4.1371）	—	—
HSR × High	—	—	−69.6372***（1.9048）	—
HSR × Large	—	—	—	−87.4487***（9.1854）
长期间接效应				
HSR	−0.2995***（0.1078）	13.6010***（1.4737）	−13.5306***（0.9388）	−3.1981（2.2690）
HSR × East	—	−38.0053***（4.1169）	—	—
HSR × High	—	—	−27.7836***（1.9133）	—
HSR × Large	—	—	—	12.9000（9.1574）
控制变量	是	是	是	是
City FE	是	是	是	是
Year FE	是	是	是	是
Log−L	−14000	−13900	−13900	−13900
N	3990	3990	3990	3990

资料来源：笔者整理。

表4-23列出了高速铁路网络节点地位（NS）对技术创新（inno）的回归结果。第（1）列基准回归结果显示网络地位的提升并没有使站点城市获得额外的技术创新收益。第（2）列NS的长期直接效应系数在1%的统计水平上显著为正，长期间接效应系数在1%的统计水平上显著为负，表明东部城市与中西部城市的技术创新差距将随着其在高速铁路网络节点地位的提升而进一步扩大。从经验上看，东部地区高速铁路网络更加完善，也更容易发生产业集聚，该结果也进一步支持了高速铁路对技术创新策略选择影响推论的合理性。第（3）列结果显示，随着高速铁路网络节点地位提升，地级市与非地级市技术创新差距进一步缩小，并且非地级市对技术创新的扩散作用开始显现，产生了相对而言更加积极的空间溢出效应（31.6203）。第（4）列结果表明，高速铁路网络完善对站点城市技术创新水平的影响不存在城市规模上的异质性。

表4-23　NS技术创新传导路径检验结果

	基准回归	异质性分析		
	（1）	（2）	（3）	（4）
长期直接效应				
NS	37.7362 （47.3664）	−38.9431*** （2.6024）	10.6231*** （1.9392）	−66.1213 （46.4225）
NS × East	—	64.1782*** （7.4443）	—	—
NS × High	—	—	−23.4654*** （4.5504）	—
NS × Large	—	—	—	92.8904 （76.7983）
长期间接效应				
NS	−50.5819 （47.3687）	9.5507*** （2.5934）	−13.4759*** （1.9386）	66.2516 （46.4213）
NS × East	—	−27.4310*** （7.4329）	—	—
NS × High	—	—	31.6203*** （4.5492）	—
NS × Large	—	—	—	−109.5342 （76.7995）

续表

	基准回归	异质性分析		
	（1）	（2）	（3）	（4）
控制变量	是	是	是	是
City FE	是	是	是	是
Year FE	是	是	是	是
Log-L	−14000	−13900	−13900	−13900
N	3990	3990	3990	3990

资料来源：笔者整理。

四、政府支持传导路径

（一）模型设置

除内部因素外，城市产业结构合理化还存在两个重要的外部因素，其中之一为政策环境。一方面，政府可以根据经济发展需要制定财政政策，支持重点产业、引导产业发展方向；另一方面，政府可以通过增加公共支出完善基础设施、公共服务，为产业发展提供良好的营商环境，以此推动产业结构合理化。高速铁路作为改善区位条件、重塑区域空间格局的重要交通基础设施，往往被沿线地方政府视为拉动经济发展的重要引擎。因此，这些地方政府会基于对高速铁路经济效应的良性预期为地方产业发展提供更多的政府支持。因此，本部分选择各城市地方政府财政支出占 GDP 比重所代表的政府支持（gov）来衡量政策环境。将式（4-14）中的被解释变量替换为政府支持（gov），以验证高速铁路影响城市产业结构合理化的政府支持传导路径，具体模型如下：

$$gov_t = \delta W gov_t + \beta_1 H_t + \beta_3 W H_t + \beta_5 X_t + \beta_7 W X_t + \mu + \xi_t + \varepsilon_t \qquad (4-35)$$

对应地，用于检验异质性影响的模型如下：

$$gov_t = \delta W gov_t + \beta_1 H_t + \beta_1' H_t \times DDD_t + \beta_3 W H_t + \beta_5 X_t + \beta_5' X_t \times DDD_t + \\ \beta_7 W X_t + \beta_3' W(H_t \times DDD_t) + \beta_7' W(X_t \times DDD_t) + \mu + \xi_t + \varepsilon_t \qquad (4-36)$$

式（4-35）和式（4-36）中各系数含义与控制变量选择同前文一致。

（二）回归结果

表4-24中汇报了高速铁路开通（HSR）对政府支持（gov）回归的直接效

应。基准回归的结果显示，高速铁路开通在1%的统计水平上显著提升了政府支持力度，与H8的预期一致，证明了高速铁路影响城市产业结构合理化存在政府支持传导路径。具体地，高速铁路开通使站点城市财政支出占GDP的比重平均增加1.47%。第（2）列、第（4）列的结果表明该路径在地区分布、城市规模差异方面均不存在明显的异质性，第（3）列的结果显示，非地级市的政府可能更加重视高速铁路对地方经济可能存在的影响，因此高速铁路开通对政府财政支出比重的促进作用在非地级市表现得更突出。

表4-24　HSR政府支持传导路径检验结果

	基准回归	异质性分析		
	（1）	（2）	（3）	（4）
HSR	0.0147*** （0.0037）	0.0116*** （0.0045）	0.0125*** （0.0042）	0.0149*** （0.0047）
HSR × East	—	0.0087 （0.0077）	—	—
HSR × High	—	—	0.0380** （0.0151）	—
HSR × Large	—	—	—	−0.0005 （0.0056）
控制变量	是	是	是	是
City FE	是	是	是	是
Year FE	是	是	是	是
Log-L	6276.0205	6293.2417	6288.5697	6284.8343
N	4560	4560	4560	4560

资料来源：笔者整理。

表4-25报告了高速铁路网络节点地位（NS）对政府支持（gov）的回归结果。从第（1）列回归结果中可以发现，城市网络地位提高对地方政府财政支出比重没有显著影响，且无论城市所处的地区分布、城市行政等级、城市人口规模是否存在差异［见第（2）列至第（4）列］，该结论均未发生变化。说明地方政府更加重视高速铁路从"0"到"1"的突破。本书认为随着高速铁路网络布局建设不断推进，高速铁路开通所带来的区位优势将会被枢纽城市的网络交点优势替

代，若站点城市政府不能准确判断本地在区域空间格局中的位置，可能会造成资源浪费，进一步降低资源配置效率。

表 4-25　NS 政府支持传导路径检验结果

	基准回归	异质性分析		
	（1）	（2）	（3）	（4）
NS	−0.0028 （0.0018）	−0.0005 （0.0028）	−0.0047 （0.0030）	0.0057 （0.0070）
NS × East	—	−0.0033 （0.0036）	—	—
NS × High	—	—	0.0015 （0.0044）	—
NS × Large	—	—	—	−0.0094 （0.0072）
控制变量	是	是	是	是
City FE	是	是	是	是
Year FE	是	是	是	是
Log−L	6260.8538	6274.3512	6271.8831	6286.5410
N	4560	4560	4560	4560

资料来源：笔者整理。

五、市场化传导路径

（一）模型设置

影响城市产业结构合理化的第二个外部因素是市场环境。产业发展现状及其所表现出的结构特征实际上是资源要素市场化配置的结果。改善市场环境、提高市场化水平有利于实现资源要素在不同产业部门间的合理分配，从而提高城市产业结构合理化水平。高速铁路通过降低运输成本，提高了资源流动性，同时也增加了企业迁移的可能性，这就要求政府协调好与市场之间的关系。高速铁路引致的资源要素流动性增加，使非国有经济获取生产要素变得更加容易，进一步释放了非国有经济的活力。此外，高速铁路可以缓解市场中供需双方存在的信息不对称问题，提高匹配效率，通过优化市场环境提高市场化水平。为了验证高速铁路影响城市产业结构合理化的市场化传导路径，本部分将式（4-14）中的被解释变量替换为以各城市非国有固定资产投资占总固定资产投资比重所表征的市场化（mkt），重新进行了回归，替换后的模型如下：

$$mkt_t = \delta Wmkt_t + \beta_1 H_t + \beta_3 WH_t + \beta_5 X_t + \beta_7 WX_t + \mu + \xi_t + \varepsilon_t \tag{4-37}$$

对应地，用于检验异质性影响的模型如下：

$$mkt_t = \delta Wmkt_t + \beta_1 H_t + \beta_1' H_t \times DDD_t + \beta_3 WH_t + \beta_5 X_t + \beta_5' X_t \times DDD_t + \beta_7 WX_t + \beta_3' W(H_t \times DDD_t) + \beta_7' W(X_t \times DDD_t) + \mu + \xi_t + \varepsilon_t \tag{4-38}$$

式（4-37）和式（4-38）中各系数含义与控制变量选择同前文一致。

（二）回归结果

表 4-26 中汇报了高速铁路开通（HSR）对市场化（mkt）的回归结果，本部分同样只对 HSR 及其与异质性分组变量交乘项的直接效应展开分析。第（1）列的基准回归结果显示高速铁路开通在 1% 的统计水平上使站点城市非国有固定资产投资比重显著提升了 1.24%，该结果很好地支持了 H9，验证了高速铁路影响城市产业结构合理化存在市场化传导路径。异质性分析结果显示高速铁路对市场化水平的影响与城市地区分布、城市等级和城市人口规模无关。

表 4-26 HSR 市场化传导路径检验结果

	基准回归	异质性分析		
	（1）	（2）	（3）	（4）
HSR	0.0124*** （0.0034）	0.0046** （0.0019）	0.0037** （0.0017）	0.0058*** （0.0021）
$HSR \times East$	—	−0.0020 （0.0030）	—	—
$HSR \times High$	—	—	0.0032 （0.0068）	—
$HSR \times Large$	—	—	—	−0.0041 （0.0026）
控制变量	是	是	是	是
City FE	是	是	是	是
Year FE	是	是	是	是

续表

	基准回归	异质性分析		
	（1）	（2）	（3）	（4）
Log–L	9594.9306	10471.2560	10461.1156	10473.9771
N	4560	4560	4560	4560

资料来源：笔者整理。

表4-27进一步分析了城市高速铁路网络节点地位（NS）对市场化水平（mkt）的影响。第（1）列结果显示，整体上城市在高速铁路网络中的地位越高，其市场化水平提升幅度越大。第（2）列、第（3）列异质性分析结果显示，随着城市在高速铁路网络中相对中介中心度的提高，东部城市和高行政等级城市的市场化效率逐渐高于中西部城市和地级市，这意味着高速铁路网络的完善可能开启新一轮的区域竞争，未来在高速铁路网络中拥有更高中心度的城市将在市场中占据更多优势。第（4）列结果显示，在城市人口规模方面，异质性影响仍不显著。

表4-27　NS市场化传导路径检验结果

	基准回归	异质性分析		
	（1）	（2）	（3）	（4）
NS	0.0090*** （0.0022）	0.0022** （0.0011）	0.0033** （0.0016）	0.0079*** （0.0026）
NS × East	—	0.0066*** （0.0017）	—	—
NS × High	—	—	0.0040** （0.0018）	—
NS × Large	—	—	—	−0.0035 （0.0025）
控制变量	是	是	是	是
City FE	是	是	是	是
Year FE	是	是	是	是
Log–L	9592.7647	10498.9529	10481.0494	10490.7216
N	4560	4560	4560	4560

资料来源：笔者整理。

本章小结

本章首先将影响城市产业结构合理化的因素划分为包含人力资本、物质资本和技术创新策略的内部因素和包含政策环境、市场环境的外部因素，并在此基础上从产业生产效率、产业结构演化速度方面分析了高速铁路影响城市产业结构合理化的动力机制。然后构建空间双重差分模型对高速铁路影响城市产业结构合理化的空间溢出效应进行实证检验，结果发现：

第一，高速铁路开通与站点城市产业结构合理化水平不存在显著相关关系，与理论预期不一致；与站点周边城市产业结构合理化水平存在显著负相关关系。对该结果的一个可能解释是，高速铁路开通使站点城市产生了较强的极化效应，加快了非站点城市资源要素流出，导致非站点城市产业系统整体生产效率降低，产业结构合理化水平下降。但由于中国幅员辽阔，地区异质性显著，高速铁路开通可能使欠发达地区产业生产活力得到释放，提升产业结构合理化水平。同时牵引带动发达地区产业转出，影响产业系统整体生产效率，阻碍产业结构合理化。两种相反作用使得高速铁路开通与站点城市产业结构合理化水平的相关关系在整体上并不显著。

第二，考虑了站点城市在高速铁路网络中的节点地位后，发现站点城市在高速铁路网络中的节点地位与本地产业结构合理化水平存在显著正相关关系，与周边城市产业结构合理化水平的相关关系不显著。该结果支持了这样的理论假设，即高速铁路网络化建设深化了区域间产业分工，产业专业化集聚使各站点城市整体产业生产效率提升，促进产业结构合理化。由于专业化分工，站点城市因极化效应而导致对周边城市产业结构合理化的制约也没有进一步加剧。

第三，异质性分析结果显示无论是高速铁路开通还是高速铁路网络完善，均在地区分布、城市等级和城市规模存在差异时表现出对城市产业结构合理化明显的异质性影响。进一步的动态空间溢出效应分析还发现城市产业结构合理化存在时间和时空上的延续性，高速铁路开通对本地产业结构合理化的消极影响表现在长期上，对周边城市产业结构合理化的消极影响表现在短期内。

第四，高速铁路对城市产业结构合理化空间溢出效应衰减边界的测算结果显示，高速铁路开通对站点周边城市产业结构合理化的负面影响最远距离为 500 千米，距离站点城市 650~1100 千米的城市还可以受到来自站点城市高速铁路开通的微弱正向空间溢出效应；当高速铁路网络节点地位提升时，抑制作用范围缩减至站点周边 300 千米以内，正向辐射得到加强，站点周边 500~950 千米的城市产业结构合理化受到积极影响。

第五，高速铁路开通与站点城市人力资本积累、物质资本积累、技术创新水平、政府支持力度、市场化水平存在显著正相关关系。该结果验证了高速铁路影响城市产业结构合理化存在人力资本传导路径、物质资本传导路径、技术创新传导路径、政府支持传导路径和市场化传导路径。

第五章 高速铁路对城市产业结构高级化的影响及空间效应分析

本章对产业结构优化升级中的高级化内容进行详细论述。首先，阐述产业结构高级化的内涵；其次，分别从产业转移、产业集聚和产业融合三条途径论述了高速铁路对城市产业结构高级化的影响机制；再次，通过实证分析检验高速铁路对城市产业结构高级化的影响及空间效应；最后，结合异质性分析对高速铁路影响城市产业结构高级化的三条途径进行了验证。

第一节　高速铁路影响城市产业结构高级化的机理分析

一、产业结构高级化的内涵

产业结构高级化也称产业结构高度化，是除产业结构合理化之外，产业结构优化升级的另一个基点。产业结构高级化是以产业结构合理化为基础，进一步提高结构效益的过程。产业结构合理化重点在于产业均衡发展质量，侧重产业结构的优化，产业结构高级化重点在于产业层次的演进，即产业结构的升级（李中，2015）。对前人观点进行总结，本书认为产业结构高级化内涵包括以下三个方面：

第一，产业重点依次转移。产业结构高级化指产业发展由第一产业向第二产业和第三产业顺向递进，产业结构由第一产业占比优势向第二产业和第三产业占比优势演进。

第二，要素密集度依次转移。要素密集度是考察产业结构的另一个角度，产值比重体现了产业结构的数量特征，要素密集度则体现了产业结构的素质特征。产业结构高级化是指产业结构由劳动密集型产业占优势比重逐级向资本密集型产业、知识（技术）密集型产业演进。

第三，产品技术结构依次转移。按照产品技术结构，产业可被划分为制造初级产品产业、制造中间产品产业和制造最终产品产业。初级产品通过劳动直接开采自然资源或对自然资源进行简单加工得到；中级产品是初级产品经过一系列技术加工后充当劳动资料的产品；最终产品是一定时期内生产的，用于最终消费和使用的产品，通常包含了较多工艺、服务、品牌等价值。产业结构高级化指产业结构由制造初级产品产业占优势比重向制造中间产品产业和制造最终产品产业占优势比重演进。

无论是从产业重点顺序、要素积累顺序还是产品技术结构角度解读产业结构高级化，均具有高附加值化、高技术化特征。这也在一定程度上反映了技术创新和知识溢出对产业结构高级化的重要影响。

二、高速铁路推动产业转移影响城市产业结构高级化

（一）高速铁路与产业转移

产业转移是由生产成本或比较优势变化而引起的部分产业生产由某区域转移至其他区域的经济现象，对区域产业结构演化具有重要意义。图 5-1 描述了产业转移的形成机制及对转出地和转入地的影响。

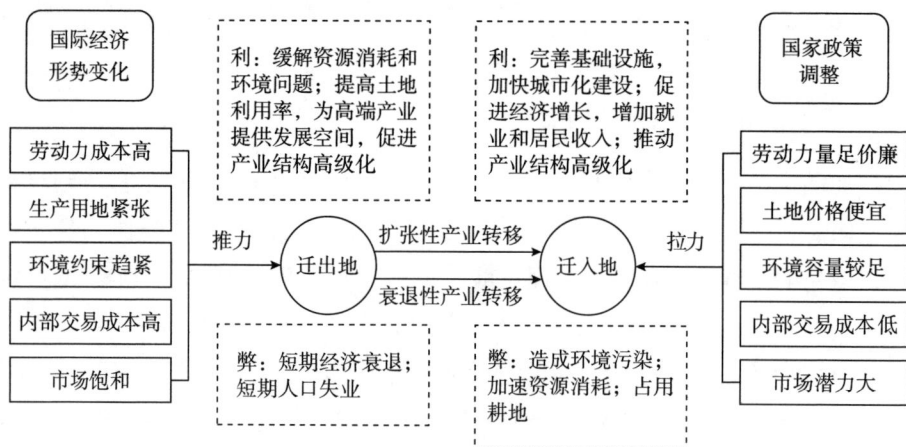

图 5-1　产业转移形成机制

资料来源：笔者整理。

如图 5-1 所示，产业转移现象的产生主要受到两种作用力的影响：来自迁出地的推力和来自迁入地的拉力。推力是促使产业区域内转出的因素，拉力是吸引产业转入区域的因素，均包括劳动力因素、资源因素、环境问题、内部交易成本

和市场因素等影响因素。产业转移是各产业内部的企业在开放环境中追求成本最小化和利益最大化的结果。当区域内生产要素成本上升，外部竞争加剧，产业发展在本区域不再具有比较优势时，便会向外转移，这类产业转移被称为衰退性产业转移。当区域市场趋于饱和，成长性产业为进一步扩大市场而进行的空间移动被称为扩张性产业转移。

高速铁路对产业转移的影响体现在以下三个方面：第一，高速铁路开通将引起区域比较优势变化，导致衰退性产业转移。高速铁路开通会引起城市土地扩张，加剧站点城市生产用地的紧张态势，提升土地成本。同时又降低了中心城市获得物质资本、技术知识等高级生产要素的成本。因此，以初级生产要素为主的传统产业不再具有比较优势，为了给新兴产业提供发展空间，传统产业将向外转移。第二，高速铁路开通有利于拓展市场空间，促进扩张性产业转移。高速铁路开通及网络完善降低了区域联系壁垒，加速了区域经济一体化，"同城效应"使更大范围内的城市联动效应增强，推动市场规模迅速扩大，为产业扩张提供新的机遇。第三，高速铁路建设为产业转移规划了方向和路径。高速铁路降低了沿线城市互联互通的交通运输成本，为产业转移提供保障。以高速铁路线为基础的经济带建设帮助沿线城市实现开放对接、市场连接，并牵引带动沿线城市及周边地区产业承接，在经济带整体产业布局的基础上规划了产业转移的方向和路径。

（二）产业转移与城市产业结构高级化

中国各城市出现产业转移现象的原因有两个方面：第一，随着中国经济持续增长，各地区市场消费结构差异逐渐缩小，在地区经济综合发展要求和市场竞争作用下各城市客观上形成了一定的产业结构趋同。伴随产业结构趋同的是片面追求全产业链引致的产业发展低水平重复建设，加之产业结构趋同本就与产业布局应遵循的比较优势原则不符，造成了一定程度上的区域资源浪费。经济新常态背景下，产业转移成为缓解产业结构趋同、培育产业增长点的重要契机。第二，中国长期处于国际分工的低端代工环节，致使中国企业逐渐失去了自主创新的动力，也导致中国无法把握国际分工的主动权。为了转变中国在国际分工中的角色，进一步向产业链高端攀升，发达地区需要加快产业升级，将劳动密集型和资源消耗型产业转移至欠发达地区，为技术密集型、知识密集型高新产业提供发展空间。

关于产业转移的研究通常关注产业转移对发达的转出地的积极影响，强调发达地区可以通过衰退性产业转移淘汰落后产业或通过扩张性产业转移帮助成长性产业快速发展来实现区域产业结构高级化，忽略了产业转移对欠发达的转入地的积极影响，认为欠发达地区可能陷入梯度转移导致的低梯度陷阱，进而阻碍区域产业结构高级化（胡宇辰，2007）。但实际上，由于产业关联性的存在（Leontief，1936），欠发达地区可以利用产业关联机制发挥所承接产业的带动作用实现产业结构高级化（韩艳红，2013）。该观点可以通过共生演化模型推演进行理论上的验证。假设转入地存在产业 A 和 B，其中 A 为承接的转入产业，B 为本地关联产业，产业 A 和产业 B 发展均服从 Logistic 增长曲线。由此可构建产业关联机制下产业 A 和产业 B 的共生演化模型：

$$\begin{cases} \dfrac{dV_A}{dt} = r_A V_A \left(1 - \dfrac{V_A}{K_A + \alpha V_B}\right) \\ \dfrac{dV_B}{dt} = r_B V_B \left(1 - \dfrac{V_A}{K_B + \beta V_A}\right) \end{cases} \tag{5-1}$$

式（5-1）中，V_A 和 V_B 分别表示产业 A 和产业 B 的发展速度；K_A 和 K_B 分别表示产业 A 和产业 B 的规模；r_A 和 r_B 为由技术进步决定的产业 A 和产业 B 的发展速度变化率；α 为关联产业 B 对转入产业 A 的推动系数，β 为转入产业 A 对关联产业 B 的带动系数，当产业 A 对产业 B 是完全需求时，$\alpha = \beta = 1$。该共生演化模型很好地刻画了产业 A 与产业 B 之间存在的关联机制，即产业 A 的转入不仅通过带动作用扩大了关联产业 B 的发展规模，同时也提升了关联产业 B 的发展速度；反过来关联产业 B 的规模扩大又会促进转入产业 A 的发展。

令式（5-1）中的两个方程分别等于 0，可解出产业 A 和产业 B 共生演化模型的四个平衡点，即 $E_1(0,0)$、$E_2(K_A,0)$、$E_3(0,K_B)$ 和 $E_4\left(K_A + \dfrac{\alpha(K_B + \beta K_A)}{1-\alpha\beta},\ K_B + \dfrac{\beta(K_A + \alpha K_B)}{1-\alpha\beta}\right)$。由于 $\alpha\beta < 1$，因此根据系统均衡条件，平衡点 $E_1(0,0)$、$E_2(K_A,0)$、$E_3(0,K_B)$ 均不稳定，唯一稳定的平衡点 $E_4\left(K_A + \dfrac{\alpha(K_B + \beta K_A)}{1-\alpha\beta},\ K_B + \dfrac{\beta(K_A + \alpha K_B)}{1-\alpha\beta}\right)$ 位于第一象限。由此可以得出结论：由于产业关联机制的存在，欠发达转入地承接转移产业有利于扩大本地关联产业的规模，同时也为当地发展所承接的转移产业奠定了良好基础。转移产业往往是在转入地拥有比较优势，且较当地主要产业层次更高，因此产业转移对欠发达转入地的产业结构高级

化也能够产生积极影响。

　　由于产业转移是相对的，有转入就有转出，高速铁路作为产业转移线路引导的因素之一，对沿线各城市某一产业转入或转出量的影响是相反的，因此本书不对高速铁路对产业转移的平均影响做具体预测。

三、高速铁路加速产业集聚影响城市产业结构高级化

（一）高速铁路与产业集聚

　　产业集聚是指产业从事生产活动所需要素在特定区域范围内高度集中的经济现象。产业集聚包含着产业转移因素，但也与产业转移存在区别。产业转移是一类产业从某区域转移到其他区域的过程，产业集聚则是若干不同类产业在某一区域高度集中的过程。图 5-2 描述了产业集聚动力机制。

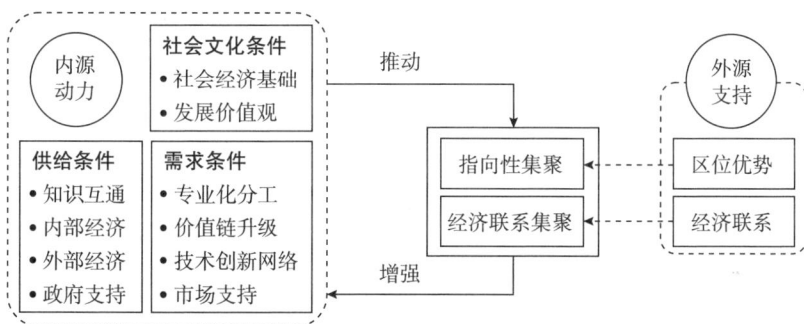

图 5-2　产业集聚动力机制

资料来源：笔者整理。

　　如图 5-2 所示，产业集聚一方面受内源动力的推动，另一方面受外源支持的影响。内源动力包括需求条件、供给条件和社会文化条件；外源支持包括区位优势和经济联系。首先，产业链对专业化分工效益的追求及产业发展谋求向价值链上游攀升，推动了产业分布在空间上的分散集聚。此外，产业发展需要增强创新能力，也需要充足的市场需求支持，产业集聚有利于培育技术创新网络，并形成有效的本地市场规模。其次，产业集聚强化了知识互通性，先进的管理经验、专业知识可以通过溢出效应降低企业内部生产费用，产生内部经济。同时，集聚区建设和基础设施共享还有利于节约各企业物流成本和仓储成本，降低风险和能源消耗，产生外部经济。最后，产业集聚地一般经济基础良好，且具有与产业发展相适应的价值观。这一系列产业发展需求和集聚优势是产业集聚形成的内源动力。区位优势和产业关联为产业集聚提供了外源支持，根据外源支持的不同产业

集聚可以分为指向性集聚和经济联系集聚。

高速铁路对产业集聚的影响主要体现在区位优势外源支持方面，高速铁路改善了站点城市的区位条件，并通过时空压缩效应节约运输成本形成价格优势，引导非农产业向站点城市集聚。借鉴卢福财和詹先志（2017）构建的包含高速铁路因素的多城市空间经济学模型，可对上述逻辑进行理论推导。假设经济系统由传统农业部门和非农业部门组成，传统农业部门规模报酬不变且产品同质化；非农业部门存在不完全竞争和规模报酬递增，每个城市只生产一种非农产品，存在差异化且可自由贸易。此外，假定劳动为唯一的生产投入要素，且农业部门劳动力不具备流动性，非农业部门的劳动力可在城市内自由流动，每个城市的有效劳动供给由劳动力数量 L_i 和交通运输效率（$\delta_i + H_i$）决定。其中，δ_i 表示高速铁路开通前城市 i 的交通运输效率，H_i 表示高速铁路开通后城市 i 额外提升的交通运输效率，H_i 的大小与城市 i 在高速铁路网络中的地位呈正相关。代表性消费者的 Cobb–Douglas 效用函数如下：

$$U = C_j^{\mu} A_j^{1-\mu}, 0 < \mu < 1$$

$$C_j = \left[\sum_{i=1}^{N} c_{ij}^{\frac{(\sigma-1)}{\sigma}} \right]^{\frac{\sigma}{(\sigma-1)}}, \sigma > 1 \tag{5-2}$$

式（5-2）中，C_j^{μ}、$A_j^{1-\mu}$ 分别表示城市 j 的消费者在非农业产品和农业产品上的消费量，两部门产品在总消费中的比例分别为 μ 和 $1-\mu$；c_{ij} 表示由城市 i 生产并由城市 j 的消费者消费的非农业产品数量；σ 为任意两种非农业产品间的替代弹性。N 表示城市数量和非农业产品种类数量。假设消费者的预算约束如下：

$$I_j = P_j^c C_j + P_j^a A_j \tag{5-3}$$

式（5-3）中，P_j^c 和 P_j^a 分别表示非农业组合产品价格和农业产品价格；I_j 为消费者收入。根据冰山运输成本理论，假设 τ_{ij} 为从城市 i 运输 1 单位产品到城市 j 所需要的产品数量，由于高速铁路开通可以提高交通运输效率，因此假设城市 i 和城市 j 之间开通高速铁路后运输 1 单位产品所需要的产品数量为 $\tau_{ij} - \gamma_{ij}$，其中 γ_{ij} 代表因高速铁路开通交通效率提升而减少的"冰山融化"部分。城市 i 运输到城市 j 的产品价格如下：

$$p_{ij} = p_i \left(\tau_{ij} - \gamma_{ij} \right) \tag{5-4}$$

联立式（5-2）、式（5-3）和式（5-4），构建拉格朗日函数，并使用 Shephard

引理，可得到城市 j 消费者对城市 i 的非农业产品的需求函数：

$$D_{ij} = \frac{\mu I p_i^{-\sigma} \left(\tau_{ij} - \gamma_{ij}\right)^{1-\sigma}}{P_j^{c^{1-\sigma}}}$$

$$P_j^c = \left\{ \sum_{i=1}^{N} \left[p_i \left(\tau_{ij} - \gamma_{ij}\right) \right]^{1-\sigma} \right\}^{\frac{1}{(1-\sigma)}} \tag{5-5}$$

由式（5-5）可知，高速铁路站点城市可以获得比非站点城市更低的非农业组合产品价格，即站点城市的消费者拥有更高的实际收入。由于农业产品缺乏需求弹性，且不在城市间流动，因此农业产品价格可表示为：

$$P_j^a = \frac{(1-\mu) y_j L_j}{S_j} \tag{5-6}$$

式（5-6）中，y_j、L_j、S_j 分别表示城市 j 的人均收入、劳动力数量和消费总量。进一步地，城市 j 消费城市 i 生产的非农业产品总额如式（5-7）所示，其中 ω_j 为城市 j 工资水平，等式左边为城市 j 对非农业产品的需求量，等式右边为城市 j 的有效劳动供给收入。

$$\mu y_j L_j = \omega_j \left(\delta_i + H_i\right) L_j \tag{5-7}$$

由于非农业组合产品价格差异的存在，非农业部门的劳动力将流向实际收入更高的城市，直至实际收入水平差距消失。劳动力流动可由下式表示：

$$\Delta L_{ji} = (I_j' - I_i') \frac{L_j}{L} \left(1 - \frac{L_j}{L}\right) \tag{5-8}$$

式（5-8）中，ΔL_{ji} 代表城市 j 与城市 i 之间的劳动力流动量；I_j' 代表城市 j 的实际收入水平；I_i' 代表城市 i 的实际收入水平；L 为总劳动力数量。均衡条件下城市 j 的实际收入水平与城市 i 的实际收入水平相等，有：

$$I_j' = \frac{y_j}{P_j^{c^{\mu}} + P_j^{a^{1-\mu}}} = I_i' = I' \tag{5-9}$$

式（5-9）中，I' 为均衡条件下各城市劳动力的实际收入水平。借鉴 Redding 等（2011）将市场准入定义为 $MA_j = \sum_{i \in N} \left[p_i \left(\tau_{ij} - \gamma_{ij}\right) \right]^{1-\sigma}$，将其与式（5-5）、式（5-6）、式（5-7）一同代入式（5-9），可得：

$$L_j = \mu^{\frac{\mu}{\mu-1}} I'^{\frac{1}{\mu-1}} (\delta_i + H_i)^{\frac{\mu}{\mu-1}} S_j \omega^{\frac{\mu}{1-\mu}} (MA_j)^{\frac{\mu}{(\sigma-1)(1-\mu)}} \qquad (5-10)$$

由此可知，均衡条件下，劳动力由交通运输效率、市场准入及工资水平共同决定。将式（5-10）两端同时除以劳动力总量 L，可得到城市 j 的劳动力份额 $S_L = L_j / L$ 表达式，一定程度上反映了城市 j 非农业部门集聚程度，代入式（5-8）并对交通效率求导，可得：

$$\frac{\partial S_L}{\partial (\delta_j + H_j)} = \frac{\mu^{\frac{2\mu-1}{\mu}} I'^{\frac{1}{\mu-1}} (\delta_j + H_j)^{\frac{2\mu-1}{1-\mu}} S_j \omega_j^{\frac{\mu}{\mu-1}} MA_j^{\frac{\mu}{(\sigma-1)(1-\mu)}}}{(1-\mu)L} \qquad (5-11)$$

由于 $0 < \mu < 1$，故 $\partial S_L / \partial (\delta_j + H_j) > 0$，证明高速铁路开通有利于非农业部门在站点城市集聚。

（二）产业集聚与城市产业结构高级化

技术创新是产业发展向高层次演进的核心动力，本书认为产业集聚推动城市产业结构高级化的原因有两个方面：一方面，高级产业部门较其他产业部门而言对技术创新成果的转化效率更高，能够更好地吸收产业集聚产生的技术创新和知识溢出等外部性红利；另一方面，产业集聚有助于强化城市技术创新强度，进而推动城市产业结构高级化。下面借鉴陶长琪和彭永樟（2017）构建的包含普通和高级两个产业部门的经济增长模型，对产业集聚、技术创新和产业结构高级化三者之间的相互关系进行分析。假设经济系统由普通产业部门和高级产业部门组成，高级产业部门生产具有高附加值的产品，普通产业部门生产其他产品。构建技术创新内生化的生产函数如下：

$$\begin{aligned} F(X, I) &= Ae^{\alpha t} X^{\beta} I^{\gamma} \\ I &= \lambda \times T \end{aligned} \qquad (5-12)$$

式（5-12）中，F 为城市经济总产出；A 为包含城市或部门特征的一系列影响生产的外生条件；α 为外生技术进步固定增长比率；X 为生产投入要素；β 为要素弹性；I 为内生技术创新，由表示转化效率的转换系数 λ 和技术创新强度 T 共同决定；γ 为内生技术创新弹性。把高级产业部门产出占城市总产出比重作为表征城市产业结构高级化的指标，可得：

$$IS = \frac{F_h}{F_h + F_o} = \frac{A_h}{A} \left(\frac{X_h}{X_h + X_o} \right)^{\beta} \frac{\lambda_h^{\gamma^h}}{\lambda^{\gamma}} T^{\gamma^h - \gamma} \qquad (5-13)$$

式（5-13）中，IS 代表城市产业结构高级化水平，变量角标 h 代表高级产业部门对应变量，变量角标 o 代表普通产业部门对应变量，各变量含义同式（5-12），且 $0 < \lambda_o < \lambda < \lambda_h < 1$，$0 < \gamma^o < \gamma < \gamma^h < 1$。由于高级产业部门产品附加值更高，可以获得比普通产业部门更多的利润、产生更高的经济效益，因此，在要素市场中高级产业部门可以通过支付更高的要素价格（$\omega_h > \omega_o$）获取竞争优势，同时在长期均衡下，要素市场有 $\omega_h X_h = \omega_o X_o$，则式（5-13）可改写为：

$$IS = \frac{F_h}{F_h + F_o} = \frac{A_h}{A}\left(1 + \frac{\omega_h}{\omega_o}\right)^\beta \frac{\lambda_h^{\gamma^h}}{\lambda^\gamma} T^{\gamma^h - \gamma} \qquad （5-14）$$

假设产业集聚对产业部门获取生产要素和内生技术创新的提升系数分别为 p 和 q（$q > 0$，$p < 1$），且表现为简单线性关系。设产业集聚对高级产业部门和普通产业部门的积极影响分别为 Δu_h 和 Δu_o，大小与两部门的创新转换系数（λ_h、λ_o）正相关，由于 $\lambda_o < \lambda_h$，高级产业部门能够享受更多的集聚红利，即 $\Delta u = \Delta u_h - \Delta u_o > 0$。包含集聚效应的城市产业结构高级化公式如下：

$$IS = \frac{F_h}{F_h + F_o} = \frac{A_h}{A}\left(1 + \frac{\omega_h}{\omega_o} + p\Delta u\right)^\beta \frac{\lambda_h^{\gamma^h}}{\lambda^\gamma} T^{\gamma^h - \gamma + q\Delta u} \qquad （5-15）$$

从式（5-15）可以看出，城市产业结构高级化与产业集聚对城市整体产业发展的积极影响呈正相关。进一步地：

$$\frac{\partial IS}{\partial T} = \left(\gamma^h - \gamma + q\Delta u\right) \times IS \qquad （5-16a）$$

$$\frac{\partial^2 IS}{\partial T \partial u} = q \times IS \qquad （5-16b）$$

由前文假设可知式（5-16a）和式（5-16b）均大于 0，表明技术创新有助于城市产业结构高级化，且效果大小和高级产业部门内生技术创新弹性与城市平均内生技术创新弹性差距正相关。同时，在产业集聚的作用下，技术创新对城市产业结构高级化的积极影响被进一步强化，强化程度与产业集聚对产业部门内生技术创新的平均提升系数正相关。至此，前文关于产业集聚推动城市产业结构高级化的两点原因得证。

基于上述分析，本书提出如下假设：

H10：其他条件不变，高速铁路开通可以降低较低层次产业在站点城市的集聚水平，并推动高层次产业在站点城市集聚，进而提高产业结构高级化水平。

四、高速铁路促进产业融合影响城市产业结构高级化

（一）高速铁路与产业融合

产业融合是指不同层次的产业在同一产业中相互渗透、相互交叉、融合重组成新产业形态的动态发展过程。通过由高端向低端渗透，使低端产业成为高端产业的组成部分，以此促进产业结构高级化。图5-3绘制了产业融合形成机制。

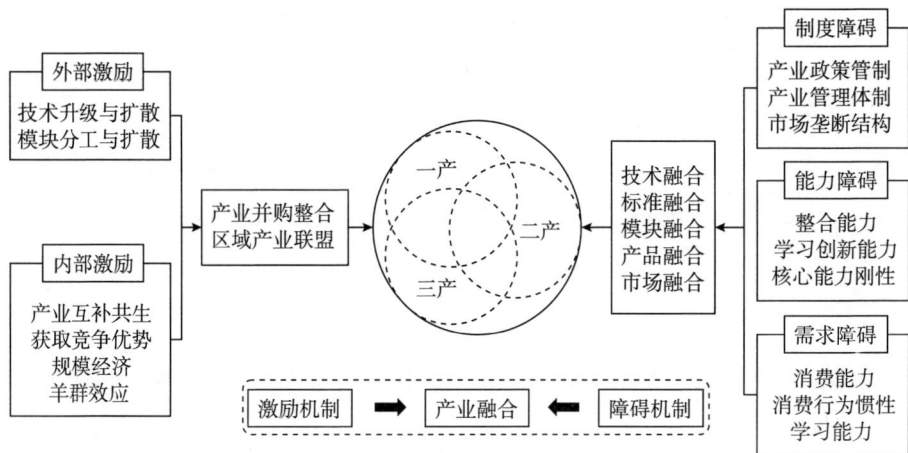

图5-3　产业融合形成机制

资料来源：笔者整理。

产业融合的形成受到激励机制和障碍机制共同影响。激励机制由外部激励和内部激励两部分组成。外部激励方面，技术变革是产业发展的核心动力，通用技术的升级与扩散为不同产业间相互融合提供了共同的技术基础，专业技术的升级与扩散迫使企业在产业系统开放背景下将竞争视野拓展至整个价值网，为产业融合提供外部动力。专业技术升级首先会加剧产业内部模块竞争，促进模块分解化，即垂直型产业分工深化；然后，随着产业系统开放性不断增强，竞争由产业内部延伸至产业之间，各企业在模块分解基础上整合各独立模块，通过模块集中化创新融合型产品，实现产业融合。内部激励方面，企业可以利用长期形成的核心能力将分解的模块通过某种"设计规则"联系起来，形成融合型产品创新以对其他产业中的相似功能产品形成替代，这种"设计规则"属于知识型产品，具有

高沉没成本、低边际成本的特点，即产业融合可以帮助企业在新环境中获得竞争优势，且在生产中产生规模报酬递增。此外，由于羊群效应的存在，产业融合规模将不断增强。障碍机制由制度障碍、能力障碍和需求障碍构成。其中制度障碍包括限制产业系统开放性的产业政策、由不同监管主体构成的产业管理体制及影响产业发展的市场结构。能力障碍主要指企业能力因素，包括以整合能力、学习创新能力为代表的核心能力及核心能力刚性。核心能力刚性是指企业核心能力不易改变，由于核心能力是企业在长期经营活动中逐渐积累形成的，因此在面临竞争环境突然变化的情况时难以快速适应。对于企业而言，培育核心能力比重构核心能力更容易，这也是为什么新企业能够更快地实现融合创新。需求障碍主要针对消费市场，通常融合创新产品成本较高，要使融合创新产品充分替代传统产品需要消费者具有一定的购买能力，此外，消费者的消费行为惯性和学习能力都会影响融合创新产品对传统产品的替代进程。

高速铁路对产业融合的推动作用主要体现在对外部激励和制度阻碍的影响上。第一，高速铁路的开通提高了人才、资本和信息等要素在沿线城市的配置效率，加快了知识溢出和技术转移，强化了产业融合的外部激励。第二，高速铁路扩大了城市开放程度，为地方政府优化营商环境提供契机，同时加强市场竞争，削弱垄断。其中，第一点是高速铁路推动产业融合的主要原因，技术在不同产业间的扩散和吸收导致技术融合，进而催化产业融合。假设城市内存在 N 家企业，现有一项技术在不同企业间扩散，截至 t 时期，已使用该技术的企业数量为 X_t，则技术扩散可表示为：

$$\frac{dX_t}{dt} = \left(s_0 + s_{hf} + s_{hi}\right) X_t \left(N - X_t\right) \qquad (5\text{--}17)$$

式（5--17）中，s_0 表示高速铁路开通前的技术扩散速度；s_{hf} 表示高速铁路开通后因要素配置优化额外提升的扩散速度；s_{hi} 表示高速铁路开通后因制度改善额外提升的扩散速度。对式（5--17）积分可得：

$$X_t = \frac{N}{1 + ce^{-\left(s_0 + s_{hf} + s_{hi}\right)Nt}} \qquad (5\text{--}18)$$

式（5--18）中，c 为积分常数，与初始时期使用该技术的企业数量有关。可以看出只要时间足够（$t \to +\infty$），城市内的所有企业都将吸收该技术。对式（5--18）求二阶导数，得到技术扩散的拐点：

$$t^* = \frac{\ln c}{s_0 + s_{hf} + s_{hi}} \qquad (5-19)$$

可以看出，技术扩散至全部企业所需的时间与技术扩散速度负相关，高速铁路开通之前，$s_{hf} > 0$，$s_{hi} > 0$，此时技术扩散的拐点为 $t_1 = \ln c / s_0$，高速铁路开通后，由于知识溢出加快及城市开放性提升，技术扩散速度加快，有 $s_{hf} > 0$，$s_{hi} > 0$，此时技术扩散的拐点为 $t_2 = \ln c / s_0 + s_{hf} + s_{hi}$，显然 $t_2 < t_1$，即高速铁路开通缩短了技术扩散到技术融合的进程，有助于产业融合发展。

（二）产业融合与城市产业结构高级化

产业结构高级化需要知识要素、技术要素的支持，产业融合改变了不同产业间的技术结构层次，为产业结构高级化提供了保障。如前所述，产业融合是一个由高端向低端渗透的过程，最终通过将普通产业转化成为高级产业的组成部分来提升高级产业的比重优势，实现城市产业结构高级化。参照钟漪萍等（2020）构建的包含两个产业的产业融合经济增长模型，假定经济系统由普通产业和高级产业两部门组成，劳动是唯一的生产投入要素，且可以在不同产业部门间自由流动。普通产业部门只生产普通基础产品，高级产业部门生产高级基础产品和融合产品两种，则有以下生产函数：

$$Y_o = A_o L_o^{\gamma} \qquad (5-20a)$$

$$Y_h = \left[\omega Y_c^{\frac{\varepsilon}{\varepsilon+1}} + (1-\omega) Y_b^{\frac{\varepsilon}{\varepsilon+1}} \right]^{\frac{\varepsilon+1}{\varepsilon}} \qquad (5-20b)$$

$$Y_c = A L_c^{\gamma} \phi \qquad (5-20c)$$

$$Y_b = A L_b^{\gamma} \qquad (5-20d)$$

式（5-20a）表示两个产业部门的生产函数，式（5-20b）表示高级产业部门的最终产品由高级基础产品和融合产品以 CES 生产函数技术组合而成，式（5-20c）表示融合产品是产业融合水平 ϕ 的函数。上式中下角标 o、h 分别表示普通产业部门和高级产业部门，c、b 分别表示融合产品和高级基础产品；Y 表示产出；L 表示劳动投入；A 表示技术水平；ω 表示高级产业部门融合产品和高级基础产品的产出比重；ε 表示普通产业部门和高级产业部门最终产品之间的替代弹性，有 $\varepsilon > 0$；γ 表示产出弹性，有 $0 < \gamma < 1$。进一步地，高级产业部门利

润最大化函数可表示为：

$$\max_{Y_c, Y_b} P_h Y_h - P_c Y_c - P_b Y_b \tag{5-21}$$

对上式分别求 Y_c 和 Y_b 的一阶导数，可得到融合产品和高级基础产品的价格表达式：

$$P_c = P_h \omega \left(\frac{Y_h}{Y_c} \right)^{\frac{1}{\varepsilon+1}} \tag{5-22a}$$

$$P_b = P_h (1-\omega) \left(\frac{Y_h}{Y_b} \right)^{\frac{1}{\varepsilon+1}} \tag{5-22b}$$

均衡条件下，各产品劳动投入的边际产品价值相等，即：

$$W_h = P_o A_o \gamma L_o^{\gamma-1} = P_c A_h \gamma L_c^{\gamma-1} \phi = P_b A_h \gamma L_b^{\gamma-1} \tag{5-23}$$

联立式（5-22a）、式（5-22b）和式（5-23）可得到高级产业部门中用于生产不同产品的劳动投入比：

$$\frac{L_c}{L_b} = \left[\left(\frac{\omega}{1-\omega} \right)^{\varepsilon+1} \phi^\varepsilon \right]^{\frac{1}{\varepsilon+1-\gamma\varepsilon}} \tag{5-24}$$

将式（5-24）、式（5-20c）和式（5-20d）代入式（5-20b），可得：

$$Y_h = A_h L_h^\gamma \left\{ \omega \left[\left(\frac{\Delta}{1+\Delta} \right)^\gamma \phi \right]^{\frac{\varepsilon}{\varepsilon+1}} + (1-\omega) \left[\left(\frac{1}{1+\Delta} \right)^\gamma \right]^{\frac{\varepsilon}{\varepsilon+1}} \right\}^{\frac{\varepsilon+1}{\varepsilon}} \tag{5-25}$$

$$\Delta = \left[\left(\frac{\omega}{1-\omega} \right)^{\varepsilon+1} \phi^\varepsilon \right]^{\frac{1}{\varepsilon+1-\gamma\varepsilon}}$$

对式（5-25）求劳动投入的一阶导数，得到高级产业部门的劳动价格：

$$W_h = P_h B A_h \gamma L_h^{\gamma-1}$$

$$B = \left\{ \omega \left[\left(\frac{\Delta}{1+\Delta} \right)^\gamma \phi \right]^{\frac{\varepsilon}{\varepsilon+1}} + (1-\omega) \left[\left(\frac{1}{1+\Delta} \right)^\gamma \right]^{\frac{\varepsilon}{\varepsilon+1}} \right\}^{\frac{\varepsilon+1}{\varepsilon}} \tag{5-26}$$

由式（5-26）和式（5-23）可得：

$$\frac{L_h}{L_o} = \left(\frac{P_h B A_h}{P_o A_o}\right)^{\frac{1}{1-\gamma}}$$ （5-27）

对式（5-24）和式（5-27）分别求 ϕ 的导数，可知 $\partial(L_c/L_b)/\partial\phi > 0$，$\partial(L_h/L_o)/\partial\phi > 0$，表明产业融合水平的提升将使劳动力更多地流向高级产业部门。进一步地，结合式（5-20a）、式（5-26）和式（5-27）可得到高级产业部门与普通产业部门的产出比：

$$\frac{Y_h}{Y_o} = \left(\frac{P_h}{P_o}\right)^{\frac{\gamma}{1-\gamma}} \left(\frac{A_h B}{A_o}\right)^{\frac{1}{1-\gamma}}$$ （5-28）

对式（5-28）求 ϕ 的导数，可得 $\partial(Y_h/Y_o)/\partial\phi > 0$。至此，验证了产业融合通过由高端向低端渗透，引导生产投入要素流向高级产业部门，最终将普通产业转化成为高级产业的组成部分，提升高级产业的比重优势来实现城市产业结构高级化的理论逻辑。基于上述分析，本书提出如下假设：

H11：其他条件不变，高速铁路开通可以加快第一产业与第二、第三产业融合，进而提高产业结构高级化水平。

第二节　高速铁路影响城市产业结构高级化的实证检验

一、识别策略

（一）计量模型设定与空间权重矩阵构建

（1）计量模型设定。本部分同样采用空间杜宾—差分模型（SDM-DID）识别高速铁路对城市产业结构高级化的影响及空间效应，具体模型设置如下：

$$ISS_t = \delta WISS_t + \beta_1 H_t + \beta_3 WH_t + \beta_5 X_t + \beta_7 WX_t + \mu + \xi_t + \varepsilon_t$$ （5-29）

式（5-29）中，ISS_t 为由所有城市（$i = 1, 2, \cdots, N$）在时间 $t(t = 1, 2, \cdots, T)$ 时的产业结构高级化指数所构成的 N 维向量，其余变量含义同式（4-13）。

（2）空间权重矩阵构建。本部分继续使用第四章构建的逆地理距离权重矩阵即式（4-19）度量城市内各城市的空间关系，同时使用式（4-20）的地理相邻空间权重矩阵进行稳健性检验。

（二）变量设计

（1）被解释变量为产业结构高级化指数（*ISS*）。现有文献度量产业结构高级化通常使用三种指标：第一种是根据配第—克拉克定律，采用非农产业产值占比或非农业产值与农业产值比重测度（董金玲，2009）；第二种是基于经济结构服务化特征，使用第三产业产值与第二产业产值之比（邓慧慧等，2020；王群勇和王西贝，2021；干春晖等，2011），或第三产业产值与第二、第一产业产值和之比（李佳等，2021）进行测度；第三种是采用产业结构层次系数，将各产业产值加权求和衡量优势产业演进，权重一般使用各产业产值占比（罗能生等，2020；马荣，2019）。尽管非农经济占比提升是产业结构演进的一个重要规律，但随着信息化和新型工业化的深度融合，经济结构服务化的趋势越来越明显，使用第一种方法难以反映第二、第三产业之间的结构变化，并且可能会高估重工业城市的产业结构高级化水平。第三种方法测度的产业结构高级化水平更多地受到城市经济的整体规模影响，因此也不适用于本书。故本书把第三产业产值与第二产业产值之比作为衡量城市产业结构高级化的指标。

（2）核心解释变量为高速铁路开通（*HSR*）和高速铁路网络节点地位（*NS*）。本章同样从高速铁路开通和高速铁路网络节点地位提升两个角度分析高速铁路对城市产业结构高级化的影响，识别高速铁路因素的变量设计与第四章相同。

高速铁路开通（*HSR*）：以虚拟变量表示，若该城市在 *t* 年 6 月 30 日之前开通了高速铁路，则该年及以后年份该变量取值为 1，否则取值为 0。

高速铁路网络节点地位（*NS*）：逐年构建以样本城市为节点的高速铁路网络连接矩阵（若两城市被同一条高速铁路相连则取 1，否则取 0），再通过计算各网络节点的相对中介中心度对城市网络地位进行测度。

（3）控制变量。本部分同样控制了反映城市社会经济特征的一系列变量，包括经济规模（*pgdp*），以人均 GDP 的自然对数表示；社会消费水平（*trscg*），以社会消费品零售总额占 GDP 比重表示；外商投资规模（*fdi*），以当年实际使用外资占 GDP 比重表示；公路旅客运输（*pax*）与公路货物运输（*gds*），分别以人均公路客运量的自然对数和人均公路货运量的自然对数表示。

（4）路径变量包括产业转移（*TV*）、产业集聚（*CR*）、产业融合（*CD*）。

产业转移（*TV*）：本书通过计算各城市各产业的转移量对产业转移现象进行量化测度。产业转移量测算方法参考成艾华和赵凡（2018）的做法，采用偏离—

份额分析法（Shift-Share Analysis）将城市各产业部门产值增长分解为国家增长分量、部门增长分量和竞争力分量三个部分，并将竞争力分量作为各城市的产业转出或转入量。具体地，城市 i 的产业 j 在 t 年的产值变化可由下式表示：

$$\Delta Y_{ij} = Y_{ij}^{t} - Y_{ij}^{t-1} = Y_{ij}^{t-1} r + Y_{ij}^{t-1}\left(r_j - r\right) + Y_{ij}^{t-1}\left(r_{ij} - r_j\right)$$

$$r = \sum_{i=1}^{N}\sum_{j=1}^{3}\left(Y_{ij}^{t} - Y_{ij}^{t-1}\right) / \sum_{i=1}^{N}\sum_{j=1}^{3} Y_{ij}^{t-1}$$

$$r_j = \sum_{i=1}^{N}\left(Y_{ij}^{t} - Y_{ij}^{t-1}\right) / \sum_{i=1}^{N} Y_{ij}^{t-1} \qquad (5\text{-}30)$$

$$r_{ij} = \left(Y_{ij}^{t} - Y_{ij}^{t-1}\right) / Y_{ij}^{t-1}$$

式（5-30）中，ΔY_{ij} 为城市 i 的产业 j 在 t 年的产值变化；Y_{ij}^{t} 为城市 i 的产业 j 在 t 年的产值；Y_{ij}^{t-1} 为城市 i 的产业 j 在 $t-1$ 年的产值；r 为全产业的全国平均增长率；r_j 为产业 j 的全国平均增长率；r_{ij} 为产业 j 在城市 i 的增长率。对应地，$Y_{ij}^{t-1} r$ 为国家增长分量，即由国家整体经济增长引起的城市 i 产业 j 的增长部分；$Y_{ij}^{t-1}\left(r_j - r\right)$ 为部门增长分量，反映因产业 j 全国平均增长率与全国整体经济增长率差异引起的城市 i 产业 j 的增长部分；$Y_{ij}^{t-1}\left(r_{ij} - r_j\right)$ 为竞争力分量，反映由于产业 j 在城市 i 的增长率与产业 j 全国平均增长率差异引起的城市 i 产业 j 的增长部分。从全国层面来看，各城市由于产业发展规划存在一定的倾向性，在给定产业增长总量的情况下，各产业在不同城市的增长速度存在差异，产业在受政策扶持的城市发展较快，在受政策限制的城市发展较慢。据此，本书将式（5-30）中的竞争力分量作为产业转移量，并将产业 j 在城市 i 的增长速度高于该产业在全国的平均增长水平时，定义为城市 i 发生产业 j 转入；将产业 j 在城市 i 的增长速度低于该产业在全国的平均增长水平时，定义为城市 i 发生产业 j 转出。

产业集聚（CR）：现有文献中用于测度产业集聚水平的常见指标包括产业集聚指数、区位熵、赫芬达尔—赫希曼指数、基尼系数、EG 指数和 DO 指数。区位熵由于使用相对指标忽略了经济规模差异。基尼系数偏向于测度产业空间分布的不匀质性。赫芬达尔—赫希曼指数、EG 指数和 DO 指数充分考虑了企业规模、城市经济规模差异，可以较为准确地反映产业集聚水平，但企业层面的数据，尤其是 DO 指数所需的企业距离数据较难获得，可操作性较差。综上所述，本书把产业集聚指数作为衡量产业集聚水平的指标，具体计算公式如式（5-31）所示，式中 CR_{ij} 为城市 i 产业 j 的产业集聚水平；Y_{ij} 为产业 j 的产值，N 为城市数量。

$$CR_{ij} = \frac{Y_{ij}}{\sum\limits_{i=1}^{N} Y_{ij}} - \frac{\sum\limits_{j=1}^{3} Y_{ij}}{\sum\limits_{i=i}^{N}\sum\limits_{j=1}^{3} Y_{ij}} \times 100 \tag{5-31}$$

产业融合（CD）：既有文献中对于产业融合的量化研究较少，测度产业融合水平的方法主要有两种：一种是采用多指标综合评价法，构建评价指标体系测算产业融合水平；另一种是采用耦合协调模型，把耦合度作为评价产业融合水平的量化指标。本书认为产业融合是关联产业相互渗透、相互协调的动态耦联过程，因此使用耦合协调模型测算产业融合水平的指标。该模型计算结果包含耦合度和耦合协调度两个指标，其中耦合度用来反映关联产业之间的相互作用强弱，不分利弊；耦合协调度则体现了关联产业相互作用的好坏，可以表征融合产业是在高水平上相互促进还是低水平上相互制约。通常，产业融合是指上下游关联产业间实现优势互补和良性互动，因此本书把能够体现促进作用的耦合协调度作为衡量产业融合的指标。首先，参考陶长琪和周璇（2015）的做法，构建产业耦合协调指标体系，如表5-1所示。

表5-1　产业耦合协调指标体系

项目	一级指标	二级指标
生产要素	劳动力投入	从业人员数量
	劳动力占比	从业人员占比
组织结构	产业效率	产业增加值
	产业占比	产业产值占比
	经济贡献	经济增长贡献率

资料来源：笔者整理。

其次，采用熵值法分别计算三次产业对应指标权重。步骤如下：

第一步，采用极差法对数据进行标准化处理，由于表5-1中指标均为正向指标，因此标准化公式如式（5-32）所示，其中 t 为年份；i 为城市；j 为指标项。

$$\text{Stand}\_x_{ijt} = \frac{x_{ijt} - \min x_{ijt}}{\max x_{ijt} - \min x_{ijt}} \tag{5-32}$$

第二步，求城市 i 在 t 年中的第 j 项指标所占比重，公式如下：

$$w_{ijt} = \frac{\text{Stand}\_x_{ijt}}{\sum\limits_{i=1}^{3}\sum\limits_{t=1}^{16}\text{Stand}\_x_{ijt}} \qquad (5\text{-}33)$$

第三步，求第 j 项指标的信息熵 e_j 与冗余度 d_j：

$$e_j = \frac{1}{\ln 16}\sum\limits_{i=1}^{3}\sum\limits_{t=1}^{16}\left(w_{ijt}\cdot\ln w_{ijt}\right) \qquad (5\text{-}34)$$

$$d_j = 1 - e_j$$

第四步，计算第 j 项指标的权重，计算公式如式（5-35）所示，三次产业耦合协调指标权重计算结果如表5-2所示。

$$W_j = \frac{d_j}{\sum\limits_{j=1}^{5}d_j} \qquad (5\text{-}35)$$

表5-2　三次产业耦合协调指标权重

一级指标	二级指标	第一产业	第二产业	第三产业
劳动力投入	从业人员数量	0.1783367	0.1879745	0.1905948
劳动力占比	从业人员占比	0.1781221	0.2069763	0.2096224
产业效率	产业增加值	0.2097061	0.1875955	0.1778892
产业占比	产业产值占比	0.2128341	0.2079063	0.2101991
经济贡献	经济增长贡献率	0.2210009	0.2095475	0.2116944

资料来源：笔者整理。

根据表5-2中的指标权重可分别逐年计算三次产业发展综合评价指数，公式如下：

$$f_n\left(x\right) = \sum\limits_{j=1}^{5}W_j^n x_j^n, n = 1, 2, 3 \qquad (5\text{-}36)$$

式（5-36）中，$f_n(x)$ 为第 n 次产业部门的发展水平；W_j^n 为第 n 次产业部门第 j 项指标的权重；x_j^n 为第 n 次产业部门对应指标值。最后，通过以下公式计算得到耦合度（C）、耦合协调度（CD）和耦合协调发展水平综合评价指数（T），两产业融合时的计算公式如式（5-37a）所示，三产业融合时的计算公式如式（5-37b）所示：

$$C = 2\sqrt{\frac{f_n(x) \times f_{n'}(x)}{\left[f_n(x) + f_{n'}(x)\right]^2}}$$

$$T = \frac{d_n}{6}f_n(x) + \frac{d_n'}{6}f_{n'}(x) \tag{5-37a}$$

$$CD = \sqrt{C \times T}$$

$$C = 3\sqrt{\frac{\prod\limits_{n=1}^{3} f_n(x)}{\sqrt{\left[\sum\limits_{n=1}^{3} f_n(x)\right]^3}}}$$

$$T = \frac{1}{6}f_1(x) + \frac{2}{6}f_2(x) + \frac{3}{6}f_3(x) \tag{5-37b}$$

$$CD = \sqrt{C \times T}$$

式（5-37a）中，d_n 表示第 n 次产业的重要性权重，一般文献将第一、第二、第三产业的重要性比重设为 1：2：3。

（三）数据来源与描述性统计

本章使用中国城市层面宏观经济数据检验高速铁路对城市产业结构高级化的影响及空间效应，研究的时间窗口同样依据中国高速铁路的发展历程设置为2004~2019 年。本章所使用的城市宏观经济数据主要来源于《中国城市统计年鉴》。部分缺失数据由《中国统计年鉴》、各省份各城市统计年鉴及各城市国民经济和社会发展统计公报补充。高速铁路线路数据来源于中国高铁航线数据库（Chinese High-speed Rail and Airline Database，CRAD）。三次产业的经济增长贡献率根据《中国城市统计年鉴》公布的历年 GDP 和三次产业增加值计算得到。在剔除了数据缺失严重的城市样本后，本章最终得到 285 个城市 16 个年度的面板数据，处理后的样本观测数量为 4560 个，变量的描述性统计结果如表 5-3 所示。

表 5-3　变量的描述性统计结果

变量符号	变量含义	样本量	平均值	标准差	最小值	中位数	最大值
ISS	产业结构高级化指数	4560	0.9126	0.5103	0.0943	0.8024	9.4822
HSR	高速铁路开通	4560	0.2965	0.4568	0.0000	0.0000	1.0000
NS	高速铁路网络节点地位	4560	0.1314	0.7993	0.0000	0.0000	14.8340

续表

变量符号	变量含义	样本量	平均值	标准差	最小值	中位数	最大值
pgdp	经济规模	4560	9.9476	0.7794	7.6542	9.9045	12.7493
trscg	社会消费水平	4560	0.1872	0.0761	0.0196	0.1723	0.5960
fdi	外商投资规模	4560	0.0026	0.0029	0.0000	0.0017	0.0220
pax	公路旅客运输	4560	2.5617	0.8023	−0.5791	2.5283	8.1431
gds	公路货物运输	4560	2.8535	0.8372	−1.5318	2.8729	7.9995
TV2	第二产业转移量	4275	−0.0126	0.1236	−2.9760	0.0032	1.1591
TV3	第三产业转移量	4275	−0.0050	0.1119	−3.5172	−0.0019	1.7618
CR2	第二产业集中度	4560	0.0301	0.1489	−2.0839	0.0209	0.9214
CR3	第三产业集中度	4560	−0.0239	0.1819	−0.5479	−0.0346	2.6591
CD13	一三产业耦合协调度	4560	0.4254	0.0479	0.1970	0.4296	0.6197
CD23	二三产业耦合协调度	4560	0.4979	0.0294	0.3862	0.5008	0.6852

注：由于本书计算产业转移量时使用的全国平均增长率是涵盖了333个地级行政区的计算结果，而本书样本只包括285个地级行政区，因此导致了产业转移量平均值不为0的情况。

资料来源：笔者整理。

二、城市产业结构高级化的空间相关性及特征分析

面板莫兰检验结果显示，逆地理距离权重矩阵下，285个城市产业结构高级化指数的面板莫兰指数为0.144，检验统计量为82.270（p=0.000），表明各城市产业结构高级化存在显著的正向空间相关关系。表5-4逐年列出了逆地理权重矩阵下285个城市的全局莫兰指数。

表5-4　2004~2019年285个城市产业结构高级化全局莫兰指数

年份	Moran's I	z	年份	Moran's I	z
2004	0.039	8.405	2012	0.018	4.349
2005	0.024	6.538	2013	0.019	4.500
2006	0.025	5.710	2014	0.025	5.633
2007	0.019	4.380	2015	0.027	6.043
2008	0.017	4.032	2016	0.031	6.904
2009	0.021	4.822	2017	0.030	6.786

年份	Moran's I	z	年份	Moran's I	z
2010	0.016	3.939	2018	0.032	7.063
2011	0.017	4.106	2019	0.044	9.369

资料来源：笔者整理。

从表 5-4 中可以看出，2004~2019 年 285 个城市产业结构高级化的全局莫兰指数均显著大于 0，表明中国城市产业结构高级化在研究窗口内表现出的正向空间关联是稳定的。城市产业结构高级化的空间自相关整体水平较低，并呈现出先降后增的"V"形趋势。

三、静态空间效应分析

（一）模型选择

表 5-5 列出了 LM 检验、稳健的 LM 检验、Wald 检验及 LR 检验的结果，其中 LM 检验、稳健的 LM 检验为事前检验，用于选择模型，结果发现空间效应不仅来源于空间滞后项，还来源于空间误差项，因此本章初步选择 SDM-DID 模型进行后续分析。Wald 检验和 LR 检验为事后检验，用于验证 SDM 模型是否可以退化为 SAR 模型或 SEM 模型，结果均拒绝了可以退化的原假设，最终确定采用 SDM-DID 模型。

表 5-5　模型选择检验结果

	LM 检验	稳健的 LM 检验	Wald 检验	LR 检验
spatial-lag	2710.965	259.741	170.160	174.010
p-value	0.000	0.000	0.000	0.000
spatial-error	2778.718	327.494	183.950	188.970
p-value	0.000	0.000	0.000	0.000

资料来源：笔者整理。

进一步比较时间固定效应模型、个体固定效应模型和时间个体双固定效应模型的估计结果后[①]，最终选择控制时间个体双固定效应，至此验证了本章使用式

---

① LR 检验结果表明时间个体双固定效应模型分别优于时间固定效应模型和个体固定效应模型，对应的统计量分别为 5948.34（p=0.000）和 101.96（p=0.000）。

（5-29）作为基准回归模型的合理性。

（二）平行趋势检验

本章同样采用事件研究法通过考察处理期前后各期的处理效应对比处理前后的差异的思路，来检验高速铁路开通前高速铁路站点城市和未开通高速铁路城市的产业结构高级化变化趋势是否一致，公式如下：

$$ISS_t = \delta WISR_t + \sum_{\tau=1}^{15} \varphi_{-\tau} D_t^{t-\tau} + \varphi_0 D_t^0 + \sum_{\tau=1}^{15} \varphi_{+\tau} D_t^{t+\tau} +$$

$$\sum_{\tau=1}^{15} \psi_{-\tau} WD_t^{t-\tau} + \psi_0 WD_t^0 + \sum_{\tau=1}^{15} \psi_{+\tau} WD_t^{t+\tau} + \varepsilon_t \qquad （5-38）$$

$$\varepsilon_t = \mu + \xi_t + \varepsilon_t$$

式（5-38）中，$D_t^{t-\tau}$ 是由表示高速铁路开通前第 τ 年的虚拟变量构成的向量；$D_t^{t+\tau}$ 是由表示高速铁路开通后第 τ 年的虚拟变量构成的向量；D_t^0 是由表示高速铁路开通当年的虚拟变量构成的向量；$\varphi_{-\tau}$ 表示各城市高速铁路在开通前 τ 期对产业结构高级化的直接影响；$\varphi_{+\tau}$ 表示各城市高速铁路在开通后 τ 期对产业结构高级化的直接影响；φ_0 表示各城市高速铁路在开通当期对产业结构高级化的直接影响；$\psi_{-\tau}$ 表示各城市高速铁路在开通前 τ 期对产业结构高级化的间接影响；$\psi_{+\tau}$ 表示各城市高速铁路在开通后 τ 期对产业结构高级化的间接影响；ψ_0 表示各城市高速铁路在开通当期对产业结构高级化的间接影响；其余变量含义同前文所述。

图 5-4（a）、图 5-4（b）分别绘制了逆地理距离权重矩阵下高速铁路开通前后各 15 期 D_t 对产业结构高级化的直接影响（φ）和间接影响（ψ）及其 95% 置信区间，图中空缺的 $t = -1$ 期为基期。图 5-4（a）显示，在高速铁路开通的前 15 年至前 3 年，高速铁路站点城市与非高速铁路城市产业结构高级化水平变化趋势在 5% 的统计水平上不存在显著差异。到高速铁路开通的前 2 年，差异开始出现，考虑到高速铁路建设周期一般在 6 年左右，其对当地产业的影响很可能在建设后期便已产生，如意图分享高速铁路红利的企业会提前在站点城市布局。从图 5-4（a）中还可以发现，高速铁路对当地产业结构高级化的积极影响在其开通后的 10 年之内不断增强，10 年后这种积极影响快速回落并在开通 13 年后消失。图 5-4（b）显示高速铁路开通前 8 年至前 3 年站点周边城市和非高速铁路城市的周边城市产业结构高级化变化趋势在 5% 的统计水平上不存在显著差异，从高速铁路开通的前 2 年开始，站点周边城市产业结构高级化演进速度逐渐高于非高速铁路城市的周边城市，但这种空间溢出效应

持续时间较短，仅在高速铁路开通后的两年内产生了正向空间溢出，随后影响不再显著，甚至在高速铁路开通后的第 9 年产生了显著的负向空间溢出。综合图 5-4（a）、图 5-4（b），可以初步判断高速铁路开通对城市产业结构高级化产生了深远影响。

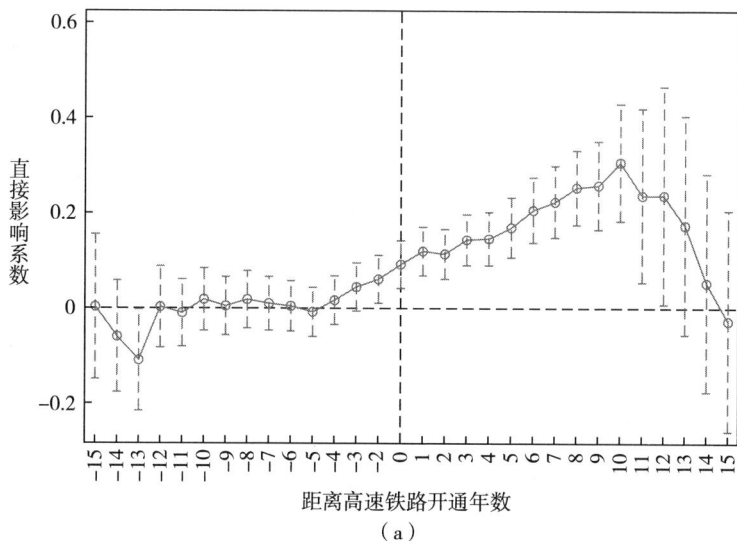

（a）

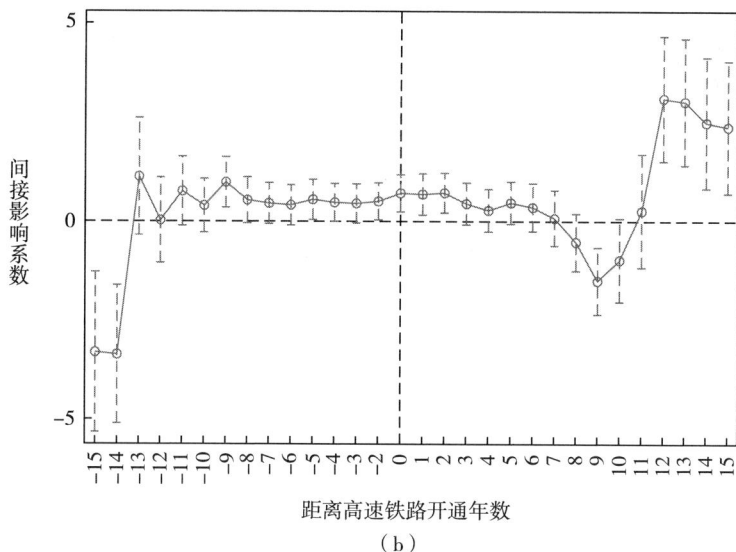

（b）

图 5-4　平行趋势检验结果

资料来源：笔者整理。

（三）基准回归结果

（1）高速铁路开通。本部分重点探究高速铁路开通对城市产业结构高级化的影响及空间效应，采用 MLE 方法估计了城市产业结构高级化（ISS）对高速铁路开通（HSR）的回归方程［见式（5–29）］。为了能够进行对比，表5–6同时汇报了逆地理距离权重矩阵（W_1）和地理相邻权重矩阵（W_2）下使用SDM模型、SAR模型和SEM模型的估计结果。

表5–6　高速铁路开通基准回归结果

	模型（1）	模型（2）	模型（3）	模型（4）	模型（5）	模型（6）
	SDM（W_1）	SAR（W_1）	SEM（W_1）	SDM（W_2）	SAR（W_2）	SEM（W_2）
HSR	0.0640*** (0.0132)	0.0634*** (0.0125)	0.0660*** (0.0129)	0.0604*** (0.0135)	0.0559*** (0.0124)	0.0560*** (0.0132)
$pgdp$	−0.1268* (0.0718)	0.0581 (0.0657)	0.0077 (0.0690)	−0.0472 (0.0700)	0.0354 (0.0654)	−0.0363 (0.0708)
$trscg$	0.1256 (0.2389)	0.4333* (0.2390)	0.2850 (0.2419)	0.0499 (0.2372)	0.2985 (0.2374)	0.0175 (0.2426)
fdi	−6.7464*** (2.2857)	−11.4216*** (2.0557)	−11.4689*** (2.1680)	−7.4779*** (2.3556)	−10.8467*** (2.0383)	−11.2857*** (2.2224)
pax	0.0273*** (0.0085)	0.0250*** (0.0082)	0.0250*** (0.0083)	0.0255*** (0.0086)	0.0228*** (0.0081)	0.0210** (0.0085)
gds	−0.0578*** (0.0090)	−0.0762*** (0.0088)	−0.0719*** (0.0090)	−0.0616*** (0.0089)	−0.0731*** (0.0088)	−0.0658*** (0.0090)
$W \times HSR$	0.4177*** (0.1279)	—	—	0.0234 (0.0230)	—	—
$W \times pgdp$	4.0230*** (0.6193)	—	—	0.3375*** (0.0822)	—	—
$W \times trscg$	26.5416*** (3.1441)	—	—	3.8476*** (0.4165)	—	—
$W \times fdi$	−107.4379*** (17.0288)	—	—	−4.2707 (3.6577)	—	—
$W \times pax$	−0.1204 (0.0987)	—	—	0.0247* (0.0144)	—	—
$W \times gds$	−0.3216*** (0.0926)	—	—	−0.0890*** (0.0164)	—	—

续表

	模型（1） SDM（W_1）	模型（2） SAR（W_1）	模型（3） SEM（W_1）	模型（4） SDM（W_2）	模型（5） SAR（W_2）	模型（6） SEM（W_2）
δ	0.7060*** （0.0635）	0.8525*** （0.0348）	—	0.2574*** （0.0192）	0.2892*** （0.0186）	—
λ	—	—	0.8482*** （0.0358）	—	—	0.3027*** （0.0191）
City FE	是	是	是	是	是	是
Year FE	是	是	是	是	是	是
Log-L	239.4391	152.4327	144.9547	254.0176	182.4974	172.7176
N	4560	4560	4560	4560	4560	4560

资料来源：笔者整理。

从表 5-6 汇报的结果来看，两种权重矩阵下 SDM 模型和 SAR 模型被解释变量 ISS 的空间滞后项均在 1% 的统计水平上显著为正；SEM 模型中的空间误差项均在 1% 的统计水平上显著为正，再次表明 SDM 模型更适合本研究。逆地理距离矩阵下 HSR 的估计系数为正，并在 1% 的统计水平上显著，表明高速铁路开通对本地产业结构高级化产生了积极影响；HSR 空间滞后项的估计系数在 1% 的统计水平上显著为正，表明高速铁路开通对周边城市产业结构高级化产生了正向空间溢出效应。由于反馈效应的存在，当 ISS 的空间滞后项显著不为 0 时（0.7060***），使用 HSR 的估计系数和 HSR 空间滞后项的估计系数衡量 HSR 对本地 ISS 的直接影响和对周边城市 ISS 的空间溢出效应会存在系统性偏差（LeSage and Pace，2009）。因此，为衡量 HSR 对 ISS 的影响程度，采用 LeSage 和 Pace（2009）提出的偏微分方法将 HSR 对 ISS 的累积效应分解为直接效应和间接效应（空间溢出效应），结果如表 5-7 所示。

表 5-7　效应分解结果

		HSR	*pgdp*	*trsce*	*fdi*	*pax*	*gds*
直接效应	W_1	0.0700*** （0.0134）	−0.0827 （0.0690）	0.4735** （0.2372）	−8.1201*** （2.1887）	0.0262*** （0.0081）	−0.0616*** （0.0089）
	W_2	0.0631*** （0.0136）	−0.0309 （0.0669）	0.3038 （0.2258）	−7.8668*** （2.2137）	0.0274*** （0.0082）	−0.0672*** （0.0089）

续表

		HSR	*pgdp*	*trsce*	*fdi*	*pax*	*gds*
间接效应	W₁	1.6260*** （0.5658）	13.8076*** （3.7095）	94.9122*** （25.8413）	−396.4064*** （116.5996）	−0.3614 （0.3625）	−1.2508*** （0.4160）
	W₂	0.0485* （0.0281）	0.4064*** （0.0964）	4.8823*** （0.5047）	−7.6251* （4.2840）	0.0388** （0.0171）	−0.1303*** （0.0206）
总效应	W₁	1.6960*** （0.5659）	13.7250*** （3.7151）	95.3857*** （25.9124）	−404.5264*** （116.6321）	−0.3353 （0.3629）	−1.3124*** （0.4167）
	W₂	0.1116*** （0.0298）	0.3754*** （0.1129）	5.1861*** （0.5710）	−15.4919*** （4.1631）	0.0662*** （0.0186）	−0.1975*** （0.0231）

资料来源：笔者整理。

从表 5-7 所列示的结果来看，逆地理距离权重矩阵和地理相邻权重矩阵下的回归系数方向一致，说明基准回归结果稳健。以逆地理距离权重矩阵下的结果为准，*HSR* 对 *ISS* 的直接效应系数为 0.0700，在 1% 的统计水平上显著，意味着高速铁路开通可以使站点城市产业结构高级化指数提高 0.07，相当于样本均值的 7.67%（0.0700/0.9126），该结果与 H2a 的预期一致。*HSR* 对 *ISS* 的间接效应系数为 1.6260，在 1% 的统计水平上显著，说明高速铁路开通不仅推动了本地产业结构高级化，还产生了积极的空间溢出效应，从经济意义上看，高速铁路开通使站点周边城市产业结构高级化水平平均提高了 0.63%（1.6260/284/0.9126），该结果很好地支持了 H2b。*HSR* 对 *ISS* 的总效应系数为 1.6960，在 1% 的统计水平上显著，总效应是直接效应和间接效应之和，整体来说高速铁路开通使所有城市产业结构高级化水平平均提高了 8.30%，即（0.0700+1.6260/284）/0.9126。

控制变量的效应分解结果显示，人均 GDP 间接效应系数显著为正，表明其可以通过正向辐射效应推动周边城市产业结构高级化。以社会消费品零售总额占 GDP 比重为表征的社会消费水平提升有助于本地产业结构高级化，因为社会消费品零售中包含服务类商品，消费水平提升可以促进服务产业发展从而实现城市产业结构高级化，从结果来看，这种影响还可以通过空间溢出效应对周边城市产业结构高级化产生积极影响。外商投资对本地和周边城市的产业结构高级化均产生了显著的负面影响，如前所述，外商在中国的投资主要集中于劳动密集和资本密集的制造业，不利于以知识和创新要素为主的第三产业的发展，因此，外资规模扩大一定程度上会阻碍城市产业结构向高级化演化。公路客运量与城市产业结构高级化存在显著的正相关关系，因为以高知分子和技术专家为代表的高素质劳动力是高级产业部门所需的重要生产要素，公路客运量提升一定程度上代表着高素质劳动力的流动加快，其承载、传播的隐性知识有利于产业结构高级化。公路货运量与城市产业结构高级化负相关，因为公路货运与固定资产建设之间存在密切关系，而产业结构高级化是一个由"重"转"轻"的过程，因此公路货运增加不利于城市产业结构高级化。

（2）高速铁路网络节点地位。随着高速铁路网络布局不断完善，高速铁路带来的区位优势会随着站点城市在整个网络中的节点地位的变化而改变。为进一步探究高速铁路区位优势差异对城市产业结构高级化的影响，本部分将高速铁路开通变量（HSR）替换为高速铁路网络节点地位变量（NS），重新对式（5-29）进行 MLE 估计，逆地理距离权重矩阵（W_1）和地理相邻权重矩阵（W_2）下 SDM 模型、SAR 模型和 SEM 模型的估计结果如表 5-8 所示。

表 5-8 显示，两种权重矩阵下 SDM 模型和 SAR 模型被解释变量 ISS 的空间滞后项和 SEM 模型中的空间误差项的显著性水平表明，SDM 模型不能退化为 SAR 模型或 SEM 模型。两种权重矩阵的回归结果中 NS 的回归系数均在 1% 的统计水平上显著为正，表明站点城市在高速铁路网络中的节点地位越高，高速铁路对本地产业结构高级化的推动作用越强。$W \times NS$ 的回归系数分别在 1% 和 5% 的统计水平上显著为负，意味着站点城市网络地位的提升将降低周边城市产业结构高级化水平。进一步的效应分解结果如表 5-9 所示。

表 5-8　网络地位基准回归结果

	模型（1）	模型（2）	模型（3）	模型（4）	模型（5）	模型（6）
	SDM（W_1）	SAR（W_1）	SEM（W_1）	SDM（W_2）	SAR（W_2）	SEM（W_2）
NS	0.0181*** (0.0056)	0.0231*** (0.0056)	0.0226*** (0.0056)	0.0231*** (0.0055)	0.0240*** (0.0055)	0.0242*** (0.0054)
pgdp	−0.1066 (0.0727)	0.0641 (0.0662)	0.0227 (0.0696)	−0.0461 (0.0707)	0.0462 (0.0657)	−0.0217 (0.0711)
trscg	0.1813 (0.2429)	0.5043** (0.2418)	0.3728 (0.2452)	0.1682 (0.2399)	0.3832 (0.2399)	0.1184 (0.2451)
fdi	−6.8151*** (2.2926)	−11.8330*** (2.0550)	−11.6211*** (2.1700)	−7.2860*** (2.3556)	−11.1679*** (2.0360)	−11.3339*** (2.2246)

续表

	模型（1）	模型（2）	模型（3）	模型（4）	模型（5）	模型（6）
	SDM（W_1）	SAR（W_1）	SEM（W_1）	SDM（W_2）	SAR（W_2）	SEM（W_2）
pax	0.0281*** (0.0085)	0.0243*** (0.0082)	0.0245*** (0.0083)	0.0244*** (0.0086)	0.0220*** (0.0081)	0.0200** (0.0085)
gds	−0.0602*** (0.0090)	−0.0764*** (0.0088)	−0.0728*** (0.0090)	−0.0626*** (0.0089)	−0.0730*** (0.0088)	−0.0658*** (0.0090)
$W \times NS$	−0.2516*** (0.0955)	—	—	−0.0238** (0.0113)	—	—
$W \times pgdp$	2.5606*** (0.5891)	—	—	0.2586*** (0.0831)	—	—
$W \times trscg$	22.0909*** (3.0787)	—	—	3.3609*** (0.4215)	—	—
$W \times fdi$	−103.6536*** (17.4491)	—	—	−6.0858* (3.6505)	—	—
$W \times pax$	−0.1937* (0.0995)	—	—	0.0257* (0.0144)	—	—
$W \times gds$	−0.3409*** (0.0951)	—	—	−0.0864*** (0.0164)	—	—
δ	0.7500*** (0.0557)	0.8532*** (0.0347)	—	0.2673*** (0.0190)	0.2930*** (0.0185)	—
λ	—	—	0.8478*** (0.0359)	—	—	0.3085*** (0.0190)
City FE	是	是	是	是	是	是
Year FE	是	是	是	是	是	是
Log–L	224.4482	148.1007	140.1629	251.1265	181.8279	173.6524
N	4560	4560	4560	4560	4560	4560

资料来源：笔者整理。

表5-9列示了 *ISS* 对 *NS* 回归的效应分解结果，逆地理距离权重矩阵下 *NS* 的直接效应系数为0.0148，在5%的统计水平上显著，即站点城市在高速铁路网络中的相对中介中心度每提高1%，站点城市本地产业结构高级化水平将提高1.62%（0.0148/0.9126），说明高速铁路网络地位带来的优势十分明显，该结果

与 H4 的预期是一致的。*NS* 的间接效应系数为 −0.9997，在 10% 的统计水平上显著，其经济含义是站点城市在高速铁路网络中的相对中介中心度每提高 1%，站点周边城市产业结构高级化水平将会平均降低 0.39%（−0.9997/284/0.9126）。再次证明高速铁路网络交点城市通过极化效应实现产业结构高级化，其他城市则需要依赖站点城市的辐射效应实现产业结构高级化。总效应系数为 −0.9849，在 10% 的统计水平上显著，说明整体上站点城市节点地位的提升对区域产业结构高级化水平的平均影响是消极的。控制变量的效应分解结果与表 5-7 一致，不再赘述。

表 5-9　效应分解结果

		NS	*pgdp*	*trsce*	*fdi*	*pax*	*gds*
直接效应	W₁	0.0148** (0.0064)	−0.0735 (0.0692)	0.5329** (0.2419)	−8.4134*** (2.1943)	0.0257*** (0.0082)	−0.0652*** (0.0090)
	W₂	0.0222*** (0.0059)	−0.0335 (0.0676)	0.4050* (0.2288)	−7.8019*** (2.2099)	0.0265*** (0.0082)	−0.0684*** (0.0089)
间接效应	W₁	−0.9997* (0.5481)	10.2404*** (3.2850)	93.5943*** (27.2644)	−453.0042*** (136.6943)	−0.7238 (0.4555)	−1.5754*** (0.5407)
	W₂	−0.0225 (0.0155)	0.3101*** (0.1005)	4.3629*** (0.5203)	−10.0675** (4.3288)	0.0405** (0.0173)	−0.1297*** (0.0209)
总效应	W₁	−0.9849* (0.5511)	10.1669*** (3.2866)	94.1272*** (27.3389)	−461.4176*** (136.8059)	−0.6981 (0.4563)	−1.6406*** (0.5418)
	W₂	−0.0002 (0.0185)	0.2766** (0.1186)	4.7680*** (0.5890)	−17.8694*** (4.2257)	0.0670*** (0.0189)	−0.1981*** (0.0235)

资料来源：笔者整理。

（四）稳健性检验

本章同样采取得分倾向匹配法、安慰剂检验和更换估计方法三种策略进行稳健性检验。

（1）得分倾向匹配法。首先，在计算倾向得分值的基准模型（Logit 模型）基础上通过循环，分别加入式（5-29）中的五个控制变量，将这五次模型估计得到的对数极大似然值（Log-Likelihood，LL）与基准模型比较，将 LL 值最大的控制变量加入基准模型并重复上述过程，最终筛选出经济规模、社会消费水平、公路旅客运输和公路货物运输四个控制变量作为 *HSR* 的匹配特征变量。其次，逐年估计各城市的倾向得分值，并依据倾向得分值在同一年中匹配控制组和对照组样本，方法采用二次核匹配。最后，将数据处理为平衡面板，并使用逆地理距离矩阵（W_1）对式（5-29）重新进行 MLE 估计。表 5-10 显示了使用倾向得分匹配后控制组与对照组匹配特征变量的平衡检验结果，可以认为匹配后控制组与对照组的匹配特征变量不存在显著差异。

表 5-10　匹配特征变量平衡检验结果

	2004 年	2005 年	2006 年	2007 年	2008 年	2009 年	2010 年	2011 年
pgdp	0.75	1.33	1.32	1.11	1.24	0.28	0.09	−0.25
trsce	−0.11	−0.40	−0.37	−0.36	−0.12	0.15	0.36	0.54
pax	−0.43	0.08	−0.03	−0.12	0.62	−0.08	−0.47	0.48
gds	−0.07	1.25	1.14	0.87	1.24	0.02	−0.47	−0.30
	2012 年	2013 年	2014 年	2015 年	2016 年	2017 年	2018 年	2019 年
pgdp	0.01	−0.15	−0.88	0.26	0.37	0.23	0.30	0.67
trsce	0.72	0.99	1.03	−0.06	−0.72	−0.32	−0.47	−0.76
pax	−0.31	−0.75	1.16	0.14	0.37	0.30	0.37	0.42
gds	−0.37	−0.05	−1.42	−1.10	−0.81	−1.18	−0.81	−0.40

注：表格中数字为 t 值。
资料来源：笔者整理。

表 5-11 汇报了基于 SDM 模型的 PSM-SDID 回归结果与分解效应。从匹配后的结果来看，*HSR* 仍然在 1% 的统计水平上对站点城市本地产业结构高级化产生了积极影响，同时也通过正向空间溢出效应显著推动了周边城市产业结构向高级化演进。验证了表 5-7 中基准回归结果的稳健性。

表 5-11　PSM-SDID 回归结果

	HSR	*pgdp*	*trsce*	*fdi*	*pax*	*gds*	*ISS*
X	0.0569*** （0.0134）	−0.1136 （0.0773）	0.2065 （0.2510）	−7.9810*** （2.3281）	0.0080 （0.0094）	−0.0462*** （0.0091）	—
WX/WY	0.3541*** （0.1290）	4.8336*** （0.7119）	24.0422*** （3.1650）	−80.7721*** （17.5200）	−0.0662 （0.1170）	−0.2959*** （0.1037）	0.7006*** （0.0646）

续表

	HSR	pgdp	trsce	fdi	pax	gds	ISS
直接效应	0.0622*** （0.0137）	−0.0586 （0.0747）	0.5326** （0.2451）	−9.0646*** （2.2103）	0.0073 （0.0092）	−0.0497*** （0.0092）	—
间接效应	1.3561*** （0.5240）	16.3800*** （4.3106）	84.5726*** （23.0050）	−299.3239*** （98.0029）	−0.2088 （0.4175）	−1.1124*** （0.4266）	—
总效应	1.4183*** （0.5241）	16.3214*** （4.3199）	85.1052*** （23.0656）	−308.3885*** （97.8628）	−0.2015 （0.4187）	−1.1621*** （0.4278）	—
City FE	是	是	是	是	是	是	是
Year FE	是	是	是	是	是	是	是
Log−L	244.9681	—	—	—	—	—	—
N	4336	—	—	—	—	—	—

资料来源：笔者整理。

（2）安慰剂检验。截至 2019 年，中国 285 个城市中共有 202 个城市开通了高速铁路，因此，首先，以 202 为处理组样本数量，在全部样本中随机抽取 202 个处理组城市。其次，从 2004~2019 年，共计 16 个年份中随机对每一个处理组城市抽取一个样本期作为其高速铁路开通时间，并生成伪高速铁路开通变量（FHSR）。再次，将上述抽样过程重复 200 次，并采用逆地理距离矩阵重新对式（5-29）进行 MLE 估计。最后，把 200 次随机抽样回归结果中 FHSR 的直接效应系数和间接效应系数制成散点图，与直接效应系数和间接效应系数核密度曲线一同绘制在图 5-5（a）、图 5-5（b）中。图中垂直短虚线是系数等于 0 时的参考线，水平短虚线是 p 值等于 0.1 时的参考线，垂直实线是对应分解效应系数的真实值。

图 5-5（a）中 FHSR 直接效应系数集中在 0 附近，HSR 直接效应系数真实值（0.0700）位于核密度曲线右侧尾部，进一步的 t 检验结果接受了 FHSR 直接效应系数均值为 0 的原假设（t=0.9815，p=0.3275），证明未观测到的其他因素几乎不会对高速铁路开通影响城市产业结构高级化的估计结果产生干扰。表明之前的基准回归结果是稳健的。图 5-5（b）中 FHSR 间接效应系数也集中在 0 附近，HSR 间接效应系数真实值（1.6260）位于核密度曲线右侧尾部。t 检验结果显示，FHSR 间接效应系数均值为 0.0981，标准差为 1.7707，对应 t 值 0.7833

（p=0.4344），同样无法拒绝 *FHSR* 间接效应系数均值为 0 的原假设。同样表明基准回归结果并非由遗漏变量导致的"偶然发现"，验证了基准回归结果的稳健性。

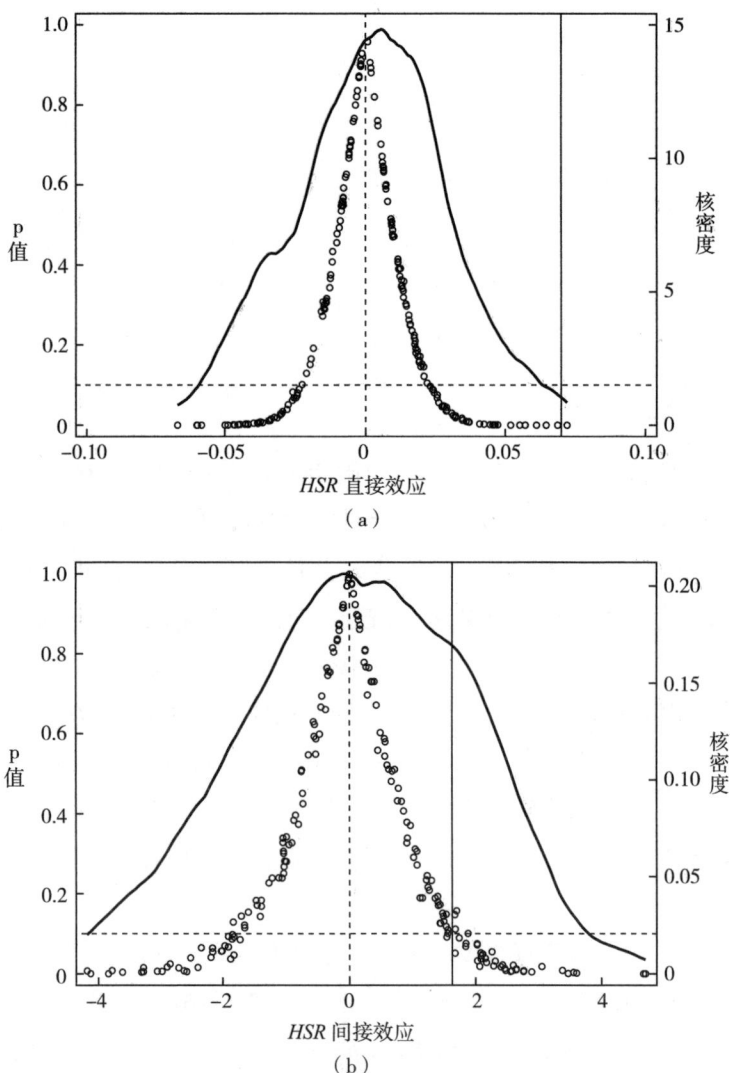

（a）

（b）

图 5-5　安慰剂检验结果

资料来源：笔者整理。

（3）使用基于正交转换的 QMLE 估计。为了保证估计一致性，采用 Lee 和 Yu（2010）提出的基于正交转换的 QMLE 方法对式（5-29）重新进行估计，结果如表 5-12 所示。高速铁路开通能够显著推动站点城市产业结构高级化的主要结论未发生变化。

表 5-12　基于正交转换的 QMLE 回归结果

	HSR	pgdp	trsce	fdi	pax	gds	ISS
X	0.0707*** （0.0135）	−0.1099 （0.0726）	0.2596 （0.2481）	−9.1907*** （2.3234）	0.0218** （0.0086）	−0.0606*** （0.0093）	—
WX/WY	−0.0488 （0.0766）	1.2779*** （0.1787）	3.2673*** （0.6948）	−44.0031*** （13.2300）	0.1346*** （0.0382）	−0.4436*** （0.0739）	0.7946*** （0.0410）
直接效应	0.0713*** （0.0138）	−0.0918 （0.0692）	0.3462 （0.2359）	−10.0976*** （2.2256）	0.0246*** （0.0083）	−0.0687*** （0.0094）	—
间接效应	0.0419 （0.3927）	5.9076*** （1.2448）	17.2965*** （4.2153）	−250.6161*** （66.3651）	0.7609*** （0.2789）	−2.4325*** （0.6183）	—
总效应	0.1132 （0.3928）	5.8158*** （1.2376）	17.6427*** （4.2131）	−260.7136*** （66.1832）	0.7855*** （0.2796）	−2.5012*** （0.6198）	—

注：表中结果为控制了城市个体固定效应和时间固定效应后的回归结果。
资料来源：笔者整理。

（五）异质性分析

一个城市的产业选择及结构变化与其社会经济特征存在密切联系，而高速铁路因素对产业结构演变的作用也会受此影响。为进一步探究高速铁路因素对城市产业结构高级化作用的异质性，本部分根据不同异质性进行分组回归，并采用空间杜宾—三重差分模型（SDM-DDD）检验差异显著性，具体模型设置如下：

$$ISS_t = \delta WISR_t + \beta_1 H_t + \beta_1' H_t \times DDD_t + \beta_3 WH_t + \beta_5 X_t + \beta_5' X_t \times DDD_t +$$
$$\beta_7 WX_t + \beta_3' W(H_t \times DDD_t) + \beta_7' W(X_t \times DDD_t) + \mu + \xi_t + \varepsilon_t \qquad (5\text{-}39)$$

式（5-39）中，H_t 为高速铁路因素变量，包括 HSR 和 NS；DDD_t 为描述异质性的分组变量虚拟变量，包括表示地区分布分组的虚拟变量 East，表示城市等级分组的虚拟变量 High 和表示城市规模分组的虚拟变量 Large，分组依据和分组变量取值规则同式（4-25）。高速铁路开通（HSR）和高速铁路网络节点地位（NS）对产业结构高级化（ISS）的异质性影响分别如表 5-13 和表 5-14 所示，结果显示，在三类不同分组中，无论是高速铁路的开通还是网络地位的提升，其间接效应均未表现出显著的地区分布异质性，高速铁路因素对城市产业结构高级化的异质性影响全部集中在直接效应上。

表 5–13　高速铁路开通异质性检验结果

	地区分布分组		城市等级分组		城市规模分组	
	东部城市（1）	中西部城市（2）	非地级市（3）	地级市（4）	特大城市（5）	非特大城市（6）
直接效应						
HSR	0.0519*** (0.0174)	0.0685*** (0.0184)	0.1200*** (0.0421)	0.0622*** (0.0142)	0.0156 (0.0149)	0.1050*** (0.0193)
经验 p 值	0.926		0.094*		0.704	
间接效应						
HSR	−0.7561** (0.3359)	0.6520 (0.4763)	−0.0345 (0.1104)	2.1195*** (0.7372)	1.2770*** (0.2666)	0.2085 (0.4112)
经验 p 值	0.532		0.159		0.694	
总效应						
HSR	−0.7042** (0.3386)	0.7205 (0.4761)	0.0855 (0.1045)	2.1817*** (0.7383)	1.2926*** (0.2678)	0.3135 (0.4110)
经验 p 值	0.530		0.154		0.691	
控制变量	是	是	是	是	是	是
Log–L	469.8202	−60.2665	136.0534	209.2025	701.9694	−200.7029
N	1600	2960	304	4256	1552	3008

注：本表回归均使用逆地理距离权重矩阵，且控制了城市个体固定效应和时间固定效应；经验 p 值为高速铁路开通变量 HSR 与分组虚拟变量 DDD 交乘项回归系数对应的 p 值。

资料来源：笔者整理。

表 5–14　高速铁路网络节点地位异质性检验结果

	地区分布分组		城市等级分组		城市规模分组	
	东部城市（1）	中西部城市（2）	非地级市（3）	地级市（4）	特大城市（5）	非特大城市（6）
直接效应						
NS	0.0417*** (0.0077)	−0.0013 (0.0092)	0.0077 (0.0079)	−0.0117 (0.0099)	0.0289*** (0.0050)	−0.0209 (0.0178)
经验 p 值	0.084*		0.015**		0.003***	

续表

	地区分布分组		城市等级分组		城市规模分组	
	东部城市（1）	中西部城市（2）	非地级市（3）	地级市（4）	特大城市（5）	非特大城市（6）
间接效应						
NS	0.3754**（0.1636）	−1.1351***（0.4398）	0.1120***（0.0258）	−1.6168*（0.9181）	−0.0315（0.1170）	0.8975（0.7826）
经验 p 值	0.294		0.122		0.408	
总效应						
NS	0.4170**（0.1672）	−1.1364**（0.4443）	0.1197***（0.0252）	−1.6285*（0.9235）	−0.0026（0.1194）	0.8766（0.7908）
经验 p 值	0.284		0.117		0.432	
控制变量	是	是	是	是	是	是
City FE	是	是	是	是	是	是
Year FE	是	是	是	是	是	是
Log-L	477.1712	−62.6156	144.5174	191.6097	701.2108	−214.2246
N	1600	2960	304	4256	1552	3008

资料来源：笔者整理。

（1）地区分布异质性。根据表5-13第（1）列、第（2）列的结果，高速铁路开通（HSR）对东部城市和中西部城市产业结构高级化（ISS）均产生了显著的正向推动作用，在东部城市分组中 HSR 对 ISS 的直接效应系数为0.0519，在中西部城市分组中为0.0685，均在1%的统计水平上显著，但组间差异检验的经验 p 值为0.926，表明 HSR 对东部城市和中西部城市 ISS 的影响并不存在显著差异。随着站点城市在高速铁路网络中节点地位产生变化［见表5-14第（1）列、第（2）列］，其对城市产业结构高级化的影响开始产生显著差异（经验 p 值为0.084）。具体地，网络地位的提升能够促进东部城市产业结构进一步高级化，但并未对中西部城市产生显著影响。东部地区作为中国改革开放进程中的"优等生"，在经济市场化和对外开放格局中拥有独特优势。以高速铁路为代表的交通基础设施为发挥前述独特优势、提升资源配置效率、改善供需结构和优化对外环境等方面提供了有力支撑。目前，东部地区通过培育世界级先进制造业集群，引领新兴产业和现代服务业发展实现产业升级的路径更加清晰，随着中国高速铁路进入"八纵八横"时代，东部城市将率先享受高速铁路网络带来的产业结构升级红利。

（2）城市等级异质性。表5-13的第（3）列、第（4）列分别报告了 HSR 对非地级市和地级市 ISS 影响的效应分解结果。可以发现，高速铁路开通使非地级市产业结构高级化水平提升了0.1200，相当于该组样本均值的9.06%[1]；使地级市产业结构高级化水平提升了0.0622，相当于该组样本均值的7.04%[2]。并且这种差异在10%的统计水平上显著。随着高速铁路网络建设不断完善，这种差异进一步放大。表5-14第（3）列、第（4）列的结果揭示了 NS 对非地级市和地级市 ISS 的异质性影响。其中，NS 对 ISS 的直接效应系数在非地级市分组中为0.0077，在地级市分组中为 −0.0117，尽管两组系数均不显著，但进一步的组间差异检验结果（经验 p 值为0.015）显示 NS 对非地级市 ISS 的影响比对地级市 ISS 的影响更加积极。改革开放以来，中国区域空间格局经历了由点—轴系统向网络化集聚的演变，促进了非均衡发展向均衡发展过渡，同时也加剧了行政中心与经济中心的高度重叠。随着《国家综合立体交通网规划纲要》的出台，副省级城市、直辖市在扮演行政中心和经济中心角色的基础上又增添了交通中心的角色。在现代经济发展严重依赖交通基础设施的背景下，三个中心重叠势必会强化高行政级别城市的产业发展优势。因此，非地级市在产业结构向高级化演进的过程中，将从高速铁路网络化布局中获得更多先机。

（3）城市规模异质性。表5-13的第（5）列、第（6）列分别报告了 HSR 对特大及以上规模城市和非特大规模城市产业结构 ISS 影响的效应分解结果。大抵来看，高速铁路开通对特大及以上规模城市和非特大规模城市产业结构高级化的影响均是积极的，且不存在显著差异。但当城市在高速铁路网络中的节点地位提升之后，高速铁路对站点城市产业结构高级化的影响则表现出明显差异。表5-14第（5）列、第（6）列结果显示，在特大及以上规模城市分组中，NS 对 ISS 的直接影响系数为正，并在1%的统计水平上显著；在非特大规模城市分组中系数为负，但不显著。组间差异的经验 p 值显示 NS 对两组样本 ISS 的

---

① 在东部城市分组中，ISS 的样本均值为1.3243，因此提升幅度为 0.1200/1.3243 ≈ 0.0906。

② 在中西部城市分组中，ISS 的样本均值为0.8832，因此提升幅度为 0.0622/0.8832 ≈ 0.0704。

影响差异在 1% 的统计水平上显著。高速铁路网络节点地位的提升意味着站点城市可以通过高速铁路网络与更多的城市产生经济互动，对于特大及以上规模城市而言，网络地位提升有助于其在更大的范围内进一步优化劳动力要素配置，加之高速铁路对劳动力要素的选择效应（杜兴强和彭妙薇，2017），能够使拥有网络交点优势的城市吸收更多的高精尖技术人才，从而加快城市产业结构高级化。

四、动态空间效应分析

（一）动态模型设置

产业结构合理化主要是对产业发展的静态状况进行评价，产业结构高级化则更倾向于对产业发展的动态趋势进行评价。本部分对式（5-29）进行拓展，加入 *ISS* 的时间滞后项和时空滞后项，以识别高速铁路因素和城市产业结构高级化之间的动态关系并降低内生性问题。扩展后的 DSDM–DID 模型如下，式中变量及系数定义同式（5-29）。

$$ISS_t = \tau ISS_{t-1} + \delta WISS_t + \eta WISS_{t-1} + \beta_1 H_t + \beta_3 WH_t + \beta_5 X_t + \\ \beta_7 WX_t + \mu + \xi_t + \varepsilon_t \tag{5-40}$$

进一步在上式中加入分组变量的交乘项后得到用于检验动态异质性的模型：

$$ISS_t = \tau ISS_{t-1} + \delta WISS_t + \eta WISS_{t-1} + \beta_1 H_t + \beta_1^{'} H_t \times DDD_t + \beta_3 WH_t + \\ \beta_5 X_t + \beta_5^{'} X_t \times DDD_t + \beta_7 WX_t + \beta_3^{'} W(H_t \times DDD_t) + \\ \beta_7^{'} W(X_t \times DDD_t) + \mu + \xi_t + \varepsilon_t \tag{5-41}$$

（二）回归结果

表 5-15 汇报了逆地理距离权重矩阵下 *ISS* 对 *HSR* 和 *NS* 的动态回归结果。在两组回归中被解释变量 *ISS* 的时间滞后项 *L.ISS* 和时空滞后项 *L.W × ISS* 的估计系数均在 1% 的统计水平上显著为正，表明城市产业结构高级化既存在时间上的延续性，又存在时空上的扩散性，即某城市当期的产业结构高级化水平对下一期产业结构高级化水平产生优化导向作用。同时，该城市当期的产业结构高级化水平还会通过涓滴效应对周边城市下一期的产业结构高级化水平产生积极影响。

表 5-15　DSDM 模型基准回归结果

	HSR		NS	
	短期 （1）	长期 （2）	短期 （3）	长期 （4）
$L.ISS$	0.6894*** （0.0145）		0.6703*** （0.0145）	
$L.W \times ISS$	18.1433*** （0.1697）		15.9045*** （0.1663）	
直接效应	0.0410 （0.4428）	0.0591*** （0.0102）	−2.2446 （81.5205）	−0.7488 （5.4120）
间接效应	0.2294 （0.4428）	−0.0036 （0.0086）	4.1589 （81.5203）	1.0967 （5.4120）
总效应	0.2704*** （0.0237）	0.0555*** （0.0049）	1.9143*** （0.0446）	0.3479*** （0.0044）
控制变量	是		是	
City FE	是		是	
Year FE	是		是	
Log-L	819.0170		821.9370	
N	4275		4275	

资料来源：笔者整理。

表 5-15 第（1）列和第（2）列结果显示，高速铁路开通（HSR）对站点城市产业结构高级化（ISS）的推动作用在长期上表现显著，对周边城市产业结构高级化的空间溢出效应无论是在短期还是长期上均不显著，但从总体影响来看，高速铁路开通在短期和长期上均有利于提升区域整体产业结构高级化的平均水平，且短期内，这种推动作用更强。第（3）列和第（4）列结果显示，高速铁路网络节点地位（NS）提升对整个区域产业结构高级化（ISS）平均水平的提高产生了积极影响，同样地，网络地位提升的短期效应（1.9143）比长期效应（0.3479）更强。HSR 和 NS 的直接效应和间接效应显著性水平较低的原因可能是由于存在较大的异质性，表 5-16 进一步汇报了 HSR 和 NS 对 ISS 动态影响的异质性结果。被解释变量 ISS 的时间滞后项 L.ISS 和时空滞后项 L.W×ISS 估计系数同样均在 1% 的统计水平上显著。

表 5-16 DSDM 模型异质性回归结果

		地区分布异质性		城市等级异质性		城市规模异质性	
		短期	长期	短期	长期	短期	长期
		（1）	（2）	（3）	（4）	（5）	（6）
L.ISS	*HSR*	0.7016*** (0.0146)		0.8886*** (0.0146)		0.5816*** (0.0146)	
	NS	0.6441*** (0.0146)		0.9156*** (0.0146)		0.7208*** (0.0146)	
L.W × ISS	*HSR*	17.9598*** (0.1879)		69.5140*** (0.1775)		37.3058*** (0.1882)	
	NS	43.7234*** (0.1855)		64.0878*** (0.1761)		20.4259*** (0.1851)	
直接效应	*HSR × DDD*	−2.8723 (10.3787)	−1.5456*** (0.0456)	1.1633 (1.2217)	−3.3509*** (0.1159)	1.3841 (71.0124)	−0.3097* (0.1588)
	NS × DDD	0.0746 (0.1491)	−0.2127*** (0.0061)	−0.4348*** (0.0221)	−0.2828*** (0.0050)	0.2026 (2.2291)	0.0283* (0.0157)
间接效应	*HSR × DDD*	−5.1519 (10.3757)	−0.3479*** (0.0380)	23.1967*** (1.0278)	6.2080*** (0.1133)	3.7414 (71.0160)	1.2843*** (0.1573)
	NS × DDD	−1.4130*** (0.1407)	−0.0742*** (0.0055)	−0.5475*** (0.0293)	0.1566*** (0.0046)	1.6459 (2.2274)	0.3197*** (0.0144)
总效应	*HSR × DDD*	−8.0242*** (0.1290)	−1.8935*** (0.0137)	24.3600*** (0.2175)	2.8571*** (0.0105)	5.1255*** (0.0583)	0.9746*** (0.0063)
	NS × DDD	−1.3384*** (0.0172)	−0.2869*** (0.0031)	−0.9823*** (0.0274)	−0.1262*** (0.0034)	1.8485*** (0.0715)	0.3481*** (0.0118)

注：*DDD* 为描述异质性的分组变量虚拟变量，在第（1）列、第（2）列中表示 *East*，在第（3）列、第（4）列中表示 *High*，在第（5）列、第（6）列中表示 *Large*；表中汇报的均为加入控制变量并控制时间和个体固定效应后的估计结果。

资料来源：笔者整理。

表5-16第（1）列和第（2）列汇报了 *HSR* 和 *NS* 对 *ISS* 影响的地区分布异质性检验结果，从交乘项的分解效应来看，*HSR* 和 *NS* 对东部城市和中西部城市 *ISS* 的直接影响在短期内不存在显著差异，在长期上 *HSR* 和 *NS* 对东部城市 *ISS* 的直接影响相对中西部城市更消极。间接效应方面，东部城市开通高速铁路在

长期上产生了较中西部城市而言更消极的空间溢出效应；东部城市在高速铁路网络中的节点地位提升则在短期和长期内均产生了较中西部城市而言更消极的空间溢出效应。从总效应来看，高速铁路因素对东部城市产业结构高级化的推动作用显著低于中西部地区，甚至在一定程度上产生了阻碍作用。由于东西部地区交通运输发展差距较大，东部地区已经形成较为完善的交通运输网络，而中西部地区仍处于综合交通枢纽和网络建设阶段。在这种情况下，东部城市开通高速铁路是为了进一步完善综合交通体系，弥补自身交通基础设施建设的短板，减少本地高精尖技术人才的流失，追赶其在为高端产业提供发展环境能力上的差距。相反，中西部城市开通高速铁路则能够帮助站点城市获得较大的交通区位优势，相对同区域未开通高速铁路的城市而言，更能为高端产业发展提供环境支撑和资源支持。因此可进一步认为，当东西部交通运输发展的差距缩小时，HSR 和 NS 对 ISS 影响的地区异质性就会降低，这一点也可以通过比较同期内 $HSR \times DDD$ 和 $NS \times DDD$ 的系数值或分别比较 $HSR \times DDD$ 两期和 $NS \times DDD$ 两期的系数值得出：无论是短期还是长期的各项分解效应，$NS \times DDD$ 的系数值均小于 $HSR \times DDD$，且对比 $HSR \times DDD$ 或 $NS \times DDD$ 的两期系数值也可以发现，高速铁路对东部与中西部城市产业结构高级化影响长期上的异质性同样小于短期内的异质性。这说明随着高速铁路或与高速铁路相配套的交通基础设施不断完善，东西部交通运输发展差距缩小，高速铁路对城市产业结构高级化的地区分布异质性就会降低。

城市等级异质性［见表5-16第（3）列、第（4）列］方面，$HSR \times DDD$ 对 ISS 的短期直接效应系数为 1.1633，不显著，长期直接效应系数为 -3.3509，在 1% 的统计水平上显著，表明高速铁路开通短期内对非地级市和地级市产业结构高级化的推动作用不存在显著差异，但长期上地级市受益更多。$HSR \times DDD$ 对 ISS 的间接效应系数无论是短期还是长期均在 1% 的统计水平上显著为正，表明非地级市开通高速铁路比地级市开通高速铁路产生了更强的正向空间溢出效应。$NS \times DDD$ 对 ISS 的直接效应在短期和长期均显著为负，说明高速铁路网络节点地位提升对地级市的影响更积极。$NS \times DDD$ 对 ISS 的间接效应在短期内显著为负，在长期上显著为正。当非地级站点城市在高速铁路网络中的节点地位提升，往往会产生较地级站点城市而言更强的极化效应，会更多地吸收周边城市发展高端产业的要素，因此短期内非地级市网络地位提升对城市产业结构高级化的推动作用小于地级市。但与之对应地，非地级市产生的涓滴效应强度更大、范围更广，因此尽管短期内极化效应阻碍了周边城市产业结构高级化，但长期上非地级市可以将极化作用的结果通过涓滴效应，反馈至周边城市，产生比地级市强度更高的正向空间溢出效应。

HSR 和 NS 对 ISS 影响的城市规模异质性［见表5–16第（5）列、第（6）列］主要体现在长期，HSR 对特大及以上规模城市 ISS 的长期直接效应显著低于对非特大规模城市，但长期间接效应显著高于非特大规模城市。NS 对特大及以上规模城市 ISS 的长期直接效应和长期间接效应均显著高于对非特大规模城市。以上结果表明特大及以上规模城市推动产业结构高级化的契机在于高速铁路网络建设，相对于非特大规模城市，特大及以上规模城市网络地位提升时，可以更快地实现本地产业结构高级化。人作为信息技术和隐性知识传播的载体，是高速铁路推动站点城市产业结构高级化的重要因素。高速铁路的开通与网络完善有利于提高人口流动效率，加快信息传递。高速铁路对特大及以上规模城市与非特大规模城市 ISS 的影响在短期内不存在显著差异，但长期上，高速铁路对两类城市人口流动和与之伴随的信息流动的影响差异会被时间延续性和空间滞后性不断强化，最终导致以知识、技术为主要生产要素的高端产业呈现出不同的发展水平，进而使高速铁路对城市产业结构高级化的影响表现出城市规模异质性。

五、空间衰减边界测算

由基准回归的结果可知，高速铁路对城市产业结构高级化的影响存在显著的空间溢出效应。距离衰减律指出地理距离与经济活动强度间存在显著的负相关关系，因此高速铁路对城市产业结构高级化的空间效应一定存在衰减边界。本部分继续使用不同距离阈值的逆地理距离权重矩阵对式（5–29）进行回归，观察高速铁路对城市产业结构高级化间接效应系数数值及显著性水平变化，刻画其空间衰减边界。空间权重矩阵形式和阈值设置与式（4–28）相同。图5–6和图5–7分别绘制了50~1500千米距离阈值下 HSR 和 NS 对 ISS 的间接效应系数及其95%的置信区间。

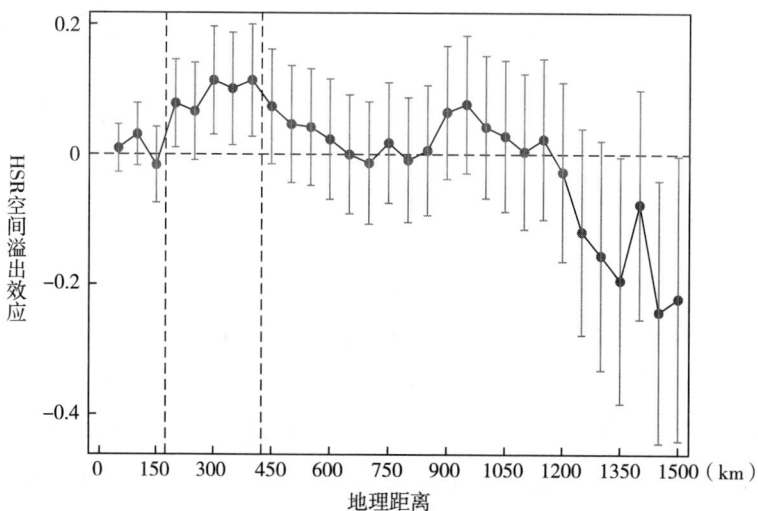

图 5-6 *HSR* 产业结构高级化空间衰减边界

资料来源：笔者整理。

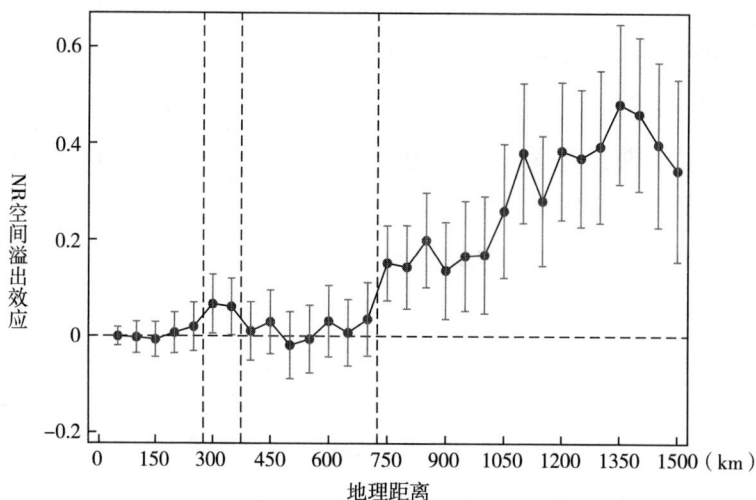

图 5-7 *NS* 产业结构高级化空间衰减边界

资料来源：笔者整理。

从图 5-6 中可以看出高速铁路开通（*HSR*）对周边城市产业结构高级化（*ISS*）产生的空间溢出范围较小，可将 50~1500 千米的距离范围大致分为三个区间。第一个区间为 50~150 千米，与站点城市距离处在该区间城市的产业结构高级化水平几乎不会受到来自站点城市开通高速铁路的影响。原因可能在于公路交通在短途运输中具有更大的优势，高速铁路对高端产业发展所需的高级劳动力和其承载的知识技术信息流动性的影响受到公路运输的挤占，因此站点城市开通高速铁路对较近范围内的城市产业结构高级化影响不显著。第二个区间为150~400千米，当与站点城市的直线距离处在该区间时，该城市会受到站点城市开通高速铁路的正向辐射，且辐射强度随着距离增加呈上升趋势，有利于推动当地产业结构高级化。第三个区间为400千米以上时，此时 HSR 对此距离外城市 ISS 的正向空间溢出效应逐渐弱化并消失，甚至在距离超过1350千米后表现出微弱的消极影响。

图5-7显示，城市在高速铁路网络中的节点地位（NS）提升对周边城市产业结构高级化（ISS）产生的空间溢出效应主要表现在远距离上。根据不同距离阈值下 NS 间接效应系数大小及显著性的变化趋势，可将 NS 空间溢出效应划分为四个区间。第一个区间为250千米以内，该范围内 NS 间接效应系数接近于0，表明站点城市高速铁路网络节点地位提升对该范围内的其他城市产业结构高级化水平不存在影响。第二个区间为250~350千米，该距离范围内，NS 间接效应系数在5%的统计水平上显著大于0，站点城市高速铁路网络节点地位提升有助于在该范围产生产业结构高级化的正向空间溢出。第三个区间为350~700千米，该区间内站点城市高速铁路网络节点地位提升对其他城市产业结构高级化的正向辐射作用消失。第四个区间为700千米以上，NS 对周边城市 ISS 的影响表现出明显的正向空间溢出效应，且在700~1350千米范围内呈递增趋势，当距离超过1350千米后正向空间溢出效应的作用强度开始下降。从整体来看，节点地位提升对周边城市产业结构高级化的空间溢出效应主要产生在750千米以上，即强化了对远距离城市产业结构高级化的正向空间溢出。

分别对比图5-6与图4-5、图5-7与图4-6可以发现，HSR 和 NS 对站点周边城市 ISS 产生空间溢出效应的衰减边界与 ISR 几乎一致。因此可得出如下结论：高速铁路开通对城市产业结构优化升级的空间溢出效应集中体现在省域范围内，进一步考虑高速铁路网络节点地位因素后，高速铁路对产业结构优化升级的空间溢出效应将会被放大至相邻省份甚至距离更远的间隔省份。

第三节 高速铁路影响城市产业结构高级化的路径检验

一、产业转移路径

（一）模型设置

本章前文利用共生演化模型分析了产业转移对城市产业结构高级化水平的推动作用，并根据经验判断阐述了高速铁路在其中所扮演的角色地位。认为高速铁路从"引起比较优势变化""拓展市场空间""规划转移路径"三个方面推动了产业转移的发生，进而推动站点城市实现产业结构高级化。其中，产业转移对城市产业结构高级化的积极影响已在理论推导中得证，因此本部分主要讨论高速铁路对产业转移的影响。将式（5–29）中的被解释变量替换为表征产业转移的产业转移量变量（$TV2$、$TV3$）即得到本部分所需的基准模型：

$$TV_t = \delta WTV_t + \beta_1 H_t + \beta_3 WH_t + \beta_5 X_t + \beta_7 WX_t + \mu + \xi_t + \varepsilon_t \qquad (5\text{–}42)$$

式（5–42）中，TV 为产业转移量，本书使用偏离—份额分析法分别计算了各样本城市 2005~2019 年第二产业转移量（$TV2$）和第三产业转移量（$TV3$），其余变量含义同前文一样，变量的具体计算方法和说明见前文变量设计部分。本部分还从地区分布、城市等级和城市规模方面对样本进行分组，通过比较分组回归结果进一步讨论高速铁路对产业转移的异质性影响，用于检验组间差异的模型如下：

$$TV_t = \delta WTV_t + \beta_1 H_t + \beta_1' H_t \times DDD_t + \beta_3 WH_t + \beta_5 X_t + \beta_5' X_t \times DDD_t +$$
$$\beta_7 WX_t + \beta_3' W(H_t \times DDD_t) + \beta_7' W(X_t \times DDD_t) + \mu + \xi_t + \varepsilon_t \qquad (5\text{–}43)$$

表 5–17 汇报了逆地理距离权重矩阵下式（5–42）的 MLE 估计结果，其中 Panel A 是将第二产业转移量（$TV2$）作为被解释变量的回归结果，Panel B 是将第三产业转移量（$TV3$）作为被解释变量的回归结果。

（二）基准回归与异质性分析

本部分重点讨论高速铁路对站点城市产业转移的影响，因此仅汇报高速铁路变量（HSR、NS）对产业转移量（$TV2$、$TV3$）的直接效应。从表 5–17 Panel A

和 Panel B 的第（1）列基准回归结果来看，高速铁路开通（*HSR*）对站点城市第二产业转移（*TV*2）的直接效应系数为 0.0010，对第三产业转移（*TV*3）的直接效应系数为 −0.0037，但均未通过显著性检验，表明高速铁路开通没有推动站点城市第二产业或第三产业转移。靳卫东等（2016）指出产业转移存在行业和地区差别，在同一时间内某一产业部门内的不同细分行业可能分别处在转移和集聚阶段，当使用不区分行业的三次产业总量数据进行分析时可能会掩盖少数行业在城市间发生转移的经验事实，从而低估产业转移的程度，这可能是基准回归未能得到与理论预期一致结果的原因之一。考虑到本书以地级行政区为研究对象，各地市细分行业统计数据可得性较低，对各细分行业转移测度的可操作性较差，因此只能试图使用三次产业统计数据，并尽可能通过异质性分析探究高速铁路对产业转移的影响。

Panel A 和 Panel B 第（2）列和第（3）列汇报了地区分布的分组回归结果，发现高速铁路开通在东部城市和中西部城市中均未能加快第二产业转移。但高速铁路开通在 10% 的统计水平上加快了中西部城市第三产业转出。根据前文分析，高速铁路建设加强了中国东西部地区的沟通与联系，为区域产业梯度转移中东西部城市相互对接提供了支持，结合通常认为的中国区域产业转移呈现的梯度特征，高速铁路开通应该会加快第二产业由东部站点城市向中西部站点城市转移，即 *HSR* 对东部城市 *TV*2 的直接效应系数应当为负，对中西部城市 *TV*2 的直接效应系数应当为正，但地区分布的分组回归结果与理论预期并不一致，说明高速铁路的开通没有加快区域产业梯度转移，或者中国区域产业转移本身不存在梯度特征。

Panel A 和 Panel B 第（4）列和第（5）列结果显示高速铁路开通对第二产业和第三产业转移存在显著的城市等级异质性。其中，*HSR* 对非地级市 *TV*2 和 *TV*3 的直接效应系数分别为 0.0281、0.0872，对地级市 *TV*2 和 *TV*3 的直接效应系数分别为 −0.0050、−0.0073，尽管只有地级市组 *TV*3 的系数通过了显著性检验，但组间差异结果仍表明在高速铁路的影响下非地级市相对地级市发生了第二产业和第三产业转入。从直接效应系数大小来看，由高速铁路开通引起的非地级市第三产业转入量高于第二产业转入量。

Panel A 和 Panel B 第（6）列和第（7）列的结果显示，在高速铁路的影响下特大及以上规模城市相对非特大规模城市发生了第二产业转入，*HSR* 对 *TV*3 的影响不存在城市规模异质性。综合城市等级异质性和城市规模异质性的结果，可以认为高速铁路开通使中心城市在第二产业发展上取得了相对优势，这也符合中国目前仍处于工业化后期的现实。

表 5-17　HSR 产业转移路径检验结果

Panel A：第二产业转移

	基准回归	地区分布		城市等级		城市规模	
		东部	中西部	非地级	地级	特大	非特大
	（1）	（2）	（3）	（4）	（5）	（6）	（7）
HSR	0.0010 (0.0064)	0.0035 (0.0138)	0.0063 (0.0065)	0.0281 (0.0704)	−0.0050 (0.0051)	0.0159 (0.0146)	−0.0097 (0.0059)
经验 p 值	—	0.699		0.000***		0.034**	
控制变量	是	是	是	是	是	是	是
City FE	是	是	是	是	是	是	是
Year FE	是	是	是	是	是	是	是
Log-L	3439.9531	869.3606	2870.8822	−22.4720	4385.3582	709.9925	3215.3473
N	4275	1500	2775	285	3990	1455	2820

Panel B：第三产业转移

	基准回归	地区分布		城市等级		城市规模	
		东部	中西部	非地级	地级	特大	非特大
	（1）	（2）	（3）	（4）	（5）	（6）	（7）
HSR	−0.0037 (0.0060)	0.0066 (0.0134)	−0.0104* (0.0054)	0.0872 (0.0781)	−0.0073* (0.0039)	0.0075 (0.0147)	−0.0065 (0.0044)
经验 p 值	—	0.295		0.000***		0.533	
控制变量	是	是	是	是	是	是	是
City FE	是	是	是	是	是	是	是
Year FE	是	是	是	是	是	是	是
Log-L	3785.7628	865.9252	3451.3709	−49.0126	5460.0926	696.6249	4061.1896
N	4275	1500	2775	285	3990	1455	2820

资料来源：笔者整理。

表 5-18 汇报了 *NS* 替换 *HSR* 后的回归结果。从 Panel A 和 Panel B 的第（1）列基准回归结果可以发现，站点城市高速铁路网络节点地位提升推动了站点城市第二产业和第三产业转出，说明高速铁路对产业转移的推动作用需要依靠完善的高速铁路网络才能充分发挥，也证明高速铁路确实对产业转移存在影响。从高速铁路网络节点地位（*NS*）对产业转移量（*TV*2、*TV*3）的直接效应系数大小来看，高速铁路网络节点地位提升引起的第二产业转出量高于第三产业，有助于提高第三产业相对地位，进而推动站点城市产业结构高级化。

Panel A 第（2）列和第（3）列的结果显示，高速铁路网络节点地位提升加快了东部城市和中西部城市第二产业转出，且东部城市第二产业转出量比中西部城市更高，该结果再次表明中国的区域产业转移可能不存在传统产业理论中的梯度特征，而是广泛发生于东部和中西部地区，由站点城市向非站点城市转移。Panel B 第（2）列和第（3）列的结果显示，高速铁路网络节点地位提升加快了东部站点城市第三产业转出和中西部站点城市第三产业转入。该结果可能由两方面原因导致：第一，高速铁路网络完善使第三产业在东西部站点城市之间发生了逆梯度转移；第二，高速铁路网络完善加快了东部地区第三产业由站点城市向非站点城市转移，同时加快了中西部地区第三产业由非站点城市向站点城市转移。无论是产业基础、技术储备还是市场环境，东部地区均拥有更大的第三产业发展优势，尽管高速铁路有助于缩小东西部地区在这些方面的差距，但考虑到西部地区经济发展水平低于东部地区的事实及第三产业对经济增长的推动作用，逆梯度转移发生的可能性极低。因此，可以认为高速铁路网络完善加快了东部非站点城市和中西部站点城市第三产业的发展。

Panel A 和 Panel B 第（4）列和第（5）列的结果显示，随着高速铁路网络完善，非地级站点城市相对于地级站点城市发生了第二产业和第三产业转出，这与表 5-16 中 Panel A 和 Panel B 第（4）列和第（5）列的结果相反。说明站点城市高速铁路网络节点地位提升，有助于地级站点城市加速发展第二产业、第三产业。验证了前文分析高速铁路对区域空间格局演化影响时对第三个阶段的描述，即当高速铁路网络趋于完善，处在网络交点处的地级市逐渐演化为次级中心，并沿省会城市、直辖市等区域性中心的发展轨迹加速产业建设。

Panel A 和 Panel B 第（6）列和第（7）列的结果显示，*NS* 对 *TV*2 和 *TV*3 的影响存在显著的城市规模异质性。当站点城市节点地位提升时，特大及以上规模站点城市的第二产业和第三产业产生相对转出，并且转出量显著低于非特大规模站点城市。特大及以上规模站点城市产生第二产业相对转出，意味着特大及以上规模站点城市第二产业对劳动力资源的需求下降，表明中国制造业正在由劳动密集型向技术密集型转化。

表 5-18　NS 产业转移路径检验结果

Panel A：第二产业转移

	基准回归	地区分布		城市等级		城市规模	
		东部	中西部	非地级	地级	特大	非特大
	（1）	（2）	（3）	（4）	（5）	（6）	（7）
NS	−0.0359*** (0.0032)	−0.0590*** (0.0064)	−0.0173*** (0.0032)	−0.0667*** (0.0134)	−0.0067 (0.0042)	−0.0424*** (0.0048)	0.0058 (0.0061)
经验 p 值	—	0.000***		0.000***		0.000***	
控制变量	是	是	是	是	是	是	是
City FE	是	是	是	是	是	是	是
Year FE	是	是	是	是	是	是	是
Log-L	3522.7306	922.4013	2901.3434	−10.1550	4393.7255	748.4393	3214.6109
N	4275	1500	2775	285	3990	1455	2820

Panel B：第三产业转移

	基准回归	地区分布		城市等级		城市规模	
		东部	中西部	非地级	地级	特大	非特大
	（1）	（2）	（3）	（4）	（5）	（6）	（7）
NS	−0.0174*** (0.0028)	−0.0645*** (0.0053)	0.0188*** (0.0031)	−0.0639*** (0.0158)	0.0268*** (0.0032)	−0.0310*** (0.0048)	−0.0005 (0.0042)
经验 p 值	—	0.000***		0.000***		0.022**	
控制变量	是	是	是	是	是	是	是
City FE	是	是	是	是	是	是	是
Year FE	是	是	是	是	是	是	是
Log-L	3806.6945	940.6814	3478.8407	−39.1891	5511.5207	716.5561	4054.2279
N	4275	1500	2775	285	3990	1455	2820

资料来源：笔者整理。

二、产业集聚路径

（一）模型设置

前文通过构建包含高级产业和普通产业的两部门经济增长模型，从理论上验证了产业集聚对城市产业结构高级化的积极影响，并从运输成本的角度阐述了高速铁路对产业集聚的推动作用。本部分通过实证分析检验高速铁路对产业集聚的影响。将式（5-29）中的被解释变量替换为产业集聚指数（$CR2$、$CR3$）可得到本部分所需的基准模型：

$$CR_t = \delta WCR_t + \beta_1 H_t + \beta_3 WH_t + \beta_5 X_t + \beta_7 WX_t + \mu + \xi_t + \varepsilon_t \qquad (5-44)$$

本部分同样采用分组回归的方式讨论高速铁路因素（HSR、NS）对产业集聚（$CR2$、$CR3$）影响的地区分布异质性、城市等级异质性和城市规模异质性，检验组间差异的模型如下：

$$CR_t = \delta WCR_t + \beta_1 H_t + \beta_1' H_t \times DDD_t + \beta_3 WH_t + \beta_5 X_t + \beta_5' X_t \times DDD_t + \beta_7 WX_t + \beta_3' W(H_t \times DDD_t) + \beta_7' W(X_t \times DDD_t) + \mu + \xi_t + \varepsilon_t \qquad (5-45)$$

表 5-19 汇报了逆地理距离权重矩阵下 $CR2$ 和 $CR3$ 对 HSR 回归的 MLE 估计结果，表 5-20 汇报了逆地理距离权重矩阵下 $CR2$ 和 $CR3$ 对 NS 回归的 MLE 估计结果。其中，Panel A 是将第二产业集聚指数（$CR2$）作为被解释变量的回归结果，Panel B 是将第三产业集聚指数（$CR3$）作为被解释变量的回归结果。

（二）基准回归与异质性分析

表 5-19 汇报了高速铁路开通（HSR）对产业集聚指数（$CR2$、$CR3$）的直接效应，第（1）列基准回归结果显示，HSR 对 $CR2$ 的直接效应系数为 -0.0095，在 1% 的统计水平上显著；对 $CR3$ 的直接效应系数为 0.0069，在 1% 的统计水平上显著，即高速铁路开通降低了站点城市第二产业的聚集程度，并推动了第三产业在站点城市集聚。该结果与 H10 的预期一致，说明在高速铁路的影响下，站点城市正在为第三产业的发展腾出空间，验证了高速铁路通过影响产业集聚改变三次产业比重优势，进而实现城市产业结构高级化的路径存在。

Panel A 第（2）列和第（3）列的分组回归结果显示，高速铁路开通降低了东部城市第二产业集聚水平，但对中西部城市第二产业集聚水平没有显著影响。进一步的组间差异检验结果表明高速铁路开通对东部城市第二产业集聚水平的削弱作用显著强于中西部城市。Panel B 第（2）列和第（3）列的分组回归结果显示，高速铁路开通推动了第三产业在东部站点城市集聚，但对中西部站点城市第三产业的集聚水平没有显著影响，且两者的差异在 1% 的统计水平上显著。综合 Panel A 和 Panel B 的地区分布异质性结果，高速铁路推动城市产业结构高级化的产业集聚路径在东部地区作用更加明显。

Panel A、Panel B 第（4）列和第（5）列的结果显示，尽管高速铁路开通对第二产业、第三产业集聚水平的影响存在显著的城市等级异质性，但这种异质性仅体现在强度差异而非方向差异上。具体地，HSR 对非地级市和地级市 $CR2$ 的直接效应系数分别为 –0.0956 和 –0.0061，对 $CR3$ 的直接效应系数分别为 0.0897 和 0.0056，四项系数均在 1% 的统计水平上显著。城市等级分组回归得到的系数方向与基准回归结果一致，无论是在非地级市还是地级市，高速铁路开通均表现出了对第二产业聚集的削弱作用和对第三产业集聚的促进作用，但作用强度在非地级市中更高。省会城市、直辖市作为各都市圈的核心，相对地级市的城市功能负担较重，高速铁路作为疏解人口、带动产业的重要抓手对非地级市城市功能减负的意义和作用更大，因此高速铁路开通对非地级市产业集聚的影响程度高于地级市。

Panel A、Panel B 第（6）列和第（7）列的结果显示，高速铁路开通对产业集聚影响的城市规模异质性仅存在于第二产业，并且这种异质性同样不体现在方向上。

表 5-19　HSR 产业集聚路径检验结果

Panel A：第二产业集聚

	基准回归	地区分布		城市等级		城市规模	
		东部	中西部	非地级	地级	特大	非特大
	（1）	（2）	（3）	（4）	（5）	（6）	（7）
HSR	–0.0095*** (0.0029)	–0.0222*** (0.0065)	0.0009 (0.0024)	–0.0956*** (0.0282)	–0.0061*** (0.0019)	–0.0109 (0.0068)	–0.0118*** (0.0023)
经验 p 值	—	0.000***		0.000***		0.001***	
控制变量	是	是	是	是	是	是	是
City FE	是	是	是	是	是	是	是
Year FE	是	是	是	是	是	是	是
Log-L	7250.3928	2027.8939	6067.4512	264.8889	8769.3326	1934.5915	6224.2396
N	4560	1600	2960	304	4256	1552	3008

Panel B: 第三产业集聚

	基准回归	地区分布		城市等级		城市规模	
		东部	中西部	非地级	地级	特大	非特大
	（1）	（2）	（3）	（4）	（5）	（6）	（7）
HSR	0.0069***	0.0154***	−0.0016	0.0897***	0.0056***	0.0098*	0.0120***
	（0.0023）	（0.0051）	（0.0019）	（0.0260）	（0.0017）	（0.0053）	（0.0019）
经验 p 值	—	0.000***		0.000***		0.587	
控制变量	是	是	是	是	是	是	是
City FE	是	是	是	是	是	是	是
Year FE	是	是	是	是	是	是	是
Log–L	8390.5581	2442.6379	6610.4537	287.6186	9425.8670	2307.9798	6749.6140
N	4560	1600	2960	304	4256	1552	3008

资料来源：笔者整理。

表5-20进一步汇报了站点城市高速铁路网络节点地位提升对产业集聚的影响和异质性。从第（1）列的结果可以看出，随着站点城市高速铁路网络节点地位的提升，其对第二产业集聚的削弱作用被进一步加强，同时也使第三产业集聚的增长势头有所减缓。高速铁路网络建设使第二产业在核心交点城市的比较优势进一步下降，从而导致越是网络地位高的站点城市第二产业集聚水平下降越多。Panel A 中各组异质性检验结果表明，网络地位提升对第二产业集聚的削弱作用在东部发达城市、非地级市和特大及以上规模城市中更加明显。

随着站点城市在高速铁路网络中的节点地位提升，高速铁路对第三产业集聚的推动作用消失并产生削弱，其可能有两个方面原因：第一，高速铁路网络完善产生了非均衡时空收敛效应，重构了各站点城市的区位等级，使高速铁路因素对第三产业集聚的作用在不同城市产生差异，加速第三产业在小部分城市集聚，从而导致其他城市第三产业集聚水平降低。第二，高速铁路开通主要推动了以劳动密集型服务业为主的第三产业集聚，随着高速铁路网络的完善和对技能型劳动力需求的饱和，处于核心交点城市的第三产业集聚规模相对稳定，增长速度逐渐低于其他城市，从而表现出相对下降。第一个原因可以通过 NS 对 CR3 影响的城市等级异质性结果验证。如果该原因成立，由于行政等级高的城市更容易取得区位优势，那么高速铁路网络节点地位提升将对非地级市第三产业集聚产生积极影响，或者产生相对于地级市而言更积极的影响。

从 Panel B 第（4）列和第（5）列的结果可以看出，NS 对非地级市 CR3 的直接效应系数为正，尽管未通过显著性检验，但组间差异结果显示 NS 对非地级市 CR3 的影响比地级市更加积极，支持了第一个原因的存在。第二个原因可以通过 NS 对 CR3 影响的城市规模异质性结果验证。特大及以上规模城市拥有充足的劳动力，假设该原因成立，那么高速铁路网络节点地位提升应当不会进一步促进第三产业在规模相对稳定的特大及以上规模城市集聚，甚至削弱第三产业在特大及以上规模城市的集聚水平，或者产生比非特大规模城市第三产业集聚更消极的作用。Panel B 第（6）列和第（7）列的结果支持了这样的观点，高速铁路网络节点地位提升对特大及以上规模城市第三产业集聚的削弱作用强于非特大规模城市。Panel B 第（2）列和第（3）列还列出了 NS 对 CR2、CR3 影响的地区分布异质性结果，尽管存在作用强度上的差别，但分组回归的两个系数方向与基准回归一致。

表 5-20 NS 产业集聚路径检验结果

Panel A：第二产业集聚

	基准回归	地区分布		城市等级		城市规模	
		东部	中西部	非地级	地级	特大	非特大
	（1）	（2）	（3）	（4）	（5）	（6）	（7）
NS	−0.0117*** (0.0013)	−0.0213*** (0.0027)	−0.0001 (0.0011)	−0.0086 (0.0055)	0.0005 (0.0013)	−0.0150*** (0.0021)	0.0012 (0.0021)
经验 p 值	—	0.000***		0.000***		0.000***	
控制变量	是	是	是	是	是	是	是
City FE	是	是	是	是	是	是	是
Year FE	是	是	是	是	是	是	是
Log-L	7266.9355	2054.6298	6068.9729	262.2548	8744.3364	1950.9902	6206.8640
N	4560	1600	2960	304	4256	1552	3008

续表

Panel B：第三产业集聚

	基准回归	地区分布		城市等级		城市规模	
		东部	中西部	非地级	地级	特大	非特大
	（1）	（2）	（3）	（4）	（5）	（6）	（7）
NS	−0.0050***	−0.0115***	−0.0031***	0.0048	0.0006	−0.0058***	−0.0047**
	（0.0010）	（0.0021）	（0.0009）	（0.0049）	（0.0013）	（0.0017）	（0.0019）
经验 p 值	—	0.000***		0.000***		0.051*	
控制变量	是	是	是	是	是	是	是
City FE	是	是	是	是	是	是	是
Year FE	是	是	是	是	是	是	是
Log–L	8378.7632	2453.4669	6616.9017	296.1198	9412.2992	2313.4395	6734.0581
N	4560	1600	2960	304	4256	1552	3008

资料来源：笔者整理。

三、产业融合路径

（一）模型设置

前文通过构建包含高级产业和普通产业的两部门融合经济增长模型，推导了产业融合如何影响劳动力分配并最终改变产业比重实现城市产业结构高级化，同时从影响技术扩散速度的角度论述了高速铁路对产业融合的促进作用。本部分通过实证分析验证高速铁路对产业融合的影响。用于相关回归的模型如下，其中被解释变量分别替换为表征不同产业融合的产业耦合协调度。

$$CD_t = \delta WCD_t + \beta_1 H_t + \beta_3 WH_t + \beta_5 X_t + \beta_7 WX_t + \mu + \xi_t + \varepsilon_t \tag{5-46}$$

异质性分析同样采用分组回归，对应检验组间差异的模型如下：

$$\begin{aligned} CD_t = &\delta WCD_t + \beta_1 H_t + \beta_1' H_t \times DDD_t + \beta_3 WH_t + \beta_5 X_t + \beta_5' X_t \times DDD_t + \\ &\beta_7 WX_t + \beta_3' W(H_t \times DDD_t) + \beta_7' W(X_t \times DDD_t) + \mu + \xi_t + \varepsilon_t \end{aligned} \tag{5-47}$$

表 5–21 和表 5–22 分别汇报了逆地理距离权重矩阵下各次产业耦合协调度（*CD*13、*CD*23、*CD*123）对高速铁路开通（*HSR*）和高速铁路网络节点地位

（NS）回归的 MLE 估计结果。其中 Panel A、Panel B 和 Panel C 分别是对一三产业融合（CD13）、二三产业融合（CD23）和一二三产业融合（CD123）影响的回归结果。

（二）基准回归与异质性分析

表 5-21 第（1）列基准回归结果显示，HSR 对 CD13 的直接效应系数为 0.0051，在 1% 的统计水平上显著；对 CD23 的直接效应系数为 0.0039，在 1% 的统计水平上显著；对 CD123 的直接效应系数为 0.0038，在 1% 的统计水平上显著，该结果很好地支持了 H11，表明高速铁路开通显著提高了站点城市各产业间的耦合协调度，强化了各产业间的联动关系，加快产业融合。经济意义上，高速铁路的开通平均使站点城市一三产业耦合协调度提升了 1.20%（0.0051/0.4254）、二三产业耦合协调度提升了 0.78%（0.0039/0.4979）、一二三产业耦合协调度提升了 0.78%（0.0038/0.4848）。验证了高速铁路通过推动产业融合，实现产业结构高级化的理论逻辑。

Panel A、Panel B 和 Panel C 第（2）列和第（3）列的地区分布异质性结果显示，高速铁路对东部城市产业融合的促进作用显著高于中西部城市。21 世纪以来，世界经济不确定性的增加使产业转型升级成为中国经济发展的迫切需要。由于低端锁定的长期影响，我国高端产业发展迟缓，产业结构向高级化转型缺乏基础支撑。高速铁路的开通刺激了现代服务业有效需求的快速增长，推动生产性服务业与其他产业的融合发展成为各地区实现产业结构高级化的重要途径。中西部地区较东部地区产业基础相对薄弱，市场化水平较低，产业发展速度本身存在一定差距。加之地区间消费水平差异的存在，高速铁路对现代服务业需求的释放程度有别，导致高速铁路开通对东部城市产业融合的积极影响高于中西部城市。比较系数大小发现，高速铁路开通对一二三产业融合影响的地区分布异质性最强。

Panel A、Panel B 和 Panel C 第（4）列和第（5）列的结果显示了高速铁路开通对产业融合影响的城市等级异质性。在非地级市分组中，高速铁路开通仅对一三产业融合产生了显著的推动作用，对二三产业融合和一二三产业融合影响不显著。在地级市分组中，高速铁路开通对一三产业融合、二三产业融合和一二三产业融合均表现出了显著的推动作用。对比 HSR 对 CD13 的直接效应系数发现，在高速铁路影响下，非地级市获得了比地级市多 62.86%［（0.0057-0.0035）/0.0035］的一三产业融合优势。从第一产业发展基础来看，几乎所有的非地级市都拥有国家现代农业示范区，第一产业现代化水平高于地级市平均水平，更有利于农业技术、生物技术等生产性服务业与农业的融合发展，因此非地级市一三产业融合的高速铁路优势更明显。二三产业融合方面，地级市的高速铁路优势更明显，其原因可能与高速铁路对第二产业和第三产业在非地级市与地级市之间相对转移的影响有关。随着高速铁路网络完善，地级市相对于非地级市产生第二产业和第三产业转入，产业发展基础得以改善，加快了二三产业融合进度。一二三产业融合方面，高速铁路对地级市的积极影响更加显著。

Panel A、Panel B 和 Panel C 第（6）列和第（7）列结果表明高速铁路开通对产业融合影响存在显著的城市规模异质性。前文基于技术扩散分析了高速铁路对产业融合的影响，认为技术在产业间的扩散是产业融合产生的根本原因，而高速铁路提高了承载技术知识的劳动力流动效率，加快了技术扩散速度，从而催化了产业融合的发生。按照该逻辑，高速铁路应当在劳动力市场规模更大、技术扩散空间更广的城市表现出更积极的产业融合推动效果。从分组回归的结果可以发现，在一三产业融合、二三产业融合和一二三产业融合中，特大及以上规模城市确实受益更多，验证了前述猜想。

表 5-21　*HSR* 产业融合路径检验结果

	基准回归	地区分布		城市等级		城市规模	
		东部	中西部	非地级	地级	特大	非特大
	（1）	（2）	（3）	（4）	（5）	（6）	（7）
HSR	0.0051*** (0.0009)	0.0054*** (0.0013)	0.0038*** (0.0011)	0.0057** (0.0027)	0.0035*** (0.0009)	0.0051*** (0.0013)	0.0041*** (0.0011)
经验 p 值	—	0.096*		0.003***		0.000***	
控制变量	是	是	是	是	是	是	是
City FE	是	是	是	是	是	是	是
Year FE	是	是	是	是	是	是	是
Log-L	12721.024	4559.383	8231.590	965.089	11985.026	4489.529	8298.662
N	4560	1600	2960	304	4256	1552	3008

Panel A：一三产业融合

Panel B：二三产业融合

	基准回归	地区分布		城市等级		城市规模	
		东部	中西部	非地级	地级	特大	非特大
	（1）	（2）	（3）	（4）	（5）	（6）	（7）
HSR	0.0039*** (0.0005)	0.0044*** (0.0008)	0.0028*** (0.0006)	0.0022 (0.0025)	0.0025*** (0.0004)	0.0030*** (0.0008)	0.0026*** (0.0006)
经验 p 值	—	0.001***		0.000***		0.000***	
控制变量	是	是	是	是	是	是	是
City FE	是	是	是	是	是	是	是
Year FE	是	是	是	是	是	是	是
Log–L	15426.436	5452.693	10126.786	996.273	15084.482	5211.713	10503.069
N	4560	1600	2960	304	4256	1552	3008

Panel C：一二三产业融合

	基准回归	地区分布		城市等级		城市规模	
		东部	中西部	非地级	地级	特大	非特大
	（1）	（2）	（3）	（4）	（5）	（6）	（7）
HSR	0.0038*** (0.0005)	0.0046*** (0.0008)	0.0027*** (0.0007)	0.0034 (0.0023)	0.0024*** (0.0005)	0.0039*** (0.0008)	0.0024*** (0.0006)
经验 p 值	—	0.001***		0.000***		0.000***	
控制变量	是	是	是	是	是	是	是
City FE	是	是	是	是	是	是	是
Year FE	是	是	是	是	是	是	是
Log–L	15093.280	5409.167	9818.233	1025.406	14525.347	5190.688	10099.325
N	4560	1600	2960	304	4256	1552	3008

资料来源：笔者整理。

表5-22进一步汇报了站点城市高速铁路网络节点地位提升对产业融合的影响和异质性。第（1）列的基准回归结果显示，高速铁路网络节点地位提升进一

步加快了站点城市产业融合进程。高速铁路网络化建设有助于劳动力在更大的范围内实现优化配置，站点城市高速铁路网络节点地位的提升意味着站点城市可以吸收更多产业发展所需的劳动力，为产业融合发展提供支持。

地区分布异质性方面，Panel A 和 Panel C 第（2）列、第（3）列结果显示，高速铁路网络节点地位提升继续推动了东部站点城市和中西部站点城市第一产业与其他产业融合，但没有扩大东部与中西部的融合进程差距。这可能是因为高速铁路的开通帮助中西部城市实现了对东部城市第一产业发展的追赶，网络地位提升对第一产业与其他产业融合的影响不再因第一产业发展基础的不同而产生异质性。Panel B 第（2）列和第（3）列的结果显示高速铁路网络完善进一步拉开了东部城市与中西部城市二三产业融合的进程差距。东部地区是中国技术创新能力最强的地区，拥有较中西部地区更加充足的技术储备和技术供给能力。技术支持对于高端制造业和服务业发展的重要性不言而喻，高速铁路网络的完善使城市间的经济交流更加密切，技术升级和扩散更加频繁，此时，拥有技术优势的东部地区可以更好地利用高速铁路对技术扩散的影响，加快二三产业融合。

城市等级异质性方面，Panel A 第（4）列、第（5）列的结果表明，高速铁路网络节点地位提升没有进一步推动地级市一三产业融合，同时对非地级市一三产业融合产生了显著的消极影响，即高速铁路网络节点地位提升没有帮助地级站点城市获得额外的一三产业融合优势，且由于高速铁路网络完善引起非地级市第三产业产生相对转出，导致非地级站点城市一三产业融合水平下降。Panel B 和 Panel C 第（4）列、第（5）列的结果表明，高速铁路网络节点地位提升带来的交通区位优势没能进一步促进非地级市二三产业融合和一二三产业融合，但在地级市分组中的表现仍然是显著积极的。说明高速铁路网络建设带来的区位优势有助于地级站点城市缩小与非地级站点城市在二三产业融合和一二三产业融合方面的差距。

Panel A、Panel B 和 Panel C 第（6）列、第（7）列结果表明，高速铁路网络节点地位提升对产业融合影响的城市规模异质性十分显著，这种显著性不仅体现在作用强度上，还体现在作用方向上。整体来看，高速铁路网络节点地位提升对特大及以上规模城市产业融合的影响是显著积极的，而对非特大规模城市的产业融合要么无影响，要么影响是显著消极的。这意味着高速铁路网络化运营削弱了非特大规模城市中站点城市相对于非站点城市的产业融合发展优势，并将这种优势集中在了区位等级更高的特大及以上规模站点城市，同时再次证明了劳动力规模是高速铁路影响产业融合的重要调节因素。

表 5-22　NS 产业融合路径检验结果

Panel A：一三产业融合

	基准回归	地区分布		城市等级		城市规模	
		东部	中西部	非地级	地级	特大	非特大
	（1）	（2）	（3）	（4）	（5）	（6）	（7）
NS	0.0020*** （0.0004）	0.0031*** （0.0006）	0.0015*** （0.0005）	−0.0013** （0.0005）	−0.0001 （0.0006）	0.0023*** （0.0004）	−0.0019* （0.0011）
经验 p 值	—	0.544		0.994		0.000***	
控制变量	是	是	是	是	是	是	是
City FE	是	是	是	是	是	是	是
Year FE	是	是	是	是	是	是	是
Log-L	12721.970	4559.948	8233.333	966.543	11973.358	4493.997	8297.630
N	4560	1600	2960	304	4256	1552	3008

Panel B：二三产业融合

	基准回归	地区分布		城市等级		城市规模	
		东部	中西部	非地级	地级	特大	非特大
	（1）	（2）	（3）	（4）	（5）	（6）	（7）
NS	0.0028*** （0.0002）	0.0034*** （0.0003）	0.0018*** （0.0003）	−0.0002 （0.0005）	0.0010*** （0.0003）	0.0023*** （0.0003）	0.0008 （0.0005）
经验 p 值	—	0.001***		0.573		0.000***	
控制变量	是	是	是	是	是	是	是
City FE	是	是	是	是	是	是	是
Year FE	是	是	是	是	是	是	是
Log-L	15491.449	5500.983	10152.930	1003.593	15071.917	5253.936	10498.615
N	4560	1600	2960	304	4256	1552	3008

续表

Panel C：一二三产业融合

	基准回归	地区分布		城市等级		城市规模	
		东部	中西部	非地级	地级	特大	非特大
	（1）	（2）	（3）	（4）	（5）	（6）	（7）
NS	0.0024*** （0.0002）	0.0024*** （0.0003）	0.0021*** （0.0003）	−0.0004 （0.0005）	0.0011*** （0.0003）	0.0020*** （0.0003）	−0.0001 （0.0006）
经验 p 值	—	0.935		0.005***		0.000***	
控制变量	是	是	是	是	是	是	是
City FE	是	是	是	是	是	是	是
Year FE	是	是	是	是	是	是	是
Log–L	15122.838	5423.659	9839.935	1028.081	14511.798	5214.150	10093.765
N	4560	1600	2960	304	4256	1552	3008

资料来源：笔者整理。

本章小结

本章首先将影响城市产业结构高级化的路径划分为产业转移、产业集聚及产业融合三条，并依次论述了高速铁路对三种经济现象的影响，以及三种经济现象对城市产业结构高级化的推动作用。具体地，本书认为高速铁路从产业发展的比较优势、市场空间和运输成本方面影响产业转移发生；从交通运输效率和劳动力流动方面影响产业集聚发生；从技术扩散方面影响产业融合发生。并指出产业转移通过帮助转出地区淘汰落后产业，帮助转入地区带动关联产业实现城市产业结构高级化；产业集聚通过提升产业内生技术创新推动城市产业结构高级化；产业融合通过将普通产业转化为高级产业组成部门，实现城市产业结构高级化。其次构建空间杜宾—双重差分模型对高速铁路影响城市产业结构高级化的空间溢出效应进行实证检验，结果发现：

第一，高速铁路开通与站点城市和站点周边城市产业结构高级化水平均显著正相关，该结果验证了高速铁路能够帮助站点城市更快地完成产业发展过程中的要素禀赋积累、要素结构转化，进而推动产业结构向高级化演进的理论预期，以及高速铁路影响下区域产业分工深化形成的产业链关联能够促进站点周边城市产业结构高级化的理论预期。

第二，在考虑了站点城市在高速铁路网络中的节点地位后，发现站点城市在高速铁路网络中的节点地位与本地产业结构高级化水平显著正相关；与站点周边城市产业结构高级化水平显著负相关。该结果表明高速铁路网络化建设增强了增长极城市的极化作用，加快高级资源要素在高节点地位城市集聚，推动其产业结构高级化，削弱对周边城市产业结构高级化的正向溢出。

第三，异质性分析结果显示高速铁路开通和高速铁路网络完善对城市产业结构高级化的地区分布异质性、城市等级异质性和城市规模异质性均表现在直接效应上，其中东部城市、非地级市、特大及以上规模城市产业结构高级化水平受高速铁路因素的积极影响更多。进一步的动态空间溢出效应分析还发现城市产业结构高级化存在时间和时空上的延续性，高速铁路开通对本地产业结构高级化的积极影响主要表现在长期上。

第四，高速铁路对城市产业结构高级化空间溢出效应衰减边界的测算结果显示，高速铁路开通对站点周边城市产业结构高级化的正向辐射最远距离为 400 千米，距离站点城市 1350 千米以上的城市还可能受到来自站点城市高速铁路开通的微弱负向空间溢出效应；当高速铁路网络节点地位提升，正向辐射范围将扩大至覆盖站点周边 300~350 千米和 750 千米以上的城市。

第五，高速铁路对产业转移的影响只在处于高速铁路网络交点的城市有所体现，站点城市网络节点地位越高，第二、第三产业转出现象越明显，尤其是第二产业转出量更大。高速铁路开通与第二产业集聚水平显著负相关，与第三产业集聚水平显著正相关。但站点城市网络节点地位与第二、第三产业的集聚水平均显著负相关，其原因可能在于高速铁路网络完善产生了非均衡时空收敛效应。高速铁路对产业融合的影响体现在全产业，无论是一三产业、二三产业还是一二三产业，高速铁路开通与其耦合协调度均显著正相关，站点城市网络节点地位与其耦合协调度也均显著正相关。以上结果验证了高速铁路通过影响产业转移、产业集聚和产业融合三种经济现象的发生，推动城市产业结构高级化进程的理论逻辑。

第六章　借力高速铁路加快城市产业结构优化升级的障碍与对策

第四章和第五章的实证结果表明高速铁路开通对城市产业结构合理化水平和高级化水平的影响及作用路径存在显著的异质性，并且随着高速铁路网络完善，站点城市在高速铁路网络中的节点地位不同使得这些异质性有了新的变化。本章首先对高速铁路建设与城市产业发展的互动实践进行分析，指出借力高速铁路加快城市产业结构优化升级面临的主要障碍。其次根据前文研究结果，针对性地提出相应的破解对策。

第一节　借力高速铁路加快城市产业结构优化升级的主要障碍

一、高铁对城市产业结构合理化的推动力不足

根据前文关于高速铁路影响下资源要素流动特征的理论分析，高铁开通应当有利于站点城市的产业结构合理化，但实证研究结果表明，高速铁路对站点城市产业结构合理化没有起到明显的推动作用，甚至在总体上抑制了整个区域产业结构合理化。进一步的异质性分析发现，高速铁路开通仅仅微弱地提高了中西部站点城市的产业结构合理化水平，并显著降低了东部站点城市的产业结构合理化水平。从我国高速铁路线路布局"东密西疏"的特征来看，上述结果可能与高速铁路不合理的开发利用有关。

截至 2021 年底，中国高速铁路运营里程已超过 4 万千米，沿线站点数量近

千个，作为优化产业生产资源配置、带动产业发展的重要手段，各地方政府高度重视高速铁路站点建设。尤其随着高速铁路网由"四纵四横"向"八纵八横"升级，越来越多的城市被纳入线路规划中，各地政府围绕高速铁路站点城市建设的投资冲动有增无减①。尚处于线路规划的城市也积极争取高速铁路在本地设站。然而，中国高速铁路站点周边建设尚处于起步阶段，各地市探索结果存在较大差异。一些地方依托高速铁路站点建设有效拓宽了城市范围，为完善产业布局、推动产业发展提供了空间支持，但也有一些地区脱离地方社会经济发展基础、忽视城镇化发展规律，盲目追求高速铁路建设，从而导致地方政府债务过度扩张引起生产要素价格扭曲，进而阻碍城市产业结构优化升级。

根据前文高速铁路网络节点地位提升与地方政府财政支出占 GDP 比重不存在显著的相关关系的结果，可以判断高速铁路引起的地方政府投资冲动主要发生在沿线非交点城市。对于这类站点城市而言，本身缺少平台型城市对大型高端企业发展的支撑基础，难以通过引进龙头企业带动产业发展。若不考虑地方社会经济实际状况，忽视产业链上下游关系，盲目追求投资规模，进而引发地方政府债务过度扩张，并通过税收或利率渠道对先进产业投资产生挤出效应并引起要素市场扭曲，将进一步削弱当地对先进产业中小规模企业的吸引力，降低劳动力和资本的配置效率。由此一来，不仅难以发挥高速铁路对产业发展的带动作用，甚至会降低城市产业结构合理化水平。

二、高速铁路对要素配置的调节效果不佳

站点城市的产业基础是高速铁路能否发挥产业结构优化升级促进作用的关键，如果站点城市产业承载力和吸附力不足，高速铁路可能会导致"增客流不增效益"的情况产生，甚至造成产业"空心化"。从前文高速铁路影响城市产业结构合理化的人力资本路径、物质资本路径和技术创新路径的地区分布异质性分析结果可以看出，高速铁路开通使东部站点城市积累了更多人力资本和信息技术，使中西部站点城市积累了更多的物质资本，这与东部城市由劳动密集型产业向资本密集型、知识技术密集型产业过渡，西部城市由资源密集型产业向劳动密集型产业过渡所需要的生产资料类型存在一定矛盾。进一步地，对站点城市在高铁网络中的节点地位进行区分，则会发现节点地位提升有利于西部城市获得更多的人

---

① 前文高速铁路推动城市产业结构合理化的政府支持路径分析结果验证了这种说法。

力资本积累，有利于东部城市获得更多的物质资本和信息技术。该结果表明高速铁路网络化建设更有利于提高资源配置效率。然而事实上诸多地方政府对自身在高铁网络中的节点地位并不够重视，这一点不难从节点地位对政府支持影响的回归结果中可以看出。地方政府对高铁功能的异化可能是造成这种情况的原因。

过去很长一段时间内，在城镇化加速推进时代背景下，各地政府过度重视高速铁路站点及周边区域建设对城镇化的作用，导致高速铁路的资源空间配置作用被严重异化，"飞地式"空间结构成为各地方政府规划高铁新城普遍选择的空间形态。并且各地方政府大多缺乏开发经验，在"高铁新城"热潮中往往对城市发展的预期研判盲目乐观，对新城的功能定位偏高，部分城市存在"追求土地、人口大于追求产业"的倾向，从而导致新城、主城空间结构失衡，人地关系协调性下降，要素吸引力下降，阻碍高速铁路对要素配置的优化调节。由此引发的一个新问题是，高铁作为一项强化市场力量的重要基础设施，为何其作用会受到政府力量的影响？这与我国高速铁路站点选择的方式与流程有关。目前中国高速铁路站点选址的方式是先由高速铁路线路规划所在城市的地方政府依据城市发展需要设计选址方案，然后报由国家铁路局审批。这样的方式使得各地方政府在高速铁路站点选择和建设规模上可以进行较大程度的行政干预。在城镇化加速推进时代背景下，各城市普遍存在对城市扩张的诉求，因此高速铁路站点通常被规划在远离城市中心的郊区，进而导致城市空间恶性扩张，引起城市蔓延并造成人地关系失调，制约了市场通过高速铁路对要素配置的优化。

三、高铁网络核心城市的正向溢出效应未得到充分释放

从前文高速铁路开通对产业结构合理化、高级化的空间溢出效应衰减边界的测算结果可以看出，高铁站点城市对周边较近距离的城市产生了强劲的虹吸效应，对较远距离的城市虽然表现出了一定的正向空间溢出效应，但强度非常弱，且并不明显，证明现阶段高速铁路开通主要通过极化效应使站点城市集聚更多的生产要素，难以通过扩散效应将生产要素回流至站点周边城市。最终导致站点城市产业结构合理化水平提升，站点周边城市产业结构合理化水平下降，区域产业结构合理化的不平衡加剧。

根据前文理论分析，高速铁路建设使区域空间格局由极核式结构演化为点轴式结构，再由点轴式结构演化为网络式结构。以高速铁路站点城市为基础形成的

区域性增长极应当在极核式结构阶段产生极化效应，加速生产要素积累。进入点轴式结构阶段后，站点城市会将极化效应范围延伸至距离更远的非邻接城市，并将通过极化效应积累的生产要素通过扩散效应回流至与其发生经济互动的邻近城市。到网络结构阶段后，分散的生产要素将通过交通网或信息网协调分配至各产业部门。但实际上，虽然中国高速铁路网络化布局基本建成，区域空间结构已经进入网络式结构阶段，但扩散效应迟迟没有产生，其原因在于：一方面，高铁经济带建设仍处于初步探索阶段，高速铁路线尚未真正成为区域性发展主轴，难以引导生产要素沿发展轴线自主有序流动。目前，随着"四纵四横"高速铁路网络向"八纵八横"高速铁路网络推进，中国铁路运输与经济发展的整体关系基本实现了由"瓶颈制约"到"总体缓解"再到"基本适应"的转变。但已经形成的高铁经济带仅有粤桂黔滇川高铁经济带和湘黔高铁经济带两条，其他城市尚未形成以高速铁路线路为基础的区域合作，难以发挥高速铁路作为重要的战略通道对资源整合的推动作用。另一方面，站点城市对外综合交通运输体系尚不健全，导致生产要素在站点城市形成相对过度积累，加剧站点城市与非站点城市间生产要素的供需矛盾。站点城市对外综合交通运输体系的完善是引领站点周边城市产业发展、加快生产要素回流、推动城市产业结构优化升级的客观要求。目前，中国综合交通运输不平衡不充分的问题仍然突出，无论是铁路网还是公路网都呈现出"东密西疏"的分布特征。加之高铁新城的规划建设普遍存在与主城的空间结构失调问题，站点城市综合交通运输体系尚存在运输方式衔接协同不佳、综合交通网络布局欠缺、运输效率及可持续发展能力不足等短板，制约了高速铁路通过扩散效应推动站点周边城市产业结构向合理化和高级化演进。

第二节　借力高速铁路加快城市产业结构优化升级的对策

一、合理规划站点建设方案，增强高铁产业带动作用

对于因站点选址、建设规模及站点周边区域发展模式不合理导致地方政府债务扩张，引起要素价格扭曲，进而阻碍城市产业结构优化升级的问题，应当在规划环节从以下两点着手予以解决：第一，在城市首次制定高速铁路规划时地方政

府应当从区域发展的全局出发，充分论证高速铁路开通的必要性及建设方案的可行性，从源头消除因站点设置不合理而造成的资源浪费，降低地方债务风险，减少要素价格扭曲。由前文得出，高速铁路开通引起地方政府债务扩张的现象主要发生在沿线非交点城市，即那些被新纳入高速铁路网络布局的城市。在"高铁促产""产业兴市"发展思维被诸多地方政府奉为圭臬的背景下，高速铁路设站问题往往被线路规划范围内各城市视为发展命运转折的关键。随着铁路投资向地方和社会资本放开，地方政府作为出资人的话语权越来越重，站点选址的"取直原则"越来越多地受到地方政府出于经济性因素考虑的影响，因此关于站点选址的最终博弈结果多是平衡了"政治"和"原则"的折中方案①。换言之，最终的方案可能既不是最有利于区域整体经济发展，又不是最节约建设成本的，这就导致地方政府可能会对高速铁路建设的经济效益产生过高预期，引发盲目投资导致的地方政府债务过度扩张和要素价格扭曲。因此，从区域产业发展的角度来说只有做好站点建设前期研究，深入分析"高铁红利"释放的必要条件，以"取直原则"为前提从区域层面考虑社会经济效益，避免地方政府"锦标赛"对高速铁路建设的过度行政干预，减少在部分经济基础较差、人口规模较小城市的不科学站点设置，才能充分发挥高速铁路的带动作用，保障高速铁路建设的经济性，降低高速铁路对城市产业结构优化升级的阻碍。

第二，高速铁路站点周边区域规划应当"因地制宜"，结合当地原有产业基础、资源优势、发展定位及高速铁路因素在不同社会经济特征下对生产要素流动的异质性影响，甄选并打造重点产业园区，突出产城融合，提高产业生产效率，推动产业基础高级化。根据前文研究结果，以地区分布为划分依据，高速铁路加快了劳动力要素向东部非网络交点城市和西部网络交点城市流动；加快了资本要素向东部网络交点城市和中西部非网络交点城市流动；加快了知识、技术要素向东部城市流动。以城市等级为划分依据，高速铁路强化了劳动力要素和知识、技术要素在非地级站点城市和地级站点城市的集聚效应；强化了资本要素在地级站点城市的集聚效应。以城市人口规模为划分依据，高速铁路将更多的劳动力要素

---

① 例如，河南邓州、新野关于郑万高速铁路襄阳到南阳段的设站之争，根据"取直原则"在新野设站可节省建设成本 13 亿元，节省运行时间两分半钟，但作为丹江口水库及上游地区"区域中心城市"的邓州设站则更有利于区域经济发展。经过四轮讨论，最终将站点设置在邓州、新野中间，站点距离邓州市区 16 千米、距新野城区 14 千米。

和资本要素配置到了非特大规模站点城市；将更多知识、技术要素配置到了特大及以上规模站点城市。因此，在对高速铁路站点周边区域产业园区进行规划时需要注意，东部非网络交点城市和中西部网络交点城市更适合劳动密集型、知识技术密集型产业发展；东部网络交点城市和中西部非网络交点城市更适合资本密集型、知识技术密集型产业发展。非地级站点城市更适合发展劳动密集型、知识技术密集型产业；地级站点城市则在劳动密集型、资本密集型和知识技术密集型产业上均具有一定发展优势。特大及以上规模站点城市更适合发展知识技术密集型产业；非特大规模站点城市更适合发展劳动密集型和资本密集型产业。了解高速铁路对要素流动的异质性影响，结合站点城市定位和产业基础，合理编制产业发展规划，才能充分发挥高速铁路对要素配置的改善作用和对先进产业的吸引作用，推动城市产业结构合理化和高级化。

二、把准高铁功能定位，科学利用高铁资源配置效应

对于因高铁功能异化导致的要素配置失调的问题，应当从协调站点城市人地关系入手。一方面，需要在规划初期选择合适的空间发展模式；另一方面，对于已进入建设阶段或已经建成的新城，应当通过完善城市综合交通体系，修正新城与主城的空间结构予以解决。首先，在空间发展模式的选择上，高速铁路站点规划不仅需要考虑城市交通外延性和对城市的扩容能力，还应当紧密结合城市总体规划和土地利用总体规划等统一布局，更重要的是要对市场进行理性的研判，避免因高速铁路建设规划与城市规划脱节导致土地资源浪费。从高铁新城建设的实践来看，诸多高铁新城在地方政府的引导和推动下被贴上了交通枢纽的定位标签，并采取"飞地式"空间发展模式进行建设，以此追求对城市的快速扩容及对产业和人口的吸引。但事实上绝大部分高铁新城并不能担起"枢纽"一词，本书关于高速铁路对产业集聚影响的基准回归结果和城市规模异质性结果也证实，一些并不位于高速铁路网络交点、人口规模较小的城市反而会因为高速铁路网络完善导致的跨区域运输成本下降而加速工业经济"流失"。随着高速铁路网络化布局的进一步推进，将会有更多规模较小的城市被纳入高速铁路网络。为避免因主城区市场服务设施覆盖范围有限，而导致难以支撑"飞地式"高铁新城发展的情况出现。未来新建高速铁路车站应当尽可能地设在主城区或靠近城市建成区处，尽量减少由此造成的城市分割，确保高速铁路建设与城市发展顺利衔接。

其次，对于已经建成并与主城关系失调的"飞地式"高铁新城，应当尽快完善交通配套设施。围绕高铁车站新增公路交通、轨道交通等项目建设，对连接新城与主城间的通道进行扩能。增强城市空间极化效应，扩大主城覆盖范围，调整城市内部梯度等级，强化高铁新城与主城的联系转化，提高新城与主城间的连接紧密性，逐步增强城市发展整体性，从而纠正"飞地式"空间布局的错误做法。完善交通配套有助于增强高速铁路资源配置的流通度，提升城市资源交换能力，提高高速铁路对人流、物流及信息流等生产要素的吸引力，缓解"飞地式"空间布局引起的人地关系失衡，为产业发展注入活力。对于高速铁路网络交点城市而言，加快提升综合交通功能，可以有效支撑和应对一体化区域发展格局。通过提高交通便利性增强区域联系紧密度、扩大辐射和吸引范围，可以进一步增强高速铁路的资源配置效应，使城市积累更多的知识、技术等高级生产要素，促进一二三产业融合水平，推动产业结构高级化。对于非高速铁路网络交点城市而言，优化交通配套，有助于缓解新城与主城功能脱节导致的土地资源浪费，能够改善市场环境，降低高速铁路"过道效应"进而实现劳动力资本、物质资本和信息资源的积累。因此，交通配套是解锁"飞地式"空间布局高速铁路站点城市产业活力的重要密码。

最后，对于一些拥有更强实力"邻居"的站点城市，还可以通过跨区域合作重塑新城与主城的空间结构关系，将"飞地"打造为独立核心区域。与邻市共建合作平台，以"飞地"为基础拓宽产业"联姻"空间，能够更加高效地推动资源整合。同时还能够突破城市自身能级限制，更大限度地发挥新城土地资源优势和高速铁路交通优势，解决新城与主城空间结构失调导致的城市蔓延，为产业发展寻求空间。通过打造产业合作区，为飞入地承接飞出地产业转出提供空间，有助于释放产业发展的乘数效应，加快推进飞入地产业创新集群发展。同时，飞入地能够接受先进经验输出，共享飞出地的品牌优势，吸收先进管理经验、人才培养经验及体制改革优化经验，实现全方位赋能，对夯实飞入地产业发展基础具有重要意义。

三、打造泛高铁经济带，发挥高速铁路空间溢出效应

高速铁路联通了各省会城市及各省份主要城市，但并非只有这些站点城市能够享受高速铁路对地方产业发展带来的红利，前文结果已经证明高速铁路对城市

产业结构优化升级的影响存在显著的空间溢出效应，且处于高铁网络核心的城市能够产生更强的正向溢出作用。因此，在构建高速铁路经济带的同时，还需要加深站点城市与周边非站点城市的交流合作，尤其是强调高铁网络核心城市的作用。当然，存在空间溢出效应并不意味着所有非站点城市都能直接融入以高速铁路线路为基础的发展主轴，前文结果表明高速铁路对城市产业结构优化升级的空间溢出效应存在明显的空间衰减边界。因此，合理确定以高铁站点城市和相邻非站点城市为基础的泛高铁经济带，围绕高铁网络核心城市打造辐射圈层，是发挥高速铁路扩散效应的关键。根据空间衰减边界的测算结果，本书建议以站点城市为中心，以周边400千米范围为限规划泛高铁经济带区域合作辐射圈层。考虑到该距离范围基本处于省域范围内，因此辐射圈层的区域合作可以是由省级政府组织的地市级区域合作和由各市级政府组织的内部区域合作。首先，根据省级发展规划及高铁经济带建设规划布局定位辐射圈层子合作区域产业方向与类型。高铁经济带建设推动了沿线站点城市产业差异化定位，辐射圈层区域合作应当以高铁经济带产业布局为基础，在子合作区域内形成一批规模发展、集中连片且具有竞争优势的特色产业集群。其次，以省域范围内的主要高速铁路枢纽城市为核心，围绕子合作区域产业定位形成产业内垂直分工。前文实证结果表明，中国产业转移没有表现出明显的梯度特征，而是广泛发生于东部、中西部地区，并由站点城市向非站点城市转移，这为推动站点城市与辐射范围内的非站点城市形成产业内垂直分工提供了基础。结合前文结果，辐射圈内的非站点城市应当依托资源优势，积极承接站点城市资源密集型、劳动密集型等传统加工生产行业，提高与核心城市的经济联系，与核心城市形成基于研发设计、生产制造、销售服务等环节的合理分工，强化区域整体竞争力。最后，完善提升合作城市一体化联运能力，在站点城市与非站点城市间形成专向联络线，通过交通带动产业、区域发展。最终形成"一带多片"的泛高铁经济带战略合作基本架构。

本章小结

本章基于前文研究发现及高速铁路建设与地方产业发展的互动现状，分析了中国现阶段借力高速铁路促进城市产业结构优化升级的主要障碍，并结合前文研究结果提出了针对性的解决对策。目前，高速铁路已被各地方政府视为拉动产业发展的重要动力，但由于经验不足，围绕高速铁路进行的产业规划和实践过程存在问题和风险。首先，地方政府对高速铁路建设的盲目投资可能引起要素价格扭曲，造成对产业投资的挤出效应，导致高速铁路对产业结构合理化的推动力不足。其次，地方政府对高速铁路的功能异化，以及对节点地位因素的重视不足，导致高速铁路难以发挥对要素配置的优化作用。最后，由于以高速铁路为主轴的综合交通运输体系建设尚不完善，高铁站点城市的正向溢出效应未能得到有效释放。针对上述障碍，本章提出应从以下方面着手进行改进：第一，合理规划站点建设方案，降低地方政府对选址和建设规模的行政干预程度，因地制宜推动产城融合。第二，把准高速铁路基本功能定位，确保高速铁路建设与城市发展、产业顺利衔接，缓解人地关系紧张导致的资源浪费。第三，打造泛高铁经济带，推进合作区域产业内垂直分工，形成"一带多片"泛高铁经济带战略合作基本架构。

第七章　研究结论与展望

第一节　研究结论

本书基于空间相互作用理论、增长极理论、交通经济带理论和梯度转移理论等区域经济学理论阐述城市间产业结构优化升级的空间关联性，并结合高速铁路影响下城市空间结构的演化趋势及特征变化，分析高速铁路影响城市产业结构优化升级的内在机理。进一步地，本书将产业结构优化升级分为产业结构合理化和产业结构高级化两个方面，分别从"高速铁路开通"和"高速铁路网络节点地位提升"两个角度探究高速铁路因素对产业结构优化升级的影响及空间效应，并分析具体作用路径，测算空间效应的衰减边界。最后结合高速铁路建设与城市产业发展实践，剖析借力高速铁路促进城市产业结构优化升级的主要障碍，并提出有效对策。如前文分析，本书得出如下具体结论：

第一，在高速铁路的推动下，中国城市产业结构互动空间关联度持续上升。2009年至2019年高速铁路影响下城市产业结构互动网络的网络关联度由0.0042快速提升至0.4439，接近半数城市通过高速铁路与其他城市建立了产业结构互动。高速铁路网络化建设使互动网络密度持续提升，网络效率也由2009年的0.2917增加至2016年的0.9693，站点城市基本实现产业互联互通，2016年后网络效率稳定在0.97左右，表明新开通的线路不仅使更多城市融入产业结构互动网络，还拓展了城市间产业结构互动的路径。高速铁路影响下的城市产业结构互动网络节点特征显示，区域性中心城市是产业结构互动网络的中心，中部地区站点城市在整个产业结构互动中承担了主要控制和桥梁作用，依靠高速铁路促进城市产业结构优化应当重点围绕这些地区进行规划。

第二，整体上高速铁路开通对站点城市产业结构合理化水平没有显著影响，但对站点周边城市产生了显著的负向空间溢出效应。考虑站点城市在高速铁路网络中的节点地位后发现，站点城市在高速铁路网络中的节点地位提高有助于促进本地产业结构合理化，同时不会进一步强化负向空间溢出效应。动态分析结果表明城市产业结构合理化存在时间和时空上的延续性，高速铁路开通对本地产业结构合理化的消极影响体现在长期，对周边城市产业结构合理化的消极影响则表现在短期。上述结论在地区分布、城市等级和城市规模方面均存在显著的异质性。高速铁路开通对站点周边城市产业结构合理化的负面影响最远距离为500千米，距离站点城市650~1100千米的城市还可以受到来自站点城市高速铁路开通的微弱正向空间溢出效应。当高速铁路网络节点地位提升时，抑制作用范围缩减至站点周边300千米以内，正向辐射得到加强，站点周边500~950千米的城市产业结构合理化受到积极影响。

第三，高速铁路通过影响站点城市人力资本、物质资本积累和改变站点及周边城市产业发展的技术创新策略、优化政策环境与市场环境，推动城市产业结构合理化。其中，高速铁路开通显著提高了站点城市的人力资本和物质资本积累，积累速度随站点城市网络地位的提高而加快。高速铁路开通还使站点城市技术创新水平提升，站点周边城市技术创新水平降低，强化了同一产业内部企业在站点城市实施自主创新、在周边城市等待技术溢出的创新策略分化倾向。高速铁路开通还提高了站点城市政府支持力度，优化了市场环境，但高速铁路对政府支持力度的影响并不随城市网络地位的改变而变化，随着高速铁路网络布局建设不断推进，各地方政府需要意识到高速铁路开通带来的产业吸引力将会被拥有高速铁路网络交点优势的城市获得。

第四，高速铁路开通显著提升了站点城市产业结构高级化水平，且作用强度随站点城市节点地位的提升而增大。但站点城市节点地位提升会削弱高速铁路对周边城市产业结构高级化产生的正向空间溢出效应。城市产业结构高级化同样存在时间和时空上的延续性，高速铁路开通对本地产业结构高级化的积极影响主要表现在长期。异质性分析结果显示了高速铁路开通和高速铁路网络完善对城市产业结构高级化的地区分布异质性、城市等级异质性和城市规模异质性均表现在直接效应上，其中东部城市、非地级市、特大及以上规模城市产业结构高级化水平受高速铁路因素的积极影响更多。高速铁路开通对站点周边城市产业结构高级化的正向辐射最远距离为400千米，距离站点城市1350千米以上的城市还可能受到来自站点城市的微弱负向空间溢出效应；当高速铁路网络节点地位提升，正向辐射范围将扩大至覆盖站点周边300~350千米和750千米以上的城市。

第五，产业转移、产业集聚和产业融合是高速铁路影响站点城市产业结构高级化的三条主要路径。其中，高速铁路对产业转移的影响只在处于高速铁路网络交点的城市有所体现，站点城市高速铁路网络节点地位越高，第二产业和第三产业转出现象越明显，且第二产业相对第三产业转出量更大。高速铁路开通还显著降低了站点城市第二产业集聚水平，提高了第三产业集聚水平，但随着站点城市高速铁路网络节点地位的提高，第三产业的集聚水平也开始降低。高速铁路对产业融合的影响表现在全产业，无论是一三产业、二三产业还是一二三产业在高速铁路开通后耦合协调度均得到显著提升，站点城市高速铁路网络节点地位提升也进一步加速了产业融合进程。

第六，高速铁路整体上有效推动了站点城市产业结构高级化，但对合理化水平影响不明显，说明高速铁路对城市产业结构优化升级的推动存在问题和风险。结合研究结论，认为高速铁路对城市产业结构合理化的推动力不足、对要素配置的调节效果不佳及高铁网络核心城市的正向溢出效应释放不充分是当前借力高速铁路加快城市产业结构优化升级的主要障碍。基于此，提出合理规划站点建设方案、改善城市空间结构及打造泛高铁经济带的对策，保障高速铁路对城市产业结构优化升级的健康推动。

第二节　研究展望

本书的核心主题是"高速铁路对城市产业结构优化升级的影响及空间效应"，研究目标是通过理论分析搭建解释高速铁路对城市产业结构优化升级的影响框架，并采用定量研究对所提出的理论框架进行验证。本书所得结论对保障高速铁路对城市产业结构优化升级健康推进有一定的参考价值。但高速铁路是一个相对宽泛的概念，产业的构成也十分复杂。因此，在研究过程中对于高速铁路与城市产业结构优化升级的一些问题未能展开更深入的论证。随着知识结构的完善和数学工具的丰富，希望未来能从以下方向开展更进一步的拓展研究：

第一，从更微观的角度分析高速铁路因素。结合城市经济学相关理论，从高速铁路车站选址及其与城市中心空间关系的角度探究高速铁路因素对产业发展及城市产业结构特征的影响。

第二，从更具体的细分行业讨论产业结构优化升级。进一步针对不同细分行业生产活动对各类生产要素供给变化的敏感性差异，深入分析高速铁路对产业内部结构的影响，从细分行业层面分析高速铁路对城市产业结构优化升级的影响及空间效应。

第三，结合现代综合交通运输体系构建背景，将公路运输、水路运输、航空运输纳入分析框架，剖析各类交通工具对高速铁路的互补和替代作用，探究在综合交通运输体系影响和调节下，高速铁路在不同空间范围对城市产业结构优化升级的影响。

综上，尽管本书存在一定的局限，但高速铁路作为推动城市产业结构优化升级、缓解产业发展区域不平衡问题的重要基础设施，值得研究的内容较多，希望本书能够抛砖引玉，吸引更多学者对此问题进行关注和深入探讨。

参考文献

[1] Acemoglu D, Guerrieri V. Capital Deepening and Non Balanced Economic Growth [J]. Journal of Political Economy, 2008, 106 (3): 467–498.

[2] Akita T. Interregional Interdependence and Regional Economic Growth in Japan: An Input–Output Analysts [J]. International Regional Science Review, 1994, 16 (3): 231–248.

[3] Allen W B. Value Capture in Transit [J]. Journal of the Transportation Research Forum, 1987, 1 (28): 24–27.

[4] Anselin L. Lagrange Multiplier Test Diagnostics for Spatial Dependence and Spatial Heterogeneity [J]. Geographical Analysis, 1988, 20 (1): 1–17.

[5] Anselin L. Local Indicators of Spatial Association–LISA [J]. Geographical Analysis, 1995, 27 (2): 93–115.

[6] Antonelli C. Localized Technological Change and Factor Markets: Constraints and Inducements to Innovation [J]. Structural Change and Economic Dynamics, 2006, 17 (2): 224–247.

[7] Arnold T, Fishe R P H, North D S. The Effects of Ambiguous Information on Initial and Subsequent IPO Returns [J]. Financial Management, 2010, 39 (4): 1497–1519.

[8] Baumol W J. Macroeconomics of Unbalanced Growth: The Anatomy of Urban Crisis [J]. The American Economic Review, 1967, 57 (3): 415–426.

[9] Berry B, Marble D. Spatial Analysis: A Reader in Statistical Geography [M]. New Jersey: Prentice–Hall, 1968.

[10] Bertalanffy L V. General System Theory: Foundations, Development,

Applications [J]. Arch Gen Psychiatry, 1969, 21 (2): 251–252.

[11] Beyers William B. The Interregional Structure of the U.S. Economy [J]. International Regional Science Review, 1983, 8 (3): 213–231.

[12] Burridge P. On the Cliff–Ord Test for Spatial Correlation [J]. Journal of the Royal Statistical Society: Series B, 1980, 42 (1): 107–108.

[13] Calderón C, Chong A. Volume and Quality of Infrastructure and the Distribution of Income: An Empirical Investigation [J]. The Review of Income and Wealth, 2004, 50 (1): 87–106.

[14] Chang J S, Lee J H. Accessibility Analysis of Korean High–Speed Rail: A Case Study of the Seoul Metropolitan Area [J]. Transport Reviews, 2008, 28 (1): 87–103.

[15] Chen C L, Hall P. The Impacts of High–Speed Trains on British Economic Geography: A Study of the UK's InterCity 125/225 and Its Effects [J]. Journal of Transport Geography, 2011, 19 (4): 689–704.

[16] Chen C L, Vickerman R. Can Transport Infrastructure Change Regions' Economic Fortunes? Some Evidence from Europe and China [J]. Regional Studies, 2017, 51 (1): 144–160.

[17] Clark C. The Conditions of Economic Progress [M]. London: Macmillan & Co. Ltd., 1940.

[18] Cliff A, Ord J K. Spatial Autocorrelation [M]. London: Pion, 1973.

[19] Cliff A, Ord J K. Testing for Spatial Autocorrelation Among Regression Residuals [J]. Geographical Analysis, 1972, 4 (3): 267–284.

[20] Curry L. Univariate Spatial Forecasting [J]. Economic Geography, 1970, 46: 241–258.

[21] Davis D R, Dingel J I. A Spatial Knowledge Economy [R]. Cambridge: National Bureau of Economic Research, 2012.

[22] Echevarria C. Changing Sectoral Composition Associated with Economic Growth [J]. International Economic Review, 1997, 38 (2): 431–452.

[23] Elhorst J P. Spatial Econometrics: from Cross–Sectional Data to Spatial Panels [M]. Berlin Heidelberg: Springer–Verlag, 2014.

[24] Ernst D. Catching–Up, Crisis and Industrial Upgrading: Evolutionary Aspects

of Technological Learning in Korea's Electronics Industry [J]. Asia Pacific Journal of Management, 1998, 15(2): 247–283.

[25] Estache A, González M, Trujillo L. What Does "Privatization" Do for Efficiency? Evidence from Argentina's and Brazil's Railways [J]. World Development, 2002, 30(11): 1885–1897.

[26] European Union. Directive 2008/57/EC of the European Parliament and of the Council of 17 June 2008 on the Interoperability of the Rail System within the Community [EB/OL].(2015–01–01)[2021–11–21]. https://eur–lex.europa.eu/legal–content/EN/TXT/?uri=CELEX:02008L0057–20150101.

[27] Federal Railroad Administration. Department of Transportation. High Speed Intercity Passenger Rail (HSIPR) Program [EB/OL].(2019–11–13)[2021–11–21]. https://railroads.dot.gov/passenger–rail/high–speed–rail/high–speed–intercity–passenger–rail–hsipr–program.

[28] Fisher A G B. The Clash of Progress and Security [M]. London: Macmillan & Co. Ltd., 1935.

[29] Fisher W D. Econometric Estimation with Spatial Dependence [J]. Regional and Urban Economics, 1971, 1(1): 19–40.

[30] Foellmi R, Zweimüller J. Structural Change, Engel's Consumption Cycles and Kaldor's Facts of Economic Growth [J]. Journal of Monetary Economics, 2008, 55(7): 1317–1328.

[31] Fulton W, Pendall R, Nguyen M, et al. Who Sprawls Most? How Growth Patterns Differ Across the U.S.[M]. Washington DC: Brookings Institution, 2001.

[32] Gannon C A, Liu Z. Poverty and Transport [R]. Washington DC: World Bank, 1997.

[33] Gereffi G, Tam T. Industrial Upgrading through Organizational Chains: Dynamics of Rent, Learning, and Mobility in the Global Economy: 93rd Annual Meeting of the American Sociological Association [C]. San Francisco, 1998.

[34] Gereffi G. International Trade and Industrial Upgrading in the Apparel Commodity Chain [J]. Journal of International Economics, 1999, 48(1): 37–70.

[35] Givoni M. Development and Impact of the Modern High–Speed Train: A

Review[J]. Transport Reviews, 2006, 26(5): 593–611.

[36] Gutiérrez J. Location, Economic Potential and Daily Accessibility: An Analysis of the Accessibility Impact of the High–Speed Line Madrid–Barcelona–French Border[J]. Journal of Transport Geography, 2001, 9(4): 229–242.

[37] Haggett P. Geography: A Modern Synthesis[M]. New York: Harper and Row, 1972.

[38] Hansen W G. How Accessibility Shapes Land Use[J]. Journal of the American Institute of Planners, 1959, 25(2): 73–76.

[39] Harvey D. Between Space and Time: Reflections on the Geographical Imagination1[J]. Annals of the Association of American Geographers, 1990, 80(3): 418–434.

[40] Hayek F. Economics and Knowledge[J]. Economica, 1937, 4(13): 33–54.

[41] Hu X l, Huang J, Shi F. Circuity in China's High–Speed–Rail Network[J]. Journal of Transport Geography, 2019, 80: 1–13.

[42] Humphrey J, Schmitz H. How Does Insertion in Global Value Chains Affect Upgrading in Industrial Clusters?[J]. Regional Studies, 2002, 36(9): 1017–1027.

[43] Jia R N, Shao S, Yang L L. High–Speed Rail and CO_2 Emissions in Urban China: A Spatial Difference–in–Differences Approach[J]. Energy Economics, 2021, 99: 105271.

[44] John K, Knyazeva A, Knyazeva D. Does Geography Matter? Firm Location and Corporate Payout Policy[J]. Journal of Financial Economics, 2011, 101(3): 533–551.

[45] Kaldor N. Causes of Growth and Stagnation in the World Economy[M]. Cambridge: Cambridge University Press, 1996.

[46] Kolankiewicz L, Beck R. Weighing Sprawl Factors in Large U.S. Cities: Analysis of U.S. Bureau of the Census Data on the 100 Largest Urbanized Areas of the United States[M]. Washington DC: Numbers USA, 2001.

[47] Kongsamut P, Rebelo S, Xie D. Beyond Balanced Growth[J]. The Review of Economic Studies, 2001, 68(4): 869–882.

[48] Kuznets S. Modern Economic Growth[M]. New Haven: Yale University Press, 1966.

［49］Lee L F, Yu J H. Convergence: A Spatial Dynamic Panel Data Approach［J］. Global Journal of Economics, 2012, 1（1）: 1–36.

［50］Lee L F, Yu J H. Estimation of Spatial Autoregressive Panel Data Models with Fixed Effects［J］. Journal of Econometrics, 2010, 154（2）: 165–185.

［51］Leontief W W. Quantitative Input and Output Relations in the Economic Systems of the United States［J］. The Review of Economics and Statistics, 1936, 18（3）: 105–125.

［52］LeSage J, Pace R K. Introduction to Spatial Econometrics［M］. New York: CRC Press, 2009.

［53］LeSage J P. Spatial Econometries［M］. The Web Book of Regional Science, Regional Research Institute, West Virginia University, Morgantown, WV, 1999.

［54］Levinson D M. Accessibility Impacts of High–Speed Rail［J］. Journal of Transport Geography, 2012, 22: 288–291.

［55］Li K, Yuan W H, Li J L, et al. Effects of Time–Dependent Environmental Regulations on Air Pollution: Evidence from the Changsha–Zhuzhou–Xiangtan Region, China［J］. World Development, 2021, 138: 105267.

［56］Lin Y T. Travel Costs and Urban Specialization Patterns: Evidence from China's High Speed Railway System［J］. Journal of Urban Economics, 2017, 98: 98–123.

［57］Liu Y J, Dong F. How Technological Innovation Impacts Urban Green Economy Efficiency in Emerging Economies: A Case Study of 278 Chinese Cities［J］. Resources Conservation and Recycling, 2021, 169: 105534.

［58］Loughran T. The Impact of Firm Location on Equity Issuance［J］. Financial Management, 2008, 37（1）: 1–21.

［59］Lucas R E. Making a Miracle［J］. Econometrica, 1993, 61（2）: 251–272.

［60］Madrick J. A Theory on Corporate Greed［N］. New York Times, 2003–02–20.

［61］Martín J C, Gutiérrez J, Román C. Data Envelopment Analysis（DEA）Index to Measure the Accessibility Impacts of New Infrastructure Investments: The Case of the High–Speed Train Corridor Madrid–Barcelona–French Border［J］. Regional Studies, 2004, 38（6）: 697–712.

［62］Matsuyama K. Agricultural Productivity, Comparative Advantage, and Economic Growth［J］. Journal of Economic Theory, 1992, 58（2）: 317-334.

［63］Ministry of Land, Infrastructure, Transport and Tourism, Japan. Nationwide Shinkansen Railway Development Act［EB/OL］.（2002-12-18）［2021-11-21］. https://www.mlit.go.jp/english/2006/h_railway_bureau/La-ws_concerning/.

［64］Morris J M, Dumble P L, Wigan M R. Accessibility Indicators for Transport Planning［J］. Transportation Research Part A: General, 1979, 13（2）: 91-109.

［65］Murayama Y. The Impact of Railways on Accessibility in the Japanese Urban System［J］. Journal of Transport Geography, 1994, 2（2）: 87-100.

［66］Nicholson N K. The Factional Model and the Study of Politics［J］. Comparative Political Studies, 1972, 5（3）: 291-314.

［67］North Douglass C. Institutions, Institutional Change and Economic Performance［M］. Cambridge: Cambridge University Press, 1990.

［68］Ortega E, López E, Monzón A. Territorial Cohesion Impacts of High-Speed Rail at Different Planning Levels［J］. Journal of Transport Geography, 2012, 24: 130-141.

［69］Paelinck J, Nijkamp P. Operational Theory and Method in Regional Economics［M］. Farnborough: Saxon House, 1975.

［70］Paelinck J. Spatial Econometrics［J］. Economics Letters, 1979,1（1）: 59-63.

［71］Papageorgiou G J. Spatial Externalities I: Theory［J］. Annals of the Association of American Geographers, 1978, 68（4）: 465-476.

［72］Perroux F O. Economic Space: Theory and Applications［J］. The Quarterly Journal of Economics, 1950, 64（1）: 89-104.

［73］Perroux F. Note Sur la Notion de Pole de Croissance［J］. Economie Appliquee, 1955（8）: 307-320.

［74］Petersen M A, Rajan R G. Does Distance Still Matter? The Information Revolution in Small Business Lending［J］. The Journal of Finance, 2002, 57（6）: 2533-2570.

［75］Porter M. The Competitive Advantage of Nations［M］. New York: Free Press, 1990.

[76] Redding S J, Sturm D M, Wolf N. History and Industry Locatuib: Evidence from German Airports [J]. The Review of Economics and Statistics, 2011, 93 (3): 814–831.

[77] Ren X H. Analysis of Dual–Core Type City and Its Hinterland Contact Pattern under the Background of High–Speed Rail Networking——Urban Agglomeration in Zhejiang Province as an Example [J]. Journal of Transportation Technologies, 2016, 6 (4): 207–217.

[78] Romer P M. Endogenous Technological Change [J]. Journal of Political Economy, 1990, 98 (5): 71–102.

[79] Rouwendal J, Meijer E. Preferences for Housing, Jobs, and Commuting: A Mixed Logit Analysis [J]. Journal of Regional Science, 2001, 41 (3): 475–505.

[80] Sasaki K, Ohashi T, Ando A. High–Speed Rail Transit Impact on Regional Systems: Does the Shinkansen Contribute to Dispersion? [J]. The Annals of Regional Science, 1997, 31 (1): 77–98.

[81] Saxenian A. Inside–Out: Regional Networks and Industrial Adaptation in Silicon Valley and Route 128 [J]. Bridging Regional Growth and Community Empowerment, 1996, 2 (2): 41–60.

[82] Shen Q. Spatial Technologies, Accessibility, and the Social Construction of Urban Space [J]. Computers, Environment and Urban Systems, 1998, 22 (5): 447–464.

[83] Shi W, Su F Z, Zhou C H, et al. Research on Accessibility Model of Nansha Islands and Surrounding Seaports [J]. Acta Geographica Sinica, 2014, 69 (10): 1510–1520.

[84] Smith D A, Timberlake M F. World City Networks and Hierarchies, 1977–1997: An Empirical Analysis of Global Air Travel Links [J]. American Behavioral Scientist, 2001, 44 (10): 1656–1678.

[85] Spiekermann K, Wegener M. The Shrinking Continent: New Time–Space Maps of Europe [J]. Environment and Planning B, 1994, 21 (6): 653–673.

[86] Taniguchi M. High Speed Rail in Japan: A Review and Evaluation of the Shinkansen Train [R]. Berkeley University of California Transportation Center, 1992.

[87] Tobler W R. A Computer Movie Simulating Urban Growth in the Detroit

Region［J］. Economic Geography, 1970, 46（2）: 234-240.

［88］UIC. Intercity and High-Speed［EB/OL］.（2020-08-25）［2021-11-21］. https://uic.org/passenger/highspeed/.

［89］Ullman E. The Role of Transportation and the Basis for Spatial Interaction ［M］. Seattle: University of Washington Preaa, 1957.

［90］Utterback J M. 把握创新［M］. 北京: 清华大学出版社, 1999.

［91］Wang L, Duan X J. High-Speed Rail Network Development and Winner and Loser Cities in Megaregions: The Case Study of Yangtze River Delta, China［J］. Cities, 2018, 83: 71-82.

［92］Yang H R, Dobruszkes F, Wang J, et al. Comparing China's Urban Systems in High-Speed Railway and Airline Networks［J］. Journal of Transport Geography, 2018, 68（c）: 233-244.

［93］Zhu X H, Qian T N, Wei Y G. Do High-Speed Railways Accelerate Urban Land Expansion in China? A Study Based on the Multi-Stage Difference-in-Differences Model［J］. Socio-Economic Planning Sciences, 2020, 71: 100846.

［94］Zweimüller J, Brunner J K. Innovation and Growth With Rich and Poor Consumers［J］. Metroeconomica, 2005, 56（2）: 233-262.

［95］阿弗里德·马歇尔. 经济学原理［M］. 廉运杰, 译. 北京: 华夏出版社, 2006.

［96］埃德加·M. 胡佛. 区域经济学导论［M］. 王翼龙, 译. 北京: 商务印书馆, 1990.

［97］白婧, 冯晓阳. 人力资本对产业结构高级化发展的实证检验［J］. 统计与决策, 2020, 36（4）: 67-71.

［98］鲍宏礼, 周业旺, 王庆. 产业经济学［M］. 北京: 中国经济出版社, 2018.

［99］蔡春, 黄昊, 赵玲. 高铁开通降低审计延迟的效果及机制研究［J］. 会计研究, 2019（6）: 72-78.

［100］陈朝阳, 韩子璇, 李小刚. 人力资本集聚及空间溢出对产业结构升级的影响研究: 基于空间杜宾模型的实证分析［J］. 管理现代化, 2019, 39（3）: 44-48.

［101］陈创练，张帆，张年华．地理距离、技术进步与中国城市经济增长的空间溢出效应：基于拓展 Solow 模型第三方效应的实证检验［J］．南开经济研究，2017（1）：23-43.

［102］陈大峰，闫周府，王文鹏．城市人口规模，产业集聚模式与城市创新：来自 271 个地级及以上城市的经验证据［J］．中国人口科学，2020（5）：27-40+126.

［103］陈浩，罗力菲．环境规制对经济高质量发展的影响及空间效应：基于产业结构转型中介视角［J］．北京理工大学学报（社会科学版），2021，23（6）：27-40.

［104］陈伟，刘卫东，柯文前，等．基于公路客流的中国城市网络结构与空间组织模式［J］．地理学报，2017，72（2）：224-241.

［105］陈伟，修春亮，柯文前，等．多元交通流视角下的中国城市网络层级特征［J］．地理研究，2015，34（11）：2073-2083.

［106］陈怡．拥有核心技术是关键：我国高铁发展战略和发展历程回望［J］．城市轨道交通研究，2019，22（1）：158.

［107］陈仲常，张建升．中国工业布局变迁与收入差异相关性分析［J］．财经研究，2005（7）：83-90.

［108］成艾华，赵凡．基于偏离份额分析的中国区域间产业转移与污染转移的定量测度［J］．中国人口·资源与环境，2018，28（5）：49-57.

［109］初楠臣，姜博，吴相利，等．环渤海高铁沿线可达性及其空间格局演变研究［J］．长江流域资源与环境，2021，30（10）：2373-2382.

［110］邓慧慧，杨露鑫，潘雪婷．高铁开通能否助力产业结构升级：事实与机制［J］．财经研究，2020，46（6）：34-48.

［111］邓涛涛，王丹丹，程少勇．高速铁路对城市服务业集聚的影响［J］．财经研究，2017，43（7）：119-132.

［112］丁嵩，李红．国外高速铁路空间经济效应研究进展及启示［J］．人文地理，2014，29（1）：9-14.

［113］董金玲．区域金融发展与产业结构转变的相互作用机制及其实证研究［J］．财政研究，2009（10）：62-65.

［114］杜兴强，彭妙薇．高铁开通会促进企业高级人才的流动吗？［J］．经

济管理，2017，39（12）：89–107.

[115] 凡军.上海磁悬浮列车高科技的奇迹［J］.科技与经济画报，2002（4）：57.

[116] 范剑勇，邵挺.房价水平、差异化产品区位分布与城市体系［J］.经济研究，2011，46（2）：87–99.

[117] 方杰，温忠麟，梁东梅，等.基于多元回归的调节效应分析［J］.心理科学，2015，38（3）：715–720.

[118] 冯山.高铁开通的资源空间配置效应研究［D］.武汉：华中科技大学，2019.

[119] 冯永琦，张浩琳.金融科技促进创新绩效提升了吗？［J］.外国经济与管理，2021，43（10）：50–67.

[120] 干春晖，郑若谷，余典范.中国产业结构变迁对经济增长和波动的影响［J］.经济研究，2011，46（5）：4–16+31.

[121] 甘行琼，李玉姣，蒋炳蔚.财政分权、地方政府行为与产业结构转型升级［J］.改革，2020（10）：86–103.

[122] 高波，王紫绮.高铁开通提高了中国城市经济增长质量吗？：基于劳动力流动视角的解释［J］.产业经济研究，2021（4）：55–68.

[123] "高速铁路"课题组.关于京沪线修建高速铁路问题的探讨［J］.北方交通大学学报，1991（3）：1–7.

[124] 高玉祥，董晓峰.高速铁路建设对甘肃省时空可达性的影响作用研究［J］.北京交通大学学报，2020，44（6）：82–89.

[125] 郭浩淼，王鑫.新常态下我国产业结构转型与升级研究［J］.商业经济研究，2019（1）：183–186.

[126] 郭向阳，穆学青，明庆忠."绩效"二元视角下高速交通对旅游发展的影响及空间效应研究：以长三角地区为例［J］.人文地理，2022，37（3）：172–182.

[127] 郭旭红，武力.新中国产业结构演变述论（1949—2016）［J］.中国经济史研究，2018（1）：133–142.

[128] 国家发展改革委.中长期铁路网规划［EB/OL］.（2016–07–13）［2021–11–21］.https://www.ndrc.gov.cn/fggz/fzzlgh/gjjzxgh/201705/P020191104624224120416.pdf.

［129］国家铁路局.高速铁路设计规范［M］.北京：中国铁道出版社，2014.

［130］国家统计局.恩格尔定律与恩格尔系数［EB/OL］.（2023-01-01）［2025-03-04］.http://www.stats.gov.cn/t-jzs/tjcd/200206/t20020605_25327.html.

［131］国家统计局社会统计司.中国劳动工资统计资料（1949—1985）［M］.北京：中国统计出版社，1987.

［132］韩美琳.高质量发展背景下中国经济产业结构转型升级研究：基于马克思主义政治经济学视角［D］.长春：吉林大学，2021.

［133］韩艳红.我国欠发达地区承接发达地区产业转移问题研究［D］.长春：吉林大学，2013.

［134］何琳.高铁开通与城市发展代际公平研究［J］.北京交通大学学报（社会科学版），2021，20（4）：64-77.

［135］何雄浪.产业空间分异与我国区域经济协调发展研究：基于新经济地理学的研究视角［M］.北京：中国经济出版社，2013.

［136］何雄浪.知识创新与扩散、地区间技术吸收效应与环境污染［J］.南开经济研究，2015（2）：94-117.

［137］胡鹏，覃成林.空间外部性、空间依赖与空间外溢之辨析［J］.地域研究与开发，2011，30（1）：5-9.

［138］胡宇辰.产业集群对梯度转移理论的挑战［J］.江西财经大学学报，2007（5）：28-31.

［139］黄春芳，韩清.长三角高铁运营与人口流动分布格局演进［J］.上海经济研究，2021（7）：39-54.

［140］黄金萍."南车"造车记［N］.南方周末，2010-07-29（D21）.

［141］黄张凯，刘津宇，马光荣.地理位置、高铁与信息：来自中国IPO市场的证据［J］.世界经济，2016，39（10）：127-149.

［142］江三良，赵梦婵，程永生.异质性人力资本集聚与产业结构升级：基于知识溢出匹配视角［J］.经济经纬，2020，37（5）：81-89.

［143］蒋海兵，徐建刚，祁毅.京沪高铁对区域中心城市陆路可达性影响［J］.地理学报，2010，65（10）：1287-1298.

［144］焦敬娟，王姣娥，金凤君，等.高速铁路对城市网络结构的影响研究：基于铁路客运班列分析［J］.地理学报，2016，71（2）：265-280.

［145］金凤君，王姣娥. 20世纪中国铁路网扩展及其空间通达性［J］.地理学报，2004（2）：293-302.

［146］靳卫东，王林杉，徐银良.区域产业转移的定量测度与政策适用性研究［J］.中国软科学，2016（10）：71-89.

［147］孔令章，李金叶.高铁开通、网络中心性与旅游经济发展［J］.产业经济研究，2021（5）：113-127.

［148］黎绍凯，朱卫平，刘东.高铁能否促进产业结构升级：基于资源再配置的视角［J］.南方经济，2020（2）：56-72.

［149］李红昌，Linda Tjia，胡顺香.中国高速铁路对沿线城市经济集聚与均等化的影响［J］.数量经济技术经济研究，2016，33（11）：127-143.

［150］李红梅.既有线提速接触网系统JY250的研发［J］.铁道工程学报，2008（4）：62-65+74.

［151］李佳，闵悦，王晓.中欧班列开通能否推动产业结构升级？：来自中国285个地级市的准自然实验研究［J］.产业经济研究，2021（3）：69-83.

［152］李江涛，孟元博.当前产业升级的困境与对策［J］.国家行政学院学报，2008（5）：81-84+96.

［153］李静，孙亚运，邓莨莨.高铁时代的小城市发展：基于人口空心化的研究［J］.财经研究，2021，47（9）：154-168.

［154］李敏，孙佳佳，张婷婷.人力资本结构高级化对产业结构升级的影响研究：基于中国省级面板数据［J］.工业技术经济，2020，39（8）：72-77.

［155］李平华，陆玉麒.可达性研究的回顾与展望［J］.地理科学进展，2005（3）：69-78.

［156］李涛，马卫，高兴川，等.基于Super-DEA模型的厦深高铁可达性效应综合评估与空间分异［J］.经济地理，2017，37（8）：67-76.

［157］李贤文，白建军，唐尚红.陕西省高铁网络建设对可达性空间格局影响［J］.经济地理，2019，39（2）：82-92.

［158］李毓，胡海亚，李浩.绿色信贷对中国产业结构升级影响的实证分析：基于中国省级面板数据［J］.经济问题，2020（1）：37-43.

［159］李悦，李平.产业经济学［M］.大连：东北财经大学出版社，2002.

［160］李政，任妍.中国高铁产业赶超型自主创新模式与成功因素［J］.社

会科学辑刊，2015（2）：85-91.

[161] 李中. 交通基础设施的技术演进对产业结构升级研究 [D]. 南京：东南大学，2015.

[162] 廖水生，徐鹤寿，冯文相. X2000 摆式列车在广深线试运行对线桥影响的试验研究 [J]. 中国铁道科学，1999（3）：112-120.

[163] 林德涛. 我国兴建第一条磁悬浮列车运营线工程 [J]. 电器工业，2001（6）：38.

[164] 林毅夫，蔡昉，李周. 中国的奇迹：发展战略与经济改革 [M]. 上海：上海人民出版社，1999.

[165] 林毅夫，孙希芳. 经济发展的比较优势战略理论：兼评《对中国外贸战略与贸易政策的评论》[J]. 国际经济评论，2003（6）：12-18.

[166] 刘华军，刘传明，孙亚男. 中国能源消费的空间关联网络结构特征及其效应研究 [J]. 中国工业经济，2015（5）：83-95.

[167] 刘杰. 后危机时代促进我国产业结构升级问题研究 [J]. 理论学刊，2010（5）：49-52.

[168] 刘军. 社会网络分析导论 [M]. 北京：社会科学文献出版社，2004.

[169] 刘梦雨，沈丽珍. 高铁发展对城市对间联系的影响及异质性研究：以南京市为例 [J]. 地理科学进展，2021，40（4）：647-659.

[170] 刘湘云，马尚国. 空间效应与空间计量：理论述评及应用前景 [J]. 河北经贸大学学报（综合版），2012，12（1）：58-63.

[171] 刘元春，朱戎. 中国工业制度体系变迁、市场结构与工业经济增长：计量与实证研究 [J]. 经济学动态，2003（4）：9-12.

[172] 刘振新，安慰. 珠三角城市群的形成与发展 [J]. 同济大学学报（社会科学版），2004（5）：72-77.

[173] 刘志彪，王国生，安同良. 现代产业经济分析 [M]. 南京：南京大学出版社，2001.

[174] 龙海明，任雪莹，李涵钰. 科技金融对制造业结构升级的影响研究 [J]. 湖南大学学报（社会科学版），2021，35（6）：80-89.

[175] 龙玉，赵海龙，张新德，等. 时空压缩下的风险投资：高铁通车与风险投资区域变化 [J]. 经济研究，2017，52（4）：195-208.

［176］卢福财，詹先志.高速铁路对沿线城市工业集聚的影响研究：基于中部城市面板数据的实证分析［J］.当代财经，2017（11）：88-99.

［177］逯璐，李丁，吴静芬，等.财政收支对人口迁移影响的空间格局和空间效应分析：以长江三角洲地区为例［J］.资源开发与市场，2021，37（8）：954-961.

［178］罗能生，萧楠芳，李建明.高铁能否促进产业结构优化升级：基于准自然实验的分析［J］.管理学刊，2020，33（1）：38-49.

［179］马国旺，王天娇.数字普惠金融对就业的影响及空间效应研究［J］.中南大学学报（社会科学版），2022，28（3）：138-152.

［180］马荣.高铁建设对城市产业结构升级的影响研究［D］.西安：西北大学，2019.

［181］欧忠辉，朱祖平，夏敏，等.创新生态系统共生演化模型及仿真研究［J］.科研管理，2017，38（12）：49-57.

［182］彭文斌，韩东初，尹勇，等.京津冀地区数字经济的空间效应研究［J］.经济地理，2022，42（5）：136-143+232.

［183］齐鹰飞，Li Y F.财政支出的部门配置与中国产业结构升级：基于生产网络模型的分析［J］.经济研究，2020，55（4）：86-100.

［184］祁耀坤.中国的"子弹"列车［J］.交通世界，1996（5）：27-28.

［185］荣朝和.交通—物流时间价值及其在经济时空分析中的作用［J］.经济研究，2011，46（8）：133-146.

［186］邵朝对，苏丹妮，邓宏图.房价、土地财政与城市集聚特征：中国式城市发展之路［J］.管理世界，2016（2）：19-31.

［187］邵喜武，周杨，吴佩蓉.基于空间溢出效应的粮食主产区粮食增产与农业生态污染关系研究［J］.地理科学，2022，42（5）：831-840.

［188］施震凯，邵军，浦正宁.交通基础设施改善与生产率增长：来自铁路大提速的证据［J］.世界经济，2018，41（6）：127-151.

［189］宋锦，李曦晨.产业转型与就业结构调整的趋势分析［J］.数量经济技术经济研究，2019，36（10）：38-57.

［190］苏屹，韩敏睿，雷家骕.基于社会网络分析的区域创新关联网络研究［J］.科研管理，2018，39（12）：78-85.

［191］孙宝融．关于我国铁路发展客运高速的商榷［J］．铁道运输与经济，1985（7）：27-29.

［192］孙湘湘，周小亮，黄亮雄．资本市场发展与产业结构升级［J］．产业经济评论，2018（6）：86-104.

［193］孙永福．中国高速铁路的成功之路［J］．铁道学报，2009，31（6）：139+135.

［194］唐宜红，俞峰，林发勤，等．中国高铁、贸易成本与企业出口研究［J］．经济研究，2019，54（7）：158-173.

［195］陶长琪，彭永樟．经济集聚下技术创新强度对产业结构升级的空间效应分析［J］．产业经济研究，2017（3）：91-103.

［196］陶长琪，周璇．产业融合下的产业结构优化升级效应分析：基于信息产业与制造业耦联的实证研究［J］．产业经济研究，2015（3）：21-31+110.

［197］田学斌，柳天恩，周彬．新形势下我国产业转型升级认识纠偏和政策调适［J］．当代经济管理，2019，41（7）：1-7.

［198］田野，罗静，孙建伟，等．区域可达性改善与交通联系网络结构演化——以湖北省为例［J］．经济地理，2018，38（3）：72-81.

［199］铁道部．铁路主要技术政策（铁道部令第34号）［EB/OL］．（2013-01-09）［2025-03-04］．https://www.gov.cn/gongbao/content/2013/content_2376204.htm.

［200］汪德根．旅游地国内客源市场空间结构的高铁效应［J］．地理科学，2013，33（7）：797-805.

［201］王海江，苗长虹，牛海鹏，等．中国中心城市公路客运联系及其空间格局［J］．地理研究，2016，35（4）：745-756.

［202］王际祥．对我国发展高速铁路若干问题的看法［J］．北方交通大学学报，1992（2）：8-15.

［203］王家庭，蔡思远．人口规模和财政压力对城市蔓延的影响：以中国69个大中城市为例［J］．城市问题，2018（3）：4-11.

［204］王家庭，谢郁．房价上涨是否推动了城市蔓延：基于我国35个大中城市面板数据的实证研究［J］．财经科学，2016（5）：103-111.

［205］王姣娥，杜德林，金凤君．多元交通流视角下的空间级联系统比较与地理空间约束［J］．地理学报，2019，74（12）：2482-2494.

［206］王姣娥，焦敬娟．中国高速铁路网络的发展过程、格局及空间效应评价［J］．热带地理，2014，34（3）：275-282.

［207］王姣娥，焦敬娟，金凤君．高速铁路对中国城市空间相互作用强度的影响［J］．地理学报，2014，69（12）：1833-1846.

［208］王姣娥，景悦．中国城市网络等级结构特征及组织模式：基于铁路和航空流的比较［J］．地理学报，2017，72（8）：1508-1519.

［209］王履华．中国高速铁路建设对城市可达性及相互作用的影响研究［D］．南京：南京大学，2019.

［210］王群勇，王西贝．高铁网络对区域产业结构的影响：基于社会网络与空间计量模型的分析［J］．现代经济探讨，2021（5）：82-91.

［211］王绍博，罗小龙，郭建科，等．高铁网络化下东北地区旅游空间结构动态演变分析［J］．地理科学，2019，39（4）：568-577.

［212］王垚，年猛．高速铁路与城市规模扩张：基于中国的实证研究［J］．财经科学，2014（10）：113-122.

［213］王勇，汤学敏．结构转型与产业升级的新结构经济学研究：定量事实与理论进展［J］．经济评论，2021（1）：3-17.

［214］王雨飞，倪鹏飞．高速铁路影响下的经济增长溢出与区域空间优化［J］．中国工业经济，2016（2）：21-36.

［215］威廉·配第．政治算术［M］．马妍，译．北京：中国社会科学出版社，2010.

［216］魏立佳，张彤彤．铁路经济学研究的新进展［J］．经济评论，2018（6）：154-166.

［217］魏丽，卜伟，王梓利．高速铁路开通促进旅游产业效率提升了吗？：基于中国省级层面的实证分析［J］．经济管理，2018，40（7）：72-90.

［218］吴克平，孔东民，杨薇．高铁开通与会计稳健性：基于准自然实验的研究［J］．中南财经政法大学学报，2019（4）：13-24.

［219］吴旗韬，张虹鸥，孙威，等．基于矢量—栅格集成法的厦深高铁影响空间分布——以广东东部地区为例［J］．地理科学进展，2015，34（6）：707-715.

［220］武力．中华人民共和国经济史（增订版）［M］．北京：中国时代经济出版社，2010.

［221］肖广岭.隐性知识、隐性认识和科学研究［J］.自然辩证法研究,1999,15（8）：18-21.

［222］辛大楞,李建萍.高铁开通与地区旅游业发展：基于中国287个地级及以上城市的实证研究［J］.山西财经大学学报,2019,41（6）：57-66.

［223］熊嘉阳,沈志云.中国高速铁路的崛起和今后的发展［J］.交通运输工程学报,2021,21（5）：6-29.

［224］薛俊菲.基于航空网络的中国城市体系等级结构与分布格局［J］.地理研究,2008（1）：23-32+242.

［225］［英］亚当·斯密.国富论［M］.王勋,纪飞,等编译.北京：清华大学出版社,2010.

［226］鄢慧丽,王强,熊浩,等.中国"四纵四横"高铁对沿线站点城市可达性及其经济联系的影响［J］.经济地理,2020,40（1）：57-67.

［227］严冰.中国高速动车组驰出自主创新之路［N］.人民日报（海外版）,2008-09-05（015）.

［228］杨吾扬,梁进社.高等经济地理学［M］.北京：北京大学出版社,1997.

［229］杨荫凯,韩增林.交通经济带的基本理论探讨［J］.人文地理,1999（2）：6-10.

［230］姚旭兵,邓晓霞,罗光强.农村人力资本是否促进了乡村振兴？：基于双重异质性视角［J］.西南民族大学学报（人文社会科学版）,2022,43（6）：136-149.

［231］姚亚光,米雪丽.高铁对兰西城市群县域空间经济格局的影响［J］.合作经济与科技,2021（24）：30-33.

［232］游士兵,肖莅蕊.高速铁路对湖北省地级市可达性与经济联系影响研究［J］.现代城市研究,2019（4）：2-8.

［233］于泽,徐沛东.资本深化与我国产业结构转型：基于中国1987—2009年29省数据的研究［J］.经济学家,2014（3）：37-45.

［234］于泽,章潇萌,刘凤良.中国产业结构升级内生动力：需求还是供给［J］.经济理论与经济管理,2014（3）：25-35.

［235］袁富华.长期增长过程的"结构性加速"与"结构性减速"：一种解

释［J］.经济研究，2012，47（3）：127-140.

［236］袁航，朱承亮.国家高新区推动了中国产业结构转型升级吗［J］.中国工业经济，2018（8）：60-77.

［237］岳洋，曹卫东，姚兆钊，等.兰新高铁对西北地区可达性及经济联系的影响［J］.人文地理，2019，34（1）：131-139.

［238］张辉.当前高铁新城发展中存在的缺陷以及对策［J］.中华建设，2018（7）：84-85.

［239］张俊.高铁建设与县域经济发展：基于卫星灯光数据的研究［J］.经济学（季刊），2017，16（4）：1533-1562.

［240］张莉.可达性与区域空间结构［M］.北京：科学出版社，2013.

［241］张卫华.高速转向架技术的创新研究［J］.中国工程科学，2009，11（10）：8-18.

［242］张银银，李凡.中高速增长下产业结构优化升级探讨：基于知识视角分析［J］.经济社会体制比较，2016（3）：166-175.

［243］赵建军，郝栋，吴保来，等.中国高速铁路的创新机制及启示［J］.工程研究－跨学科视野中的工程，2012，4（1）：57-69.

［244］赵静，黄敬昌，刘峰.高铁开通与股价崩盘风险［J］.管理世界，2018，34（1）：157-168.

［245］赵冉冉，沈春苗.资本流动、产业集聚与产业结构升级：基于长三角16个中心城市面板数据的经验分析［J］.经济问题探索，2019（6）：135-142.

［246］中国政府网.铁路安全管理条例［EB/OL］.（2013-09-06）［2021-11-21］.http://www.gov.cn/flfg/2013-09/06/content_2482653.htm.

［247］中国政府网.我国产业结构的变动和调整［EB/OL］.（2005-09-17）［2021-11-21］.http://www.gov.cn/ztzl/2005-09/17/content_64453.htm.

［248］中国质量新闻网.中国高铁时代系列报道——家一样的飘移［EB/OL］.（2010-04-15）［2025-03-04］.https://www.cqn.com.cn/qt/content/2010-04/15/content_1015142.htm.

［249］中华人民共和国铁道部.高速铁路设计规范（试行）TB 10621-2009 J971-2009［S］.北京：中国铁道出版社，2009.

［250］钟业喜，黄洁，文玉钊.高铁对中国城市可达性格局的影响分析

［J］．地理科学，2015，35（4）：387-395.

［251］钟漪萍，唐林仁，胡平波．农旅融合促进农村产业结构优化升级的机理与实证分析：以全国休闲农业与乡村旅游示范县为例［J］．中国农村经济，2020（7）：80-98.

［252］周俊生．别以高铁之名盲目扩张新城［N］．文摘报，2018-05-15（01）.

［253］周璇．知识溢出下区域技术创新驱动产业结构优化升级的空间效应研究［D］．南昌：江西财经大学，2017.

［254］宗会明，黄言．高速铁路对成渝城市群区域可达性和城市相互作用格局的影响［J］．人文地理，2019，34（3）：99-107.

后　记

交通运输是国民经济中具有基础性、先导性、战略性的产业和重要的服务性行业，也是现代化经济体系的重要组成部分。高速铁路作为一项引领性的基础设施工程，日益成为推动国家经济增长、促进区域资源整合和协调发展的关键支撑。本书在我的博士论文基础上修订完善而成，不仅承载了我博士阶段的研究成果，更凝聚了我近年来对这一领域持续探索的新认知。衷心感谢刘亚萍、劳可夫、张林、李红、邬丽萍、杨建辉、吕康银、胡金城、王金芳、张静等专家和学者在本书著写过程中给予的指导和帮助。

在著写过程中，我深感学术研究是一个永无止境的探索之旅，理论要成为指导实践的工具，必须在实践的推动下不断经历审时与修正。未来，随着新一轮科技革命和产业变革深入推进，数字技术等前沿技术以及产业融合等新业态新模式对资源流动产生深远影响，高速铁路与区域空间结构、产业结构间的相互作用关系或将呈现新的变化，这为后续研究留下了进一步拓展的可能。

感谢经济管理出版社领导和编辑老师的大力支持和精心编校。

希望本书能为广大学界同仁和读者提供有益参考，推动区域协调发展和产业优化升级研究不断深入。

史可寒

2024 年 9 月